Economic

Management

经管学术文库

海峡两岸产业转移效应的评价与产业优化研究

2011年教育部人文社科规划基金项目（11YJA790002）

安增军 杨 敏 /著

课题组组长　安增军

课题组成员　杨　敏　曾倩琳

　　　　　　许　剑　周容霞

　　　　　　汪　瑞　张艳玲

　　　　　　林珊珊

厦门大学出版社
XIAMEN UNIVERSITY PRESS

国家一级出版社
全国百佳图书出版单位

序

  长期以来,海峡两岸产业转移的主要方式表现为台湾对大陆的直接投资,呈现出单向化的特点。进入 21 世纪,两岸产业转移向多领域、高层次、大规模方向发展,为了应对日益严峻的国际市场竞争环境,两岸产业转移越来越呈现出双向互动的特点,尤其是"大三通"为海峡两岸人流、物流、信息流、资金流成规模地双向流动提供了便捷通道。两岸产业转移这种市场行为的效果到底如何? 是否能够可持续健康发展? 为解决这些问题,必须构建有效的指标体系,选择科学的评价方法,才能综合评价两岸产业转移的效应,才能对两岸产业转移和产业升级有重要的指导意义。为此,2011 年本课题组申请教育部人文社科研究基金项目"海峡两岸产业转移效应的评价与产业优化研究",并获得立项。

  近几年,本课题组对这一课题进行了深入的研究,鉴于海峡两岸产业转移效应主要包括产业关联效应、劳动力整合效应、产业结构优化效应以及环境效益变化效应,可以尝试从这四个方面选取相关效应指标来评价海峡西岸经济区承接台湾产业转移的综合效应。围绕着海峡两岸产业转移效应评价这一主线,课题组成员首先深入研究了产业转移的内部原理,包括产业转移的动力机制、转移模式、效应内涵等理论,接着围绕产业关联、劳动力整合效应、产业结构优化效应以及环境效益变化效应四个方面,构建了两岸产业转移效应评价的指标,并借助网络层次分析法(ANP)建立了海峡两岸产业转移效应评价模型,继而在珠三角、海峡西岸、长三角、渤海湾以及中部地区 5 个台商投资比较集中的内陆区域各选取 1 个代表省市(广东省、福建省、江苏省、山东省)进行了相应的实证研究。实证研究结果表明,福建与广东、江苏相比,产业转移效应明显不足,在产业结构优化和产业关联发展方面的效应差距较大。

  区域经济发展理论告诉我们,合理的产业结构是经济持续快速发展的重要保证,加快经济发展方式转变,积极推动产业结构调整和产业优化升级是关系我国经济社会长期发展的大趋势。受后金融危机的影响,东亚地区包括大陆和台湾在内的主要经济体也开始逐步对经济增长方式和产业结构进行调整,海峡两岸掀起了产业转移的热潮。两岸产业转移不仅在产业发展的内外部环境、产业转移的区位布局方面,还在产业投资规模等方面发生了显著的变化。如何应对产业转移的新情况、新问题和新机遇,引导海峡两岸产业健康稳定发展显得尤为重要。

本书以海峡两岸产业转移效应评价作为研究方向,围绕这一主题开展了大量的调研工作并搜集了许多宝贵的资料,据此展开了一系列深入研究,研究成果颇丰。希望能为海峡两岸产业升级和持续发展提供有价值的实践依据,为相关决策主体对产业转移的科学决策提供一种客观的分析工具和分析方法,帮助政府及相关部门、企业决策主体更好地解决产业转移中遇到的各种复杂问题。

一、实证评价海峡两岸产业转移效应

1. 两岸产业转移效应评价体系原理研究

产业转移效应评价体系包括产业转移的动力机制、转移模式、效应内涵和产业转移效应评价指标体系构建(其中,一级评价指标包括产业关联发展指标、劳动力资源整合指标、产业结构优化指标和环境效益变化指标)。

2. 两岸产业转移的现状分析

通过相关数据的统计分析,得出两岸产业转移具有强劲的发展势头和广阔的发展前景。表现在:两岸贸易总量迅速增加的同时,产业投资规模不断扩大、产业转移的范围逐渐扩大,产业转移的区位布局已经涵盖了整个大陆地区。两岸"陆资赴台共识"的达成和"陆入岛"许可办法生效,标志着两岸产业转移由单向向双向转变。

3. 两岸产业转移效应评价方法研究

两岸产业转移效应评价方法研究,包括评价方法选择的依据、原理分析及操作要领等。通过综合权衡,最终选取网络层次分析法作为评价方法。

4. 产业转移效应评价模型及实证研究

根据两岸产业转移的发展态势,在珠三角、海峡西岸、长三角、渤海湾以及中部地区5个台商投资比较集中的内陆区域,各选取1个代表省市——广东省、福建省、江苏省、山东省、重庆市等5个省市作为研究对象,探讨两岸产业转移的情况;构建海峡两岸产业转移效应评价的网络层次评价模型并对以上5个省市进行实证研究。

5. 两岸产业转移和优化的相关对策研究

根据两岸产业转移效应评价结果,深入探讨两岸产业转移和优化的有效途径。

二、诊断分析海峡两岸产业转移效应

1. 两岸产业转移带来的效应包括正负两方面：一方面，促进了两岸产业结构调整及优化升级，推动了大陆和台湾对外贸易的发展，实现了两岸产业资源的整合及市场扩张。尤其台资企业在大陆投资的过程中所带来的技术溢出效应，为大陆产业建立了新的技术创新体系。另一方面，台湾转移大陆的企业中有很多是传统优势产业，引进的服务业虽然附加值较高，但应警惕由此带来产业空洞化问题；产业结构的依赖性加大，一旦台湾的经济出问题，大陆的产业也会受影响；一些地区承接的产业都是资源依赖型的，相关企业大量排放污水废气，面临的环境压力不断增加。

2. 两岸产业转移效应的主要因素是产业优化和产业发展，而生态环境、人才整合也是不可忽视的辅助指标，尤其是投资环境的优化在两岸产业转移中也需要纳入考虑范畴。

3. 台湾和内地产业转移要注重高新技术产业的合作，同时也要关注服务业发展、解决就业人数等。

4. 各省产业转移效应不平衡，珠三角、长三角明显优于其他地区。福建在承接台湾产业转移上具有独特的区位优势，但与广东、江苏相比，产业转移效应明显不足。福建虽然在环境效益上优于江苏，劳动力整合方面与广东、江苏的差距也不大，但在产业结构优化和产业关联发展方面落后很多，甚至被山东逼近。

三、优化提升海峡两岸产业转移效应

作为主要承接方的大陆，更应该在实现两岸产业结构的优化升级、推动两岸经济互惠健康发展的过程中有所作为。

（一）积极营造投资环境，增强投资吸引力

1. 进一步完善区域间交通干线和区域内基础交通网建设。加强区域内的交通设施建设，尤其是跨省通道的建设上，实现东部、中部与西部的交汇融合。加快发展多式联运，构建便捷高效的综合交通运输体系，减少流通和运输成本，为两岸产业转移创造良好的基础。

2. 加快推进产业集群建设，提升工业经济整体实力。加快建设以产业集群为重要载体的具有地方区域特色的科技创新体系，完善产业集群的行业技术支撑平台，支持和服务于整个产业集群的技术创新活动。加强集群内部的

竞争与技术创新,通过营造以产业集群为特色的产业区来吸引台湾产业转移。进一步完善台商投资的配套条件,保障以产业环境配套为主体的引资政策体系尽快落实并完善,促进更多产业集群试点落户。

3. 强化区域协作,提升产业转移的开放性。以开放合作的思想消除产业转移过程中的制度和思想障碍,提升承接产业转移的开放性。进一步加强与发达国家和地区的合作,主动融入经济全球化的发展潮流。积极发挥海峡两岸经济合作框架协议(ECFA)的机制作用,深化与台湾的交流合作。积极推动跨区域产业合作园区建设,使区域经济协作落到实处。

4. 加快培育各类园区。打造工业园区载体,明确园区产业定位,完善园区承载功能,提升园区配套服务能力,创新园区建管机制,增强园区产业向心力,促进企业向园区集中,项目向园区集聚,使园区成为承接产业转移、促进产业聚集、带动工业经济加快发展的龙头。

5. 提高政府的执政能力和服务水平。各级政府要把有关政策、法制、体制和市场等软环境的改善作为今后工作的重点,要以切实可行的政策措施,进一步增强对台资的吸引力,促进台商投资规模持续稳定增长。考虑目前在大陆投资的台商仍以劳动密集型的企业和中小型出口企业为主,建议尽快出台一系列帮助和支持台资企业转型升级和产业转移的政策措施。比如微调部分纺织品、服装、竹制品的出口退税率,出台支持中小企业融资的政策,寻找加工贸易梯度转移的重点承接地等。

(二)优化两岸产业投向,促进产业协调发展

其一,充分开发大陆在农业资源要素方面的发展空间,继续深化两岸农业的交流与合作,促进台湾的现代农业生产经验在大陆推广并取得巨大的经济效益、社会效益和生态效益。积极引进台湾科技含量高、管理水平好的农业项目,对农产品进行深加工和精加工,增加其附加值,促进农业产业的结构调整。其二,大力引进深加工项目和技术密集型项目,努力实现向技术含量高、附加值大的项目转移,延伸加工贸易产业链,促进加工贸易转型升级。其三,协调好第三产业投资比重,通过适当的产业导向政策,引导两岸产业转移由信息制造、运输装备、家电制造等产业逐步拓展延伸到金融保险、物流中介、交通运输、科学教育、科学研究、信息咨询、新兴服务业等能够促进整个区域经济增加潜力、均衡发展的新兴第三产业领域中去,以此带动相关经济的发展。

(三)改善投资区域不平衡,促进区域协调发展

积极引导台湾产业转移大陆的区位向北部渤海湾以及中西部区域扩展,逐步改善投资区域不平衡问题,促进区域经济协调发展。一方面,大陆政府要

从政策落差的角度给予北部渤海湾及中西部地区更多的支持,加大对投资环境的建设,可以考虑短期内利用本地区的劳动力和资源优势引导台资企业中劳动密集型产业和一般加工工业投向本地区,再逐步引导技术和资本密集型投资项目,使其产业逐步向技术密集型转化,进而推进区域经济协调发展。另一方面,立足北部渤海湾和中西部产业基础、资源、要素成本、市场潜力等方面的区域优势,努力构筑并培育本地区的主导产业,带动相关产业的成长,促进本地区产业集群和人口集聚的形成,进而通过产业集群效应吸引更多的生产要素流入,引发区域经济进入良性发展,最终实现区域协调发展。

(四)提升自主创新水平,加快产业结构优化

一要充分利用台资企业在大陆投资的过程中所带来的技术溢出效应,大力发展以企业为主体的技术创新体系,推动知识成果产业化和科技成果转化。要以项目为载体,实施技术创新工程,特别是加强产业技术创新平台和企业研发中心的建设,增强企业技术创新能力,形成以企业为主的区域技术创新体系。二要加强"产学研"的有效结合,进一步建设和完善以高校和科研院所为重点的知识创新体系,引导和推进企业与台湾高校、科研院所开展紧密合作与交流。三要创建良好的科技人才支撑体系、科技成果转化体系、科技服务体系和科技投融资体系,为自主创新体系的创建和完善提供良好的环境支撑。四要搭建两岸人才交流合作平台及人才交流常态机制,促进两岸人力资源行业合作交流,引进对接台湾人才智力,增强大陆人才竞争力,提升自主创新能力。

(五)重视生态效益,实现经济社会的可持续发展

高度重视和关注承接产业转移过程中的环境保护问题,坚持产业转移与资源、环境相适应,把低碳、绿色、环保、节能的发展理念贯穿于产业转移的全过程,充分考虑环境和资源的承载能力。一要对台湾产业转移项目进行严格把关,把项目的高科技含量、环保质保等作为主要参考指标,通过各项优惠政策引导台商投资到清洁能源、环保产业等领域,在承接产业转移中实现增产不增污、增产减污。二要严格按照项目的投资强度、产出能力和市场状况供应土地,保护好土地资源。

在两岸产业转移的过程中,内陆各省份由于各自不同的地理自然条件和不同的经济发展,具有各自不同的区位优势,导致在承接产业转移方面也存在明显差异。尽管如此,各省份都要积极营造并发挥好投资优势,通过产业转移带动地区经济的快速健康发展。两岸更应顺应产业发展的客观需要,创新两岸产业合作方式,促进两岸产业转型升级,推动两岸产业向更宽领域、更大规模和更高层次迈进。

目 录

第一章　导论

第一节　问题的提出

21 世纪初,随着世界经济全球化和区域经济一体化的步伐加快,全球产业转移浪潮也呈现出加速发展的态势。经济发达国家和新兴工业化国家都在以全球化战略为基点,通过产业转移加速推进产业结构调整;发展中国家也正抓住新一轮产业转移的机遇,通过承接国际和地区间的产业转移来提升本国的产业结构,加快本国工业化进程。

近年来,随着经济全球化和区域经济一体化步伐的加快,在经济日益国际化的背景下,我国的产业转移呈现出快速发展的趋势,利用外资规模不断扩大,连续多年成为利用外资最多的发展中国家。在我国,特别是沿海发达地区,新旧经济的增长方式、成本与收益之间的矛盾越来越尖锐,经济转型和产业结构的更新换代已经迫在眉睫,产业转移、"腾笼换鸟",已经成为发达地区面临的紧迫任务。产业转移现象也是当前经济学、地理学、社会学等学科研究和关注的热点。产业转移是区域经济发展到一定程度后产生的必然要求,只有顺应这种要求,区域经济才能得到协调发展。产业转移和区域经济发展相辅相成,紧密联系。产业转移无论是对承接方还是对转出方的经济发展都起着非常重要的作用,它强化了整个地区的比较优势,促进了各地区的互补协同和开放式的发展。区际产业转移与欠发达地区工业化的协调发展,既需要产业转出地的转移推动力,也需要产业承接地的转移拉动力。在我国,产业转移问题在 20 世纪末就已经开始被纳入沿海地区许多地方政府考虑的范围之内,缓慢的转移进程在此期间早已发生。如 20 世纪 90 年代中期,日本松下与中方在杭州建立了最大的海外洗衣机生产基地,带动了 12 家多年为松下供应配件的配套厂来华投资,实现了产业供应链的整体转移。由于各地区的资源供给、劳动力素质、工资水平、市场需求、环境容量各不相同,而且在不断地发展变化,因此,产业布局相应的也会表现出明显的趋向性。①

一、全球经济掀起新一轮产业转移浪潮

产业的国际转移体现了世界范围内的产业结构调整,而世界产业结构的大调整更多地通过产业在国际上转移来实现。每一次技术的进步或世界经济环境的大变化都会带来世界产业结构的大调整,从而引发国际上的产业大转移。国际产业转移往往呈现出明显的梯度性、阶段性规律和趋势。这主要表现在:一是产业转移从早期的劳动密集型产业逐步过渡到资本密集型产业,再到技术、知识密集型产业;二是从发达国家向发展中国家梯度推进;三是以加工装配开始,经过资本、技术、管理经验等的积累,最终过渡到中间产品和最终产品本地化生产,实现产业转移。

在经济全球化的大背景下,随着国际国内环境的变化,国际上的新一轮产业转移和中国国内的产业转移大潮悄然掀起。随着以信息产业为核心的一批高新技术产业的快速发展,新一轮全球产业转移正在酝酿。采用高新技术改造传统产业和成熟产业,成为新一轮产业转移的特点之一,特别是微电子技术和信息技术逐渐向汽车、机械、仪器仪表、家电、能源、纺织服装等传统产业渗透,这将极大地改变传统产业的生产工艺和组织方式,加快产品的更新换代,提高产品的科技含量,从而改善产业结构的质量和效益,促进产业结构优化升级。

二、产业转移加快中国制造业格局调整

随着美国次贷危机渐次深化,由其衍生的金融风暴不但使全球经济放缓,而且已对实体经济造成了一定的负面影响,全球制造业正面临着新一轮格局调整。目前,全球制造业主要集中在北美、欧洲和东亚三大区域,其中,一些发达国家和地区在受到金融危机的重创之后,在生存压力和利润驱动下,必将加速向次发达国家和地区进行产业转移,这将对我国制造业成长和升级带来历史性契机。

自 20 世纪 90 年代以来,以制造业为主的中国经济得到了长足发展,中国在全球制造业中比重不断提高。目前,中国的制造业在全球占有重要地位,并

---

① 贾广森:《产业转移效应评价及其区域政策取向》,浙江师范大学硕士学位论文,2010 年。

具有"世界工厂"的称誉。尽管中国宏观经济同样面临周期性下滑趋势,但制造业的景气度还是保持在较高的水平,制造业上市公司的主营业务利润率保持在 20% 左右的增幅水平,远远高于美国、欧洲等制造业大国水平。"十二五"规划提出:"优化结构、改善品种质量、增强产业配套能力、淘汰落后产能,发展先进装备制造业,调整优化原材料工业,改造提升消费品工业,促进制造业由大变强。"在危机的产业格局调整中,我国将强化制造业中心的地位,抓住这一契机,遵循产业转移规律,充分利用我国与发达国家和地区的不同产业梯度,优化产业结构,提升产业竞争力,加快从"制造大国"向"制造强国"迈进。

三、海西建设推动海峡两岸产业转移进程

对于中国台湾地区而言,从 20 世纪 60 年代开始,台湾先后三次通过承接来自美国和日本的劳动密集型、资本密集型、技术密集型产业,外资的引入优化了台湾的资源配置,促进了台湾技术持续进步,使台湾的经济得到快速发展。经过几十年的演进,台湾产业发展已经取得了显著的成效,出口产品结构持续优化,以电子信息产业为代表的技术密集型产业成长迅速。台湾是二战以来世界上经济发展最为迅速的地区之一。而且从 20 世纪 90 年代开始,台湾产业转移的步伐明显加速,大陆地区成为台湾产业转移的最大承接地。

从 20 世纪 90 年代起,台湾出于自身经济结构调整的需要,开始将大量制造业生产基地纷纷向大陆转移,台湾岛内则重点发展高新技术产业和服务业。在两岸产业转移初期,厦门凭借"小三通"的区位优势吸引了众多台商。当前,海峡两岸产业转移正面临着前所未有的机遇。2007 年 10 月,"海峡西岸经济区建设"写入十七大报告,充分说明了海西发展战略的地位更加突出,两岸产业转移的意义更加凸显。2009 年 3 月 5 日,温家宝总理在十一届全国人大一次会议做政府工作报告中再次指出,积极促进两岸经济文化交流,实施和充实惠及广大台湾同胞的政策措施,支持海峡西岸和其他台商投资相对集中地区经济发展。随着两岸"三通"的不断推进和逐步实现,上海、浙江、江苏、广州、天津等地也与台商进行了更深层次的合作。在当前形势下,无论是台湾制造业升级还是服务业竞争力提升,都仍需要依托祖国大陆巨大的市场腹地。因而,实现两岸直接"大三通",将大大加速两岸经贸往来,推动两岸产业转移的进程。

处于战略建设期的海峡西岸经济区产业发展梯度低而多种要素充裕,面临着大陆其他区域经济板块的挤压和"边缘化"压力,而处于产业结构调整期的台湾地区,其产业发展梯度高而多种要素缺乏,面临着产品生命周期逼近和产业"空洞化"的双重忧虑,两岸产业的对接既有互补关系又有矛盾关系。从海峡两岸产业转移的实践经验上来看,台湾和大陆实现经济成长及产业结构优化升级与两岸产业转移的效应是不可割裂的。所以,研究两岸产业承接与产业转移对经济成长和产业升级的影响及其两者之间的互动关系,为两岸产业转移效应寻找评价的模型与评价体系,并做出合理的政策选择优化产业转移效应是十分必要和迫切的。

第二节　国内外研究现状

在市场机制作用下,产业转型升级受制于区域内的产业成熟度、技术积累程度、产品需求变化和区域间产业位差形成的产业梯度转移。产业梯度转移通常伴随着技术扩散,一般由高梯度地区向低梯度地区资本流动或资本转移的技术扩散与创新,促进低梯度地区的产业转型升级,因此产业转移是产业结构调整和优化升级的重要途径,一直以来备受学者和业界的关注。

一、国外学者研究现状

国外经济学界对国际产业转移的研究始于 19 世纪初期,分别从宏观和微观角度对产业转移的模式、动因、效应和影响因素进行研究,相关的主要理论包括要素禀赋论、雁行发展模式论、梯度比较优势论、边际产业论、产品生命周期学说、国际生产折中理论和新经济地理学等。

关于产业转移模式的研究:Heckscher(1919)和 Ohlin(1933)认为各国要素禀赋存在差异,导致同样的产品在不同国家间生产成本不同,因此各国应生产具有要素禀赋优势的产品来交换别国具有要素禀赋优势的产品,这实质上是两类国家间产业转移、重新布局的过程,双方从各自独立生产所有产品,到各自集中生产自己具备要素优势的产品,通过进口替代完成了产业转移。Kaname Akamatsu(1932)在研究日本棉纺工业的基础上总结出产业转移的一般规律,即一国工业从进口到进口替代再到出口的"雁形产业发展形态说",形象地显示了某一产业由高梯度国家转移到中梯度国家,再转移到低梯度国家的过程。该理论从宏观的角度解释了产业跨国转移现象,科学地解释了后进国家比较优势变化和产业成长的过程,进而奠定了国际产业转移理论的雏形。

Balassa(1979)从要素禀赋动态变化的角度提出了梯度比较优势理论,认为在国际分工的类型和经济发展阶段上存在着多个梯度且各个梯度之间是动态连续的,经济发展将会引起梯度变迁和比较优势动态变化。不同梯度国家间的产业转移方向是由高梯度国家顺次向低梯度国家的梯次移动。比如,产业从发达国家向次发达国家,再向新兴工业化国家,最后向发展中国家转移。

关于产业转移动因的研究:Arthur Lewis(1954)从发展经济学的角度分析了劳动密集型产业从发达国家转移到发展中国家的现象,认为其主要原因是发达国家因人口增长率下降而导致非熟练劳动力供给不足,劳动力成本上升,在劳动密集型产业中的比较优势丧失。Vernon(1966)提出了"产品生命周期说",间接地阐述了产业在国家间的梯度转移。他认为产品生命周期包括新产品阶段、成熟阶段和标准化阶段,并从市场需求诱因和生产成本比较两个方面对产品生产在国家或地区之间转移的原因进行了分析。虽然弗农并没有使用"产业转移"这一概念,但从企业生产从发达国家到不发达国家的转移过程来看,这种"产品生命周期"的实质就是产业在不同国家之间的梯度转移,其对产业跨国转移动因的规律性提炼对产业转移理论发展具有重要的影响。Kiyoshi Kojima(1987)提出了"边际产业扩张论"认为一国应积极将已经处于或即将处于比较劣势的产业即边际产业依次进行对外投资转移,规避产业劣势,这一理论成为20世纪70年代日本积极向亚洲新兴工业国家进行产业转移,实现本国产业升级和经济发展的主要理论依据。小岛清的理论从比较优势变化的角度对国际产业转移规律进行拓展,更深入地揭示了产业跨国转移的根本动因,在国际产业转移理论研究中占有重要的地位。

关于产业转移效应的研究:Magnus Blomstrom(2000)研究了产业转移对产业结构的影响,用数据模型验证了日本对外投资有助于日本企业维持其在海外的市场份额及有助于国内产业结构升级。从技术溢出角度来阐述产业转移效应的研究,包括 Markusen(1997)、Markusen and Maskus(2001)和 Andrew B. Bernard(2002),研究都表明跨国公司对外直接投资引致的产业转移,不仅提高了东道国的生产效率,而且也促进了投资国的技术开发和在东道国的技术溢出,有利于产品的升级换代和产业结构优化。

关于产业转移影响因素的研究:J. Dunning(1988)从企业的微观层面对产业跨国转移进行了研究,认为企业所具备的所有权优势、区位优势和内部化优势是决定企业对外投资的主要因素,虽然没有直接提及产业转移,但他通过对企业跨国投资的研究揭示国家间产业转移的影响因素,把对外直接投资和国际产业转移联系起来,在产业转移区位选择的理论中始终占据主流地位。

P. Krugman(1991)将地理引入区域产业布局研究,提出了"新经济地理学"理论,认为劳动力的可移动性和运输成本是决定产业空间集聚和转移的关键因素。即劳动力的可移动性越差,产业转移的力量就越大;运输成本越低,产业空间集聚的力量就越大。

二、国内学者研究现状

20世纪末,国内学者在国外学者研究的基础上,也开始关注产业转移现象,并对此展开了广泛的、大量的研究,包括对产业转移的综合性研究,对转移模式、承接条件和效应的研究,还有专门针对服务业产业转移的研究等。随着世界范围内产业转移规模的不断扩大,产业转移方式的日趋多样化,产业转移主体的多元化,产业转移层次的高端化,雁行形态说、产品生命周期理论、国际生产折中模式等传统的产业转移理论解释力下降,国内一些新的理论解释应运而生。近年来,随着海西建设战略地位的日益凸显,越来越多的学者开始关心和研究海峡两岸产业转移问题,其研究主要集中在台湾对大陆直接投资和两岸产业合作领域。

关于梯度转移理论和"反梯度"理论研究:20世纪80年代中后期国内学者对我国经济发展战略提出了一种理论——梯度理论,认为区域之间存在着经济技术梯度,推动经济发展的创新活动(包括新产品、新技术、新产业、新制度和管理方法等)主要发生在高梯度区域,然后依据产品周期循环的顺序由高梯度区域向低梯度区域推移,梯度推移主要通过城市系统来进行。而后有人从自然要素、经济要素、社会因素、人力资源、生态环境质量、制度层面拓展广义梯度理论,把梯度推移理论从单向度发展为多向度。根据这一理论,我国东部沿海发达地区多属于高梯度地区,中部地区多属于中梯度地区,西部地区多属于低梯度地区。随着时间的推移,按顺序由高梯度地区逐步向低梯度地区转移。梯度理论表明区域间经济发展水平的梯度差异是产业转移发生发展的客观基础,梯度理论出现不久,有人提出了反梯度理论,认为梯度理论阻碍落后地区技术革命和建设,是同实现区域平衡发展总目标背道而驰的,技术革命将会给落后地区带来超越发展的机会,不要以为在落后地区发展新的生产就是经济效益低,或没有接受能力的。落后的梯度地区,只要经济发展需要和条件具备,也可直接引进新技术,实现超前发展,然后反过来实现反梯度推移。

关于区域分工和产业区际转移理论研究:该理论以陆大道、陈秀山为代表。他们认为,各区域在依靠比较优势的同时,还要积极开展区域分工协作,使区域经济有机耦合成一个统一、协调的经济体系;在市场机制的作用下,加快产业的区际转移,既符合发达地区产业结构升级的需要,也能促进落后地区经济的发展;加快产业区际转移的客观结果就是推动产业的集中和地区专业化分工,从而促进区域经济协调发展。该理论强调,一个地区具有竞争优势的产业,并不是说在这个产业的各个方面和环节都具有优势,而是将优势集中在特定的产品或产业环节上。该理论强调的专业化生产模式,应当是区域经济特别是中西部地区经济发展的方向。

关于产业转移的综合性研究:卢根鑫(1997)认为,产业贸易和产业投资是产业转移的两种基本形式,并对产业转移后国际分工格局的变化、产业转移与发展中国家产业结构成长、产业转移后的价值盈余、产业转移效应等进行了系统的研究。王先庆(1998)认为,不同地理空间存在的"成长差"和不同区域产业主体之间的"利益差"共同构成"产业差",成为产业转移的基础,并从转移双方分别论述了产业转移对产业优化升级的促进作用。汪斌(2001)对国际区域间产业结构的互动机制(包括国际贸易、国际直接投资、国际金融、技术与信息的跨国传递、跨国公司和经济周期六大机制)进行了研究,并且对东亚、北美和西欧三大区域产业结构演化模式进行了静态和动态的实证分析。魏后凯(2003)分析了科学技术高速发展下产业转移的新特点和新趋势,指出制造业转移已由单纯的产业转移扩展到整个产业链的转移。余慧倩(2007)采用史密斯的盈利空间界限理论对产业转移的原因进行分析,并采用赫希哲的贸易动态模型对产业转移过程进行描述,最后分别对产业转移双方的转移效应进行了分析。

关于产业转移模式的研究:主要研究国内经济发展"模式"中的产业转移形式。国际产业分工有五个层次:第一层次是技术创新,第二层次是金融服务业,第三层次是重化制造工业,第四层次是一般商品生产,第五层次是供应货源及原材料。目前,我国正处在由第四层次向第三层次升级的过程。一是"苏南模式"。以苏南为代表的乡镇企业发展曾在我国20世纪八九十年代红火一时,在承接上海产业转移和外商投资方面取得过很大成效。那时,因为解决了农民就业,带动了农民收入增长,壮大了集体经济,其"集体所有制"性质曾为公有制经济的活力提供了生动证明。但后来在面对市场竞争的道路上失去了政策扶持,在与私营企业为主的其他地区的竞争中逐渐失去优势,乡镇企业纷纷走下坡路。在这种形势下,"苏南模式"难以向重化工业和设备制造业升级。最终,"集体所有制"企业被迫改制,"苏南模式"也曲终人散。二是"珠三角模式"。珠三角主要是承接香港一般商品生产的产业转移,具有外向型加工贸易的特征,这种模式在改革开放初期取得了巨大成功。这种加工贸易的模式既没有资本的门槛,也没有技术的门槛,基本上是"前店后厂"——香港接单广东做。这种模式曾在珠三角如火如荼地发展,导致出现"村村点火"的局面。农业用的资源性土地,只产生农业地租,当它转成工商业用地后,地租呈几何级增值,这就导致了方方面面的机构都来圈地。由于多年来形成对地租分配的惯性,而没有用于积累,没有作产业升级的准备,导致珠三角至今没有完成从一般商品生产向设备制造业的过渡。三是"浙江模式"。以温州为代表的浙江沿海地区,在工业发展到一般商品生产阶段时把作坊加工业变成场地型加工业,把一般商品生产的多个环节以地域型方式集中起来,形成产业集群,在与其他模式的竞争中显示出较强活力。如其领带产业,由于形成集群效应,不仅挤垮了发达国家的领带产业,也使原来世界领带产业的龙头韩国被迫将企业连同技术转移到浙江。但是,世界银行的官员考察江浙模式时说,其实这是重复西方早期的工业原始积累,只不过在作坊小工业上增加了一些现代简单机械。不同于广东的加工贸易型生产,浙江的块状经济意味着一个产业的大部分,几乎是所有环节都在一个地方集中,这也是它能在很短时间内复制别人商品,只与原产品相差"一个字母"的原因。但是,离开了当地的产业环境、政策等因素,这种模式难以复制到其他地方。各地在承接产业转移过程中,没有现存的模式可以照搬照抄,也没有"普适"的灵丹妙药,必须在借鉴国内外的经验教训的基础上,探索适合自身发展的道路。石东平、夏华龙(1998)认为,产业转移是沿着劳动密集产业—资本密集产业—技术密集产业方向进行的,较发达国家通过向较不发达国家直接投资,使得相关的技术管理经验和市场渠道也实现了转移和接替。周继红、李建(2003)指出,跨国公司成为产业转移的主体,产业转移由单一形式向立体交叉形式转换,转换结构高度化趋势明显加强。胡俊文(2004)认为,当今国际产业转移是发达国家和地区利用"头脑"与"躯干"的价值差异,实现"价值链拆分"和"产业空间分割",实现"头脑产业"和"躯干产业"的国际分工,建议发展中国家或地区在承接产业转移过程中,应逐步实现由比较优势向竞争优势的转变。邓亦林、钟建华等(2005)对东亚模式、珠三角模式、苏州模式等几种较为典型的产业承接模式进行了分析和比较,对欠发达地区的产业承接模式进行了一定的探讨。张向阳、朱有为(2005)从全球价值链理论出发,对以不同方式嵌入全球价值链的苏州和温州模式进行比较分析,认为两地应争取进入全球价值链的战略环节,才能规避国际产业转移所带来的不确定性风险。

关于产业转移承接条件的研究:刘辉煌、杨胜刚(1999)提出,通过改善东道国的投资环境,可以扩大国际产业转移的吸纳规模;通过调整引资区域和吸纳结构,可以加速自身产业升级和优化。祖强(2002)分析了发展中国家承接发达国家资本和技术密集型产业转移时所面临的机遇与挑战,认为发展中国家应培养企业家素质、创新技能、劳动力技能与素质、管理水平等优势,制定符合国情和现阶段工业化发展需要的主导产业转移基准。潘悦(2006)在分析了国际产业转移的新趋势的基础上,探讨了东亚在新一轮产业转移浪潮中,由资源、能源、环境、人才和制度引发的瓶颈和矛盾,并提出相应的对策。戴宏伟(2007)指出,目前我国制造业参与国际产业转移面临着消费市场变化、资源与要素约束、环境约束、企业约束等一系列新问题,必须采取相应措施,促进我国制造业更快、更深层次参与国际产业转移。李文溥(2007)基于泛珠三角地区产业转移和产业结构升级的研究,认为增强自主创新能力将提高企业因承接产业转移而获得的有形和无形资产的产权收益,对产业结构升级存在正向激励。

关于产业转移效应的研究:认为产业转移的正面效应主要是整合升级效应,不仅会使转移方自身的结构优化和内部空间联系有机化,而且会优化被转移方的产业结构,从而强化转移方与被转移方之间的外部联系,并指出产业转移是一种"双赢"而非"单赢"。产业转移对欠发达区域发展的作用主要表现为要素注入效应、技术溢出效应、关联带动效应、优势升级效应、结构优化效应、竞争引致效应和观念更新效应。同时,产业转移也存在一些负面效应。承接地要审慎对待产业转移,产业转移使产业承接地处于垂直型国际分工格局中产业链和价值链的低端,不能天然地推动技术进步,并有拉大输出地与承接地之间技术差距的威胁;同时各承接地区为争夺产业转移会产生内耗,产生限制技术开发等消极影响。跨国公司的产业生产技术主要是提供给该公司国内使用,不会转移给国外公司使用。而在产品生命周期达到成熟阶段,市场需求量达到饱和后,跨国公司才会把产业转移到产业技术水平低层次(区位)的国家和地区。输入国在承接转移的产业时,应立足在注重自身技术的开发、结合引进跨国公司的技术发展产业上,否则,会成为跨国公司转移衰退产业和技术的长期对象,这会影响本国的产业发展,在国际产业链中无法上位,永远处于受控的位置。如果我们安于目前的分工体系,有可能陷入"分工陷阱",被锁定在低水平的分工链条上。张洪增(1999)认为,由于转移国不会将关键技术和新工艺扩散,转移出去的产业多为其所生产产品的生命已进入成熟期,因此由产业转移对移入国的促进作用并不能长久,两国之间的技术极差将固化存在。于治贤(2000)认为,我国承接国际产业转移对我国参与国际分工有深远影响,如在航天工业、数字电视、机器人制造和生物制药等领域,有可能同发达国家处于水平分工状态,但多数制造业由于附加值低,可能同发达国家处于垂直分工状态。谢姚刚(2004)对发达国家向次发达国家转移的污染密集型产业进行分类考察,在一定程度上否定了"污染避难所"的假说,提议发展中国家应辩证、理性地看待污染密集型产业转移,并结合经济发展水平制定环保政策。丁刚(2007)分析了中国承接国际产业转移对自身能源消耗的影响,认为以外商直接投资为载体的国际产业转移虽然加大了中国工业能源消耗总量,但并没有加大中国工业能源消耗强度,而且还在一定程度上优化了中国工业能源消费结构。王国中、杜云鹏(2007)通过实证分析,论述了国际产业转移对我国外贸商品结构的影响,提出我国应通过承接发达国家和地区的产业转移来提升产业结构、优化外贸商品结构,推动经济可持续发展。

关于服务业产业转移的研究:赵楠(2007)研究发现,服务业正逐渐成为国际产业转移的主导产业,而包括研发在内的服务外包则是服务业转移的主导方式,今后我国在承接国际产业转移和利用外资过程中,应该更多地引导外资投向服务业,而服务外包则应成为利用外资的主要方式。林青、陈湛匀(2008)通过对我国1989—2005年间的服务业外商直接投资对劳动生产率影响的测度分析,说明东道国在承接服务业转移的初期,其福利效应集中体现为吸收大量非技术性劳动就业;随着外商直接投资(FDI)大量涌入,服务业转移带动了国内对于服务业技术性劳动需求及其工资水平的增加,激励了非技术性劳动向技术性劳动的转变,最终实现了服务业整体人均劳动生产率的显著提高。张明志、郑秀莲(2008)认为,当前的国际产业转移模式逐渐从垂直FDI为主导向国际外包为主导演变,福建省应营造更有竞争力的产业转移承接环境,积极承接跨国公司的生产外包和国际服务外包,不断提高产业技术水平和产业集聚能力。

关于海峡两岸产业转移的研究:黄德春(2002)研究发现台湾投资大陆的重心由福建、广东逐渐转向上海及其周边地区,且区域间投资分布极不平衡。该文运用区位优势理论,以长江三角洲的江苏、珠江三角洲的广东,以及福建为例,分析三地区在几次台商投资热中的得失原因,并就台湾对大陆如何实现投资、引资的双赢提出了建议。段小梅(2006)分析了台商在大陆投资区位选择的演变历程和分布特征,在此基础上,对影响台商投资的未来因素做了初步预测,认为未来大陆在吸引台资的热潮中,"长三角"和"珠三角"仍处于优势地位,"环渤海"经济区有望成为下一个台商投资热点,同时还将出现向内地拓展的趋势。陈新(2006)从价值链视角出发,分析了福建在与台湾产业分工中,长期处于价值链中的低端环节,导致在吸引台资的过程中处于不利的地位,影响了福建产业竞争力的提升,认为当前有必要对现存的闽台价值链分工进行重新审视,促进福建与台湾构建兼具垂直分工与水平分工的产业协作关系。薛荣久(2007)对两岸高科技产业合作的发展、目的、地区分布、经营形态和分工进行了回顾,在分析两岸电子资讯产业发展、两岸研发合作和台商在大陆设立研发中心的基础上,认为台商在大陆的研发呈现出积极参与布局、构建研发基地、扩大合作对象及加强标准化合作的趋势。庄宗明、黄梅波(2007)在世界经济与两岸经济关系研究丛书中对海峡两岸经贸关系、经贸合作和产业合作进行了广泛、深入的分析,其中对台湾在大陆投资的历程和台湾与福建、珠三角、长三角和环渤海经济区的经贸关系进行了系统梳理,并对未来两岸经贸关系进行了展望,提出加强两岸经贸合作,可以实现两岸优势互补,创造协同共赢的效果。

纵观已有的研究文献,多是集中在对产业转移的模式、机制、动因等问题的研究,对产业转移效应的评价和转型升级的研究文献较少。国外学者关于产业转移的研究主要从国家层面和区域层面,并结合外国直接投资理论和跨国公司理论进行的,尚未形成独立且规范的产业转移理论;而且,西方经济学家的研究多是站在发达国家立场上,对发展中国家的利益多有忽略,针对欠发达地区如何承接产业转移的研究尤显不足。许多国内学者在国外学者研究的基础上,结合产业转移实践对产业转移问题进行了广泛研究,并提出了一些有价值的理论和观点,但大多侧重于定性描述,以实证方法为主的研究还非常薄弱。关于海峡两岸产业转移的研究,国内学者主要以台湾对大陆投资和两岸产业合作为研究对象,专门针对两岸产业转移的研究较少。只有荒山裕行(1995),陈刚、张解放(2001),陈红儿(2002)回答了产业转移有哪些效应,但没有建立产业转移效应的科学测评体系,难以解决产业转移中面临的一些复杂问题:怎样摆脱传统产业转移模式的束缚实现产业的升级与优化,怎样实现产业转移相关影响因素的合作性博弈,怎样更为有效地选择产业转移时机和方式,怎样使区域产业结构更为合理,怎样解决产业转移效益不佳问题等。鉴于此,本书结合海峡两岸产业转移的实践,研究产业转移效应的评价与优化,以弥补上述不足。

产业转移的效应根据转移的方向可以分为转出区和转入区的效应,而且各自又包括正负两个方面。本书在经济地理学和演化经济学等学科的基础上,构建出产业转移效应评价模型与产业转型升级的评价指标,为区域产业转移效应的定量评价及优化提供理论指导,为区域间的产业转型升级提供一种新的理论研究思路。

海峡两岸的产业转移在性质上属于一国内两区域间的产业合作,是主权尚未统一、治权长期分离背景下特殊的合作,在运行方式上需要比照国际惯例进行,并受制两岸产业政策的显著影响。本书探索产业转移的效应评价,为海峡两岸产业向高层次发展提供实践依据。同时,对转入区承接产业转移有一定的借鉴作用,又对发达地区经济实现可持续发展具有现实指导意义。

第三节 本书的研究内容与方法

一、研究内容

本书通过对产业转移承接区和转出区正负效应的定量评价进行系统性的研究,并借助网络层次分析(ANP)等方法建立评价模型,对海峡两岸产业转移效应体系进行较为系统的定量分析,一方面在理论上为海西两岸产业转型升级提供研究新思路;另一方面通过海峡两岸产业转移效应体系的评价模型,为海峡两岸产业的转型升级提供实践依据,最终为相关决策主体对产业转移的判断提供科学、客观的分析工具,更好地解决产业转移中遇到的各种复杂问题。

本书的内容框架主要由以下几个部分构成:

第一章为导论。介绍本书的研究背景,结合产业转移中出现的实际问题以及国内外产业转移的背景,提出本书研究的主要问题,对国内外研究现状进行综述,并简述研究的目的、基本方法、主要内容和研究的理论意义和现实意义。

第二章为研究综述与理论基础。分别从产业转移的概念界定、产业转移动力机制研究、产业转移模式研究、产业转移效应研究和产业转移政策研究等方面对目前关于产业转移理论的研究进行了综述,并阐述了区域分工理论、经济地理学、演化经济学、全球价值链与产业转移的关系,为全书的研究奠定了理论基础。

第三章为两岸产业转移与产业结构升级的互动关系。首先界定了产业结构升级的概念,并从内陆与台湾两个角度阐述了产业转移与产业结构升级之间的相互影响关系,将产业转移的效应分析与产业结构升级联系起来,为从产业结构升级的角度研究产业转移效应提供依据。

第四章为福建省区域产业转移与产业升级效应评价。对福建省区域经济发展差异、福建省区域产业转移模式进行了深入分析,指出福建省区域产业转移中存在的问题,进而对福建省区域产业转移效应评价、福建省产业升级效应测评体系、福建省承接国际产业转移与升级进行了实证研究,为福建省区域产业转移与产业升级提供对策建议。

第五章为海西经济区承接台湾产业转移效应评价。分析了海峡西岸经济区承接台湾产业转移的动因与影响因素,从优势与劣势两个角度分析了海西经济区承接台湾产业转移的可行性,并构建了海西区承接台湾产业转移效应测评体系,对海西区承接台湾产业转移效应进行模糊评价,最后提出海西区承接台湾产业转移的对策建议。

第六章为海峡两岸产业转移效应评价。对海峡两岸产业转移的现状进行描述,进而分析了海峡两岸产业转移的正负效应,并设计了海峡两岸产业转移效应评价指标体系,选择 ANP 为海峡两岸产业转移效应评价的方法,基于ANP 方法构建了两岸产业转移效应评价模型,并对海峡两岸产业转移效应评价进行了实证研究。

第七章为海峡两岸产业转移效应的提升与政策启示。借鉴东亚与港粤产业转移效应提升的经验,对海峡西岸经济区承接台湾产业转移的发展模式进行选择,并提出了海西经济区承接台湾产业转移效应的提升对策。

第八章为总结与展望。对全书的研究内容与结论进行了总结,并针对本书研究的不足提出未来研究的方向。

二、研究思路

本书以科学发展观和转变经济发展方式为指导,在产业转移动力机制、转移模式等已有研究基础上,综合经济地理学、演化经济学、区域经济学、产业经济学等经济学思想,以海峡两岸产业转移效应评价与优化为主线,对海峡两岸产业转移效应影响因素进行综合考察,并运用科学评价模型与方法,对海峡西岸经济区承接台湾产业转移效益进行多角度立体研究并针对评价结果提出相关优化建议。

本书的研究思路与技术路线如图 1-1 所示。

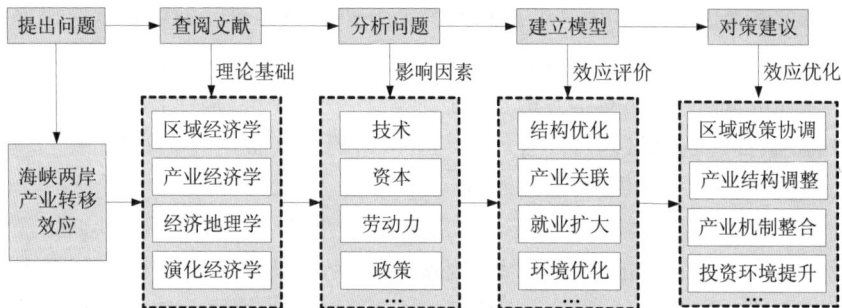

图 1-1　本书的研究思路与技术路线图

三、研究方法

本书采用理论与实证相结合、归纳与演绎相结合以及比较分析等研究方法，应用经济学和管理学理论工具，遵循"理论研究—比较研究—实证研究"这样一个技术路线，对海峡两岸产业转移的正负效应及其政策取向展开深入研究。综合研究海峡两岸产业转移的动力机制、转移模式，寻找海峡两岸产业转移效应的主要影响因子及其相互关系，同时，借助网络层次分析法建立评价模型，对海峡两岸产业转移效应体系进行较为系统的定量分析，从模型分析的结果出发指出海峡两岸产业转移效应优化的对策。

本书应用的主要研究方法有：

（1）复杂系统分析方法。结合定性分析和定量分析两种分析方法，全面揭示区域产业转移和升级的本质与特征，使论点更明确、论据更充分、论证更清晰。

（2）宏微观相结合分析方法。针对复杂系统的特征，本书研究涉及区域、产业、企业、政府等相关领域范畴，以保证研究的科学性与综合性。

（3）实证分析法。利用中国统计年鉴等文献和深入涉及调查获取数据，对本书所构建的模型进行实证研究，确保研究的可行性和现实运用的可操作性。

（4）个别和一般相结合分析方法。探讨以福建省、"海西区"、"珠三角"、"长三角"和中西部等为研究对象的承接台湾转移个性问题，在此个性分析基础上，寻求共性规律。

第四节 本书的创新之处与不足

目前,国内外学者尚未对海峡两岸产业转移进行系统和全面的研究,而本书立足海西,对多年来两岸产业转移的效应进行分析,并通过实证模型来测度两岸产业转移的综合效应。本书力争在以下两个方面进行创新:一是根据海峡两岸产业现状,探索区域产业转移的供求机理、区域产业升级的动力机理及其转移与升级的外部推动机理,从而寻找海峡两岸产业转移效应的主要影响因子,试图构建海峡两岸产业转移效应的评价指标体系与评价模型点,这也是本书研究的重点所在;二是运用海峡两岸产业转移效应评价模型对海峡西岸经济区承接台湾产业转移效应进行实证分析,探求海峡西岸经济区产业承接力和台湾产业结构调整的关键点,根据海峡两岸的经济发展状况,提出富有针对性、创新性的优化发展战略措施促进海峡西岸经济区产业加速转型升级,这也是本书研究的难点所在。

本书经过不断改进和完善,仍存在不足之处:第一,本书主要考察了两岸制造业产业转移的效应,未能涉及两岸其他产业,如服务业的产业转移效应;第二,本书主要考察了沿海台商投资较集中的省份和地区承接台湾产业转移的效应,对中西部内陆地区承接台湾产业转移的效应分析还不够深入;第三,由于本书在获取产业转移相关基础数据、运用评价模型对我省产业转移效应进行实证分析的时候,变量的度量,数据的收集、整理和运用等方面难免有不完整之处,尚需改进。

本书尚需深入研究的问题:第一,两岸产业转移效应优化与产业转型升级之间关联性研究还有进一步深化的必要。第二,还需进一步深入海峡两岸进行调研,尤其是到海峡东岸的台湾获取海峡两岸产业转移的相关数据与信息,进一步详细实证评价海峡两岸产业转移效应,并根据评价结果勾勒出海峡两岸产业转移效应的优化模式(区域政策协调模式、产业机制整合模式、投资环境提升模式),作为产业转型升级事前评价的前提与对策建议。

第二章 产业转移的研究综述与理论基础

第一节 研究综述

尽管产业转移的问题很早就引起学术界的关注,但因其正处于动态发展变化过程中且日益呈现复杂性、多元性和交织性,因此中外学术界尚未对产业转移形成专门且全面的理论体系。有必要在借鉴前人研究的基础上,对产业转移问题的相关研究进行梳理和补充,尝试对产业转移的内涵、类型、特点、发生机制、路径和综合影响进行系统的阐述。

一、产业转移的概念界定

学术界对产业转移很早就关注过,但在其概念的界定上,迄今为止还没有统一的定义。综观国内外学者对产业转移所做的阐释,综合起来,产业转移的内涵可以分为狭义和广义两种。

1. 产业转移的内涵

(1)狭义的产业转移

这种类型观点的产业转移主要是指产业生产设施的空间扩张或者迁移。这种类型的观点又可分为以下三种:第一种观点概念较为宽泛,既包括成长产业的空间转移,又包括衰退产业的空间转移,而且没有对两者作出较明确的区分。这一观点是当前多数学者认可的。例如,魏后凯认为,[①]产业转移的实质是企业空间的扩张过程,也是企业的再区位和区位调整的过程。第二种观点

---

① 魏后凯:《产业转移的发展趋势及其对竞争力的影响》,载《福建论坛》(经济社会版)2003 年第 4 期。

认为,产业转移仅仅是指产业在衰退过程中的空间转移的现象。例如王先庆和郑燕伟把产业转移视为衰退产业实现退出的一种重要方式;[1]产业转移是经济发展过程中区域间比较优势转化的必然结果,是发达地区向落后地区不断转移已经处于劣势的产业;[2]产业转移是发达地区的部分企业顺应区域比较优势的变化,通过跨区域投资,把部分产业的生产地迁移到欠发达地区进行,从而在产业的空间分布上表现出该产业由发达区域向发展中区域转移的现象。[3] 第三种观点把产业转移概念的内容视为和第一种观点相同,但对成长产业和衰退产业的空间转移作了明确的区分。

（2）广义的产业转移

这一类型的观点将产业的单纯产品市场扩张或者迁移都视为产业转移。最为典型的是陈建军、胡俊文的观点。陈建军认为,产业转移是由于资源的供给或产品的需求条件发生变化后,某些产业从某一国家（地区）转移到另一国家（地区）的一种经济过程。[4] 刘力从产品供需条件的角度来解释产业转移,认为区域经济发展到一定阶段,在市场机制作用下,由于要素供给和产品需求条件发生变化,某些产业从一个国家或地区转移到另一个国家或地区的经济过程。[5] 孙玉娟等把产业转移看作发达国家（地区）通过国际贸易和国际投资等多种方式,把一些产业转移转到欠发达国家（地区）以及发展中国家（地区）,带动产业移入国家的产业结构调整和优化升级。[6] 产业转移常常以相关国家（地区）间的投资、贸易以及技术转移等活动形式表现出来,所以很难把产业转移和地区间的投资和贸易及技术转移活动截然区分开来。杨治则认为,产业转移是指发达国家或地区通过贸易或投资等方式,将已处于或即将陷入比较劣势的产业转移到次发达国家或地区,从而获得较大的利益,带动移出国或地区的产业结构调整和优化升级,同时也给移入国或地区带来产业结构

[1] 王先庆:《跨世纪整合:粤港产业升级与产业转移》,载《广东商学院学报》1997 年第 2 期。

[2] 陈计旺:《区际产业转移与要素流动的比较研究》,载《生产力研究》1999 年第 3 期。

[3] 郑燕伟:《产业转移理论初探》,载《中共浙江省委党校学报》2000 年第 3 期。

[4] 陈建军:《中国现阶段的产业区域转移及其动力机制》,载《中国工业经济》2002 年第 8 期。

[5] 刘力、张健:《珠三角企业迁移调查与区域产业转移效应分析》,载《国际经贸探索》2008 第 10 期。

[6] 孙玉娟、高秀春、王金增:《基于产业转移效应下的产业竞争力分析》,载《唐山师范学院学报》2007 年第 4 期。

调整和优化升级效应的一种经济活动。

综上所述,虽然学术界对于产业转移没有形成一个统一的定义,但就其本质的内涵与外延而言,主要包括以下几个方面的内容:第一,产业转移不是偶然发生的,它是在经济发展过程中,由于资源禀赋条件的变化而产生的必然结果;第二,产业转移是由企业主导的行为;第三,产业转移是一种空间行为,是有一定的时间跨度的过程。

产业转移与产业承接不仅是产业调整的互动过程,而且是产业结构调整的方式。产业转移不仅是指产业空间的转移,而且还包括产业间的序列演化,即在产业进行区域间转移的同时,伴随的是产业结构调整优化;产业转移是调整产业结构、实现技术进步和产业升级的重要途径。

2. 产业转移的类型

按照转出方和承接方的区域范围,产业转移可分为区域产业转移和国际产业转移。区域产业转移表现为特定产业从一国的某个地区转移到该国其他地区的过程,区域产业转移始于美国工业化早期,当时制造业工厂通常设在原料地附近,后因运输条件变化,则更倾向于设在产品市场附近,这促进了美国制造业自东向西、自北向南的转移。国际产业转移表现为特定产业成规模地从一个国家(或独立关税区)向其他国家(独立关税区)转移的现象,如发达国家间的产业转移、发达国家向发展中国家的产业转移,其中最典型的代表是20世纪后半期日本的雁行模式产业转移。

按照产业转出地与产业承接地的发展水平差异,产业转移可分为水平产业转移与垂直产业转移。水平产业转移,是指产业转移发生在经济发展水平相同或者差距不大的国家或地区之间。如美日为规避贸易壁垒而相互直接投资进行的产业转移、发展中国家之间出于国际政治与经济目的而相互投资导致的产业转移。垂直产业转移,是指产业转移发生在经济发展差距较大或者很大的国家或地区之间,如果产业是从经济发达国家或地区转移到经济落后的国家或地区,就是产业梯度转移,如日本把在国内失去比较优势的产业转移到亚洲"四小龙"和东盟地区、台湾把岛内失去比较优势的产业转移到大陆;但如果产业是从经济较落后的国家或地区转移到经济发达的国家或地区,就是反梯度产业转移,如中国海尔将部分生产基地建立在欧美发达地区。

3. 产业转移的特点

产业转移的特点可归纳为以下几点:第一,要素集体流动。产业转移是生产的综合性转移,涉及资本、技术等其他生产要素的集体流动,与单个生产要素的流动不同,具有单个生产要素流动所不具有的特征和功能。第二,阶段性演进。产业转移是分层次渐进式实施的,是一个随着区域经济发展而不断深入的动态过程,随着转出方产业结构沿着劳动密集型—资本密集型—技术密集型—知识密集型的方向升级,产业转移的内容也逐步从劳动密集型产业向资本、技术和知识密集型产业演进。第三,关联性强。产业转移既是参与国际分工和区域协调发展的关键因素,同时也是产业结构调整和外贸竞争力提升的主要路径,可见,产业转移与社会经济发展的多方面有着密切的关联效应。[①]

二、产业转移动力机制研究

关于产业转移的动因,国际上有很多经典的著作和观点,典型的有维农的产品生命周期论、邓宁的生产折中论、阿瑟·刘易斯的劳动密集型产业转移论以及劳尔·普雷维什的中心—外围理论等。这些著作和观点从不同视角,对国际产业转移的动因给予了解释。维农认为,每一种产品都要经历新产品阶段、成熟产品阶段和标准化产品阶段。而产业转移是企业为了顺应产品生命周期的变化、回避产品生产的比较劣势而实施的空间转移,是产品生命周期特定阶段的产物,是产品演化的空间表现。邓宁从企业跨区域投资的角度考察产业转移问题,是产业转移的微观解释。他认为产业组织决定的所有权优势、交易成本决定的内部化优势和区域要素禀赋结构决定的区位优势是决定企业对外直接投资和跨国经营的主要原因。阿瑟·刘易斯认为,劳动力成本的上升是劳动密集型产业由发达国家向发展中国家转移的主要原因。劳尔·普雷维什从依附理论的角度分析了中心—发达资本主义国家和外围—发展中国家之间的经济关系,强调了发展中国家被迫性的产业移入需求对产业转移的重要作用。[②]

1. 劳动密集型产业转移理论

美国经济学家阿瑟·刘易斯(Arthur Lewis)最早研究有关产业转移机制的问题。他在《国际经济秩序的演变》一书中,从劳动力成本的角度分析了产业转移的经济动因。他认为,引起 20 世纪 60 年代非熟练劳动密集型产业由发达国家转移至发展中国家,发达国家从发展中国家进口劳动密集型产品的主要因素,是第二次世界大战后发达国家人口的增长几乎为零,而工业的增长

---

① 张丹丹:《海峡两岸产业转移的实证研究》,厦门大学硕士学位论文,2009 年。

② 刘凡胜:《产业转移理论研究综述》,载《吉林工商学院学报》2013 年第 1 期。

速度又前所未有,引致非熟练劳动力的不足。[①]

但由于历史的限制,刘易斯没有建立起关于产业转移的完整理论,他对于劳动密集型产业发生转移的解释也停留在较浅的层次。

2. 中心—外围理论

中心—外围理论是阿根廷经济学家劳尔·普雷维什以发展中国家的视角来考察产业转移现象,从依附理论的角度分析了"中心"——发达资本主义国家和"外围"——发展中国家之间的经济关系。他认为,由于原材料和初级产品的需求弹性低而工业制成品的需求弹性高,导致发展中国家贸易条件的不断恶化和巨额贸易逆差,发展中国家出于发展的压力而被迫实行以国内工业化代替大量进口工业品的进口替代战略。[②]

普雷维什的观点借鉴了李斯特等人的贸易保护主义理论,突出了国家行为对国际产业转移的影响,同时较早地注意到了产业转移是区域间经济关系发展变化的必然产物,也较早注意到产业转移带来的消极作用,但对于产业转移能够加快欠发达区域经济发展的积极影响认识不足。

3. 产品生命周期理论

20世纪60年代初,美国经济学家弗农(1966)在总结国际贸易对处于高度发达的工业先行国的美国工业结构转换影响的基础上,通过剖析产品的国际循环,提出了国际产品生命周期理论。这一理论认为,产品生命周期包括新产品、成熟产品和标准化产品三个阶段。该理论对区域间或国家间产业与产品的周期性发展进程以及由此导致的产业和产品转移做出了系统描述和理论总结。认为当产品处于创新阶段的时候,本国产品有竞争优势,产品可以采取出口的方式进入他国市场。当产品处于成熟阶段时,随着新产品的市场不断扩大,技术垄断被打破,产品的生产技术越来越纯熟,生产者可以获得规模效益。当国外市场越来越大时生产者就有了向外扩张的动机。当产品处于标准化生产阶段时,产品达到高度标准化生产,价格竞争成为主流竞争。生产者开始考虑将生产转移到劳动力成本较低的欠发达国家,再从这些国家进口该产品。[③] 如图2-1所示。

---

① [美]阿瑟·刘易斯:《国际经济秩序的演变》,商务印书馆1984年版。

② [阿根廷]劳尔·普雷维什:《外国资本主义——危机与改造》,商务印书馆1990年版。

③ R. Vernon. International investment and international trade in the product cycle, Quarterly Journal of Economics,1966,80(2):190~207.

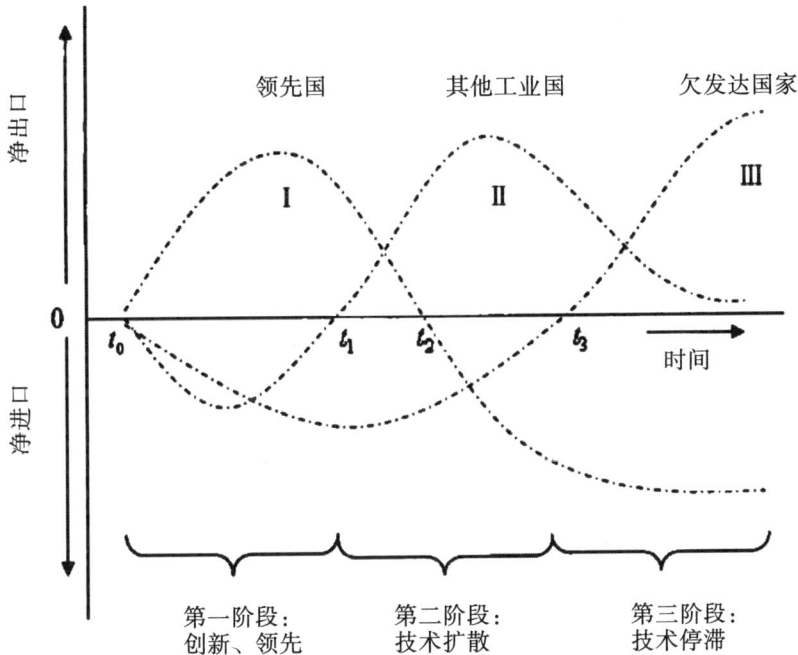

图 2-1　新商品在产品周期中贸易平衡的演进

　　图 2-1 中,纵轴上半轴表示产品的净出口量,下半轴表示产品的净进口量,横轴则表示时间;曲线 Ⅰ、Ⅱ 与 Ⅲ 分别表示新产品发明国、其他工业国与欠发达国家的进出口量随着时间变动情况:从 0→t_0 时期,为产品的导入期,它主要为本国生产、本国消费,没有出口也没有进口;在 t_0→t_1 时期,是产品的成熟期,产品主要为领先国生产并出口,或者在其他工业国直接投资生产与销售,但无论怎样生产与销售,产品生产与出口的控制权掌握在领先国手中。在图 2-1 中,贸易平衡的演进方式自 t_1 时后,产品进入标准化时期,在 t_1 → t_2 时期,其他工业国主要承担该产品的生产与出口的职责,领先国转为净进口国(在 t_2 时起),并且逐步在欠发达国以出售许可证方式,或以直接投资方式设厂生产和销售该产品,此时产品为资本密集型产品;自 t_3 时开始,欠发达国家完全承担该产品的生产与出口任务,领先国与其他工业国成为该产品的净进口国,此时,产品变为劳动密集型产品。

　　弗农的产品生命周期理论实质上是大卫·李嘉图的比较优势理论的动态化,也是对国际上产品和产业的转移作了系统的描述和总结。它非常强调产品的生命周期,认为只有产业发展到标准化阶段才有可能向欠发达国家转移,忽视了产业还没有发展到标准化阶段之前,有存在为了追求更低的生产成本而将生产的一些环节转移到欠发达国家的可能的。[①] 产品生命周期理论将产品及其生产技术的周期和各国的比较优势变化结合起来,从动态的角度说明了发达国家从出口、对外直接投资到进口的发展过程,其所建立的产品生产区位的转移模式对于产业转移研究具有重大的启发意义。

4. 雁行模式理论

雁行模式最早是由日本经济学家赤松要在 20 世纪 30 年代提出的,1932年,赤松要在《我国经济发展的综合原理》一文中提出"雁行产业发展形态说",主要用于说明当时日本的工业成长模式,反映了产业转移对发展中国家产业升级的作用。在这一理论模式中,赤松要认为,日本的产业发展实际上经历了进口、进口替代、出口、重新进口四个阶段,因为这四个阶段呈倒"V"字形,在图表上酷似依次展飞的大雁,故得此名。

赤松要考察了明治维新以来日本产业特别是纺织产业的发展史,在此基础上总结出了日本产业"进口→国内生产(进口替代)→出口"的发展路径,并称其为"雁行形态"。赤松要把"雁行形态"分为原形和两个引申形。原形表现为:后进国在产业发展的过程中,其工业品表现为"进口→国内生产(进口替代)→出口"三个阶段的继起并成周期性的循环运动。后来在原形的基础上又发展成两个引申形,第一个具体表现为低附加值产品进口、国内生产和出口→高附加值产品进口、国内生产和出口依次继起并循环运动;第二个具体表现为某一产品的进口→国内生产(进口替代)→出口的这一动态循环过程在国与国之间逐个传导。

二战后,作为战败国的日本由于成功实施了以政府主导性、出口扩张性为主要特征的经济发展战略,国民经济在战争的废墟上得以迅速恢复和发展。随着日本经济在战后的重振,从 20 世纪 60 年代开始,特别是 70、80 年代以来,作为在东亚地区唯一的经济发达国家,日本开始逐步向东亚地区进行直接投资,在东亚地区建立了以自己为核心的"东亚雁行国际分工体系",并在此基础上形成了"东亚雁行发展模式"。

20 世纪 80 年代以来,一些日本学者引用赤松要"雁行产业发展形态论",将战后东亚地区国际分工体系和经济发展过程也喻为"雁行形态"或"雁行模式"。东亚传统"雁行模式"的基本内涵是:战后以来,率先实现工业化的日本依次把成熟了的或者具有潜在比较劣势的产业转移到"亚洲四小龙",后者又

---

① 和燕杰:《产业转移理论综述:一个宏观视角》,载《商》2013 年第 3 期。

将其成熟的产业依次转移到东盟诸国(泰国、马来西亚、菲律宾、印度尼西亚等),80年代初,中国东部沿海地区也开始参与东亚国际分工体系,勾勒出一幅以日本为"领头雁"的东亚经济发展的雁行图景,在它们之间形成了技术密集型与高附加值产业—资本技术密集型产业—劳动密集型产业的阶梯式产业分工体系。

雁行形态理论实质:(1)雁行形态理论强调的发展模式,是一种建立在动态比较优势原理基础上的后进国家追赶先进国家的追赶型经济发展模式,就是要谋求后进国家产业的升级和高度化;(2)雁行形态理论主张在先进国家和后进国家之间实施动态的产业转移,就是先进国家将在本国按生产成本排序已处于比较劣势的边际产业向后进国家进行有序的转移;(3)雁行形态理论所主张产业转移是梯次转移,所主张的国际分工是垂直分工。

雁行形态理论对战后日本经济的起飞和振兴、对"亚洲四小龙"的崛起,以及对东盟国家经济的发展都起到了至关重要的指导作用。但是,亚洲金融风暴的爆发,揭示了雁行形态理论的历史局限性:(1)雁行形态对于后进国家来说是一种追赶型的发展模式,并不是一种创新型的发展模式;(2)雁行形态不是一种稳定的结构;(3)雁行形态理论主张的垂直型国际分工不利于建立先进国家和后进国家之间平等的合作关系。"雁行形态理论"所倡导的产业分工结构,实质上属于典型的垂直型分工,处于雁阵低梯级的国家在国际分工中始终处于不利地位,发展中国家将只能跟在发达国家后面调整产业结构,而不可能赶上发达国家。①

5. 边际产业扩张理论

20世纪70年代,小岛清根据日本二战以后在经济飞速发展过程中对外直接投资的实践,基于比较优势理论提出了边际产业扩张理论。根据比较优势理论,一个国家要最大限度地扩大自身的生产,就必须研发、生产并且出口具有相对优势的产品,而用直接对外投资的方式将本国处于相对劣势的产业转移到其他国家具有潜在比较优势的产业中去,这样引资国可利用引进的资金和先进的生产技术大力发展壮大比较优势产业,这对投资国和引资国来说都是一个福利最大化的双赢选择。小岛清的"边际产业扩张论"是在运用国际贸易理论中的赫克歇尔—俄林的资源禀赋差异导致比较成本差异的原理来分析日本对外直接投资的基础上所提出来的。其主要内容包括:

(1)在对外直接投资的特点上,"边际产业扩张论"认为,对外直接投资不

---

① 宫丹丹:《产业转移理论研究综述》,载《北方经济》2013年第4期。

单是货币资本的流动,而是资本、技术、经营管理知识的综合体由投资国的特定产业部门的特定企业向东道国的同一产业部门的特定企业(子公司、合办企业)的转移,是投资国先进生产函数向东道国的转移和普及。

(2)在投资主体上,该理论认为对外直接投资应该从本国的边际产业(或边际性企业、边际性生产部门,这里的"边际"包括边际以下)开始依次进行。所谓"边际产业",也称"比较劣势产业",是指在本国内已经或即将丧失比较优势,而在东道国具有显在或潜在比较优势的产业或领域。由于同大企业相比,中小企业更易趋于比较劣势,成为"边际性企业",因此中小企业更要进行对外直接投资。

(3)在投资方式上,该理论主张应从与对方国家(东道国)技术差距最小的产业或领域依次进行投资,不以技术优势为武器,不搞拥有全部股份的"飞地"式的子公司,而采取与东道国合办形式,或者采用像产品分享方式那样的非股权安排方式。

(4)在投资国别的选择上,该理论积极主张向发展中国家工业投资,并要从差距小、容易转移的技术开始,按次序地进行。在小岛清看来,从比较成本的原理角度看,日本向发达国家(美国)的投资是不合理的。他认为,几乎找不出有什么正当理由来解释日本要直接投资于美国小汽车等产业,如果说有,那也仅限于可以节省运费、关税及贸易障碍性费用以及其他交易费用等。与其这样,不如由美国企业向日本的小型汽车生产进行投资,日本企业向美国的大型汽车生产进行投资,即实行所谓"协议性的产业内部交互投资"。

(5)在投资的目的和作用上,该理论认为对外投资目的在于振兴并促进东道国的比较优势产业,特别是要适应发展中国家的需要,依次移植新工业、转让新技术,从而分阶段地促进其经济发展。对外投资应起"教师的作用",应当给当地企业带来积极的波及效果,使当地企业提高劳动生产率,教会并普及技术和经营技能,使当地企业家能够独立进行新的生产。在成功地完成了教师的作用之后,就应该分阶段地转让所有权。

(6)在投资与贸易的关系上,"日本式"的对外直接投资所带来的不是取代贸易(替代关系),而是互补贸易、创造和扩大贸易。也就是说,这种投资不会替代投资国国内同类产品的出口,反而会带动相关产品的出口,是一种顺贸易导向型的对外直接投资。为什么会这样呢?因为这种投资将投资国技术、管理等优势移植到东道国,使东道国生产效果得到改善,生产成本大大降低,创造出盈利更多的贸易机会。对比于投资发生之前,投资国可以以更低的成本从东道国进口产品,且扩大进口规模,给东道国留下更多的利益。

　　小岛清的"边际产业扩张论"，是在当时的国际对外直接投资理论无法解释和指导日本的对外投资活动的背景下提出的。实践证明，它对日本的对外直接投资的确起到了积极的促进作用。甚至在今天的日本对一些发展中国家的投资中，很少出口高技术，可能就是受到"小岛理论"中的"从技术差距最小的产业依次进行移植"影响。①

　　6. 国际生产折中理论

　　国际生产折中理论是由英国经济学家约翰·邓宁 1976 年在其论文《贸易、经济活动的区位与多国企业：折中理论探讨》中首次提出，之后的 1981 年的论文《国际生产与跨国企业》以及 1988 年论文、1993 年的著作对这一理论进行了进一步系统化、动态化和理论化的拓展。邓宁的国际生产折中理论是在融合前人及同时代其他学者国际生产理论的有关思想的基础上综合形成的一个独特的理论体系，该理论体系全面分析解释了国际生产的决定因素、国际生产所采取的形式、国际生产的开展程度等方面的内容。在邓宁理论体系中最关键的就是企业所有权优势、内部化优势和区位优势三大理论支柱。三优势是决定企业对外投资、向哪个国家或地区投资的主要因素，是解释企业对外直接投资和跨国经营的主要原因。② 邓宁用 O—L—I 模型来解释企业的对外投资和扩张行为，他认为当企业只有同时具备基于产业组织的厂商特定资产所有权优势、基于要素结构的区位特定优势和基于交易成本的厂商内部化优势时，企业才有对外进行直接投资的意愿。所有权优势，是指一个进行跨国发展的企业要进入其他某一市场就必须拥有其他国家企业没有或无法获得的与所有权相联系的特定的优势，主要包括技术优势、企业的规模优势、组织管理优势等。邓宁认为一个企业进行国际生产的基础在于其拥有所有权优势，而要成功进行对外直接投资的必要条件是拥有所有权优势，但它并不是充分条件。内部化优势，是指进行跨国发展的企业为了避免商品市场以及中间产品市场的不完全给企业带来的影响，并克服外部市场失灵，最大限度地降低交易成本，将自身拥有的资产加以内部化而产生的优势。区位优势，是指东道国在投资环境方面所拥有的优势。具体来说，形成区位优势的条件主要有三个方

　　① 刘方原：《基于承接台湾产业转移的海峡西岸经济区发展模式研究》，天津财经大学硕士学位论文，2010 年。

　　② J. H. Dunning. Trade, location of economic activity and the multinational enterprise：a search for an eclectic approach. The interna-tional allocation of economic activity. London：Macmillan, 1977.

面:一是自然和经济因素;二是社会和文化因素;三是政治因素。按照邓宁的观点,一个要进行跨国发展的企业究竟要选择何种方式进入国外市场,往往要对本企业是否具备所有权优势、内部化优势以及区位优势进行综合的考虑和评估,并根据评估的结果选择其进入国外市场的方式。

邓宁的理论吸收了以往理论的优点,对企业对外直接投资的动因和决定因素进行了较为全面和深刻的分析,一定程度上弥补了以往理论的不足,甚至获得了"通论"的雅称。该理论把一国的对外直接投资与该国的经济发展阶段联系起来,为解释发展中国家,主要是一些新兴工业化国家和地区在国际产业转移发展历程中的地位转变问题提供了一定的理论依据。但这一理论的不足也是明显的:其一是该理论包含了许多解释变量,没有说明哪种变量对投资决策最具有决定性的影响,既没有主次之分,也没有动态化的分析,与瞬息万变的实践产生了相当的差距,失去了一个理论应有的严密性以及概括性的解释现象的能力;其二是忽视了在不同的政治制度、不同的生产关系条件下的对外直接投资的特征差异。一些发展中国家的国有企业进行对外直接投资不仅基于邓宁理论所指的某些竞争优势,还在相当程度上受到了某些特定的经济发展战略的支配,很明显邓宁理论对此不能给出很好的解释。[①]

7. 产业梯度转移理论

产业梯度转移理论是建立在客观存在的地区二元结构基础上的,它最初来源于美国弗农等人首创的工业生产生命循环阶段论。梯度理论认为每个国家与地区都处在一定的经济发展梯度上,世界上每出现一种新行业、新产品、新技术都会随着时间的推移,由处在高梯度上的地区向低梯度上的地区传递下去。根据梯度转移理论,产业发展在客观上存在的区域性梯度差异,使得产业转移成为可能,产业转移实质上是高新技术扩散和产业结构升级的过程。由于产业的梯度差异,当高梯度国家或地区在某一产业上不再具有优势时,会选择新的优势产业,淘汰劣势产业,对其产业结构进行调整,以继续保持其产业的整体优势,同时将其劣势产业转移到低梯度国家或地区。虽然这种产业梯度转移需要具备众多相应的条件,但其转移的根本基础和深层原因仍然是国家或地区间在产业上的梯度差异,如果不存在产业上的梯度差,产业转移就无从谈起。

产业梯度转移理论是区域经济学家将产品生命周期理论引进到区域经济学以后构建出来的一套理论,该理论的前提条件是:区域间存在经济发展水平

---

① 和燕杰:《产业转移理论综述:一个微观视角》,载《时代金融》2013 年第 5 期。

的梯度差异。首先该理论定义了高梯度地区和低梯度地区,所谓的高梯度地区是指不断涌现新产品、新技术、新产业和先进管理方法的经济发达地区,这些地区的产业基本上都处于产品生命周期的创新阶段,并且能在未来的一段时间内都能保持一定的技术领先地位。而相对应的低梯度地区其产业大多属于产品生命理论的标准化阶段,经济发展迟缓甚至出现衰退。对于高梯度地区要不断地进行技术创新,创造新的产品,提升管理效率,形成新兴产业,保持区域技术优势。而对于低梯度地区,应首先发展相对优势的劳动密集型产业,积极承接高梯度地区的产业转移,引进资金,消化吸收先进的技术,经过不断发展攀岩早日进入高梯度发达地区行列。

8. 国内产业转移动因理论

国际经典理论对研究我国国内产业转移的动因具有一定的指导意义。国内学者在借鉴经典理论的基础上,同时针对中国特色社会主义市场经济的特殊特征,对现阶段我国产业转移的动因给予了相应的解释。[①]

(1)元素论

元素论者认为产业转移是由于一种或者多种元素禀赋发生了变化而引发的经济现象。根据发生变化的元素的个数的不同,又可分为以下四种观点:

①一元论。马子红认为,产业转移的主体是企业,而企业的区位选择主要是考虑成本因素。因此,分析中国区际产业转移的动因应主要从生产成本、运输成本和制度成本等方面来考虑。其中生产成本主要考虑土地、劳动力、资金、技术和企业家五种生产要素;运输成本主要受产品加工程度和基础设施完备程度的影响;制度成本包括正式制度成本和非正式制度成本。

②三元论。穆建新认为,国际经济环境、沿海地区发展积累的矛盾以及经济结构调整目标和产业升级规律三个因素是现阶段中国产业转移的主要动因。

③四元论。陈建军认为,鉴于我国的国情特征和转型经济特征两个因素的影响,市场的扩张、产业结构的调整、追求经济资源边际效益最大化和企业成长的需要四个原因在很大程度上可以解释中国现阶段出现的产业区域转移现象。

④六元论。李泽民认为,技术进步、国家竞争、社会进步三种因素是引发产业转移的宏观动力机制,而微观动力机制主要指企业对利润的追逐、企业应对竞争的需要和企业扩张市场的需求三个方面。

---

① 刘凡胜:《产业转移理论研究综述》,载《吉林工商学院学报》2013 年第 1 期。

（2）集成经济论

石奇认为,产业转移是企业实现市场集成的手段。所谓集成经济,是指企业通过市场重组和集成的方式对产业链中不同价值环节的最优利用而实现的经济。从微观层面上看,产业转移服务于企业寻求集成经济的目的,所以,这一过程以产业中较少要求人力资本要素的生产职能转移、分销职能转移以及物流服务职能转移为主,并且总是从加工装配开始,经过资本、技术、管理经验等的积累,最终过渡到零部件和原材料的本地化生产并实现产业转移。因此,产业转移是企业在技术手段之外通过对市场的重组和集成实现经济性的结果。

（3）合力论

合力论把产业转移看作是移出地的推力和移入地的拉力等多种力量综合作用的结果。张进龙认为,扩大市场的需要、参与国际分工的需要以及追逐政策的需要是发达地区向欠发达地区进行产业转移的动力源;市场化的不断推进和工业化的需要是落后地区积极承接产业转移的动力源。易鸣、张伟认为,发达地区随着产业竞争优势逐步丧失形成的结构性调整压力,以及欠发达新区为吸引投资所形成的拉力,是发达区域衰退性产业进行产业转移的主要动因。周江洪、陈翥认为,区际产业转移是三种作用力的函数关系:区际产业转移推力、区际产业转移拉力、区际产业转移阻力。只有转移的推力和拉力的合力大于转移阻力,区际产业转移才可能实现。

（4）分工论

刘友金、胡黎明认为,现阶段的产业转移以产品价值链为纽带,通过部分生产工序的转移,将生产过程的各个阶段和功能分散于各地区以充分利用各地区的比较优势,并通过中间产品的交换在各发展水平不同的区域间形成一种产品内分工的新格局。因此,产品内分工是新一轮产业转移的主要动因。

综上所述,产业转移的根本动因是企业对利益的追求,而政府制定的产业转移政策则在推进产业转移的过程中只起到了引导的作用。

三、产业转移模式研究

国内外学者从以下四个角度提出了产业转移的模式。

1. 产业转移方向的角度

从该角度提出的主要模式有:梯度转移模式、逆梯度转移模式、垂直型产业转移模式和水平型产业转移模式。

持梯度转移理论者认为,创新活动是决定区域发展梯度层次的决定性因素,而创新活动大多发生在高梯度地区。随着时间的推移及生命周期阶段的变化,生产活动逐渐从高梯度地区向低梯度地区转移,而这种梯度转移过程主要是通过多层次的城市系统扩展开来的。而反对梯度转移的学者则认为,落后的低梯度地区只要政策得当、措施有利,也可以直接引进并采用世界最先进的技术并发展自己的高科技,实行跨越式的发展,然后向高梯度地区进行反梯度转移。

2. 产业转移过程或形态的角度

如日本经济学家赤松要于1960年提出的雁行转移模式是从产业转移过程特征的角度总结出来的著名模式。赤松要认为,在产业发展方面,后进国家的产业赶超先进国家时,产业结构的变化呈现出雁行形态,即后进国家的产业发展是按照"进口—国内生产—出口"的模式相继交替发展。所以,后进国家可以通过产业转移的途径来引进先进国家的产业,同时,吸收其资本和技术,促进相应产业的发展。雁行模式的本质是产业结构的国际转移和国际分工的深化。近几年,随着中国经济的迅速发展,东盟学者开始提出"新雁行模式"这一概念,以此来描述未来中国发挥作用的方式。"新雁行模式",是指一国之内发达地区不断向欠发达地区转移已失去比较优势的产业,从而推动欠发达地区的产业升级。其实质是产业梯度转移和一种升级模式,这种产业转移和升级模式呈梯形,沿着劳动密集产业—资本密集产业—技术密集产业的方向进行转移和升级。

3. 产业转移具体途径或方式的角度

从该角度提出的主要模式有:横向兼并或横向一体化;区际直接投资转移模式、直接设厂转移模式、收购兼并转移模式、委托生产和生产外包转移模式;与促进欠发达主导产业发展相结合的模式、与欠发达区域统筹发展相结合的模式、与促进企业的发展相结合模式。

4. 产业转移规模或程度的角度

从这个角度提出的主要模式有:整体迁移的模式和部分迁移的模式,包括商品输出、市场拓展、资本输出、产业关联、人才联合、要素嫁接式、存量激活等方式;集群转移的模式;完整价值链转移模式,包括完整价值链垂直型转移、完整价值链水平型转移;工序型产业转移模式,包括垂直顺梯度工序型转移、逆梯度工序型转移、水平工序型转移。

四、产业转移效应研究

产业转移的效应就是产业转移对国家(地区)发展的影响。实际上,产业转移的效应既包括对转入区的效应,也包括对移出区的效应;既包括产业转移的正面效应,也应包括产业转移的负面效应。从目前的文献资料来看,大多数集中探讨产业转移对转入区的正面效应上。而且这些探讨主要集中在产业转移对就业状况、产业关联、技术溢出、产业结构升级和区域经济发展等方面的影响或效应。

潘未名(1994)认为,跨国公司的经营战略由于民族经济和国家利益的"多国国内战略"向服务于全球范围内的公司利润最大化的"无国境战略"转变,跨国公司的海外生产对母国制造业的国际竞争力产生了不利的影响,从而对母国造成了"产业空心化"的影响。[①] 卢根鑫(1997)认为,国际产业转移对于发展中国家经济的发展,既有积极的影响,也有消极的影响,关键在于如何有效地利用积极的一面,消除和弥补消极的一面。同时,他把国际产业转移推动发展中国家经济发展的效应总结为以下几个方面:要素转移效应、结构成长效应、就业结构变化、提高社会平均资本的有机构成和加速国民生产总值的提高。[②] 王先庆(1998)认为,产业转移的效应主要是地区整合升级效应,产业转移不仅会使转出地内部的产业结构优化和内部空间联系有机化,而且会优化被转移方的产业结构,从而加强了转出地和移入地之间的外部联系,并指出产业转移是一种"双赢"而非"单赢"。[③] 陈计旺(1999)以区际发展不平衡为前提,探讨在此状态下所出现的两种经济现象,即产业转移和要素流动,并比较分析了产业转移和要素流动对发达地区和落后地区在收入水平和经济发展上所产生的不同影响。结论如下:发达地区把已经丧失比较优势和竞争优势的产业不断向欠发达地区转移,并伴随着先进的管理经验和企业家精神的资本流动对缩小区际发展差距是有很大帮助的,而劳动力的流动则趋向于扩大区际发展的差距。劳动力流动和产业转移、资本流动之间存在着某种程度的替代关系。所以,我国政府的区域经济政策必定有助于区际产业转移和资本流动。[④] 聂华林(2000)在系统研究我国东部沿海地区向中西部地区产业转移效应问题的基础上认为,东部沿海地区向中西部的产业转移为中西部的产业结构调整和优化升级提供了机会,这将有助于提高中西部产业的科技总水平和形成规模经济,同时也有助于缓解西部地区产业趋同的现象。但是,会进一步

① 潘未名:《跨国公司的海外生产对母国产业空心化的影响》,载《国际贸易问题》1994年第12期。

② 卢根鑫:《试论国际产业转移的经济动因及其效应》,载《学术季刊》1994年第4期。

③ 王先庆:《产业扩张》,广东经济出版社1998年版,第297页。

④ 陈计旺:《区际产业转移与要素流动的比较研究》,载《生产力研究》1999年第3期。

拉大产业级差,而且会固定化技术级差,还会伴随着环境污染等问题。[①] 陈红儿(2002)认为,产业转移对转出区和移入区的经济发展都有重要的影响。对于发达地区而言,它是区域产业结构升级的重要途径,也是区域产业竞争优势升级的有效方式。对于移入区而言,产业转移是带动区域经济发展的良好契机,也是区域产业结构优化升级的可行方略。产业转移对移入区发展的作用主要表现在:要素注入效应、技术溢出效应、关联带动效应、优势升级效应、结构优化效应、竞争引致效应和观念更新效应。[②] 魏后凯(2003)以竞争力为切入点,从企业和区域两个层面探讨了产业区域转移的效应问题。从企业层面来看,产业转移的实质是企业的空间扩张过程,也是企业的再区位(relocation)和区位调整(location adjustment)的过程。[③] 产业转移最终将有助于提高企业的整体竞争力。从中观和宏观的角度来看,产业转移对转出区和承接区的竞争力的影响是不同的。产业转移虽然可以提高企业的竞争力,但是如果只是从转移产业方面来看,这种转移将会导致转出区的产业竞争力下降,就业机会随之减少,而移入区产业的竞争力会提升,就业机会也会随之增加。由于产业转移通常是与地区产业结构调整相联系,如果转出区能够迅速调整产业结构,促进产业的升级,把更多的精力放在发展新兴产业上,这样从本地区长远的发展来看,产业转移同样会有利于提高转出区的整体竞争力。但是余慧倩(2004)提出承接地在对待产业转移要持审慎的态度,产业转移会使产业承接地在垂直型国际分工格局中处在产业链和价值链的低端,不能及时推动技术的进步,并会产生拉大转出地与移入地之间技术差距的威胁;同时各地区为争夺产业转移会产生恶性竞争、限制技术的开发等消极影响。羊绍武(2006)较为深入地分析了人民币升值带来的产业转移效应,他认为这种效应既包括产业的承接效应,又包括产业的外移效应;既有产业升级效应,又有产业空心化效应;既有产业转移的短期效应,又有产业转移的长期效应。陈勇(2007)在对外国直接投资路径下国际产业转移的形态、机制、规律的基础上,总结出国际产业转移对中国经济有明显的积极效应,但这些积极效应不会自动发生,而是受到各种约束条件的限制,要促进这些积极效应实现,就要从约

---

① 聂华林、赵超:《我国区际产业转移对西部产业发展的影响》,载《兰州大学学报》(社会科学版)2000 年第 5 期。

② 陈红儿:《区际产业转移的内涵、机制、效应》,载《内蒙古社会科学》2002 年第 1 期。

③ 魏后凯:《产业转移的发展趋势及其对竞争力的影响》,载《福建论坛》(经济社会版)2003 年第 4 期。

束条件设计入手,设计合理的经济政策。朱华友(2008)从集群效应的角度分别阐述了产业转移对转出区和承接区的影响。对于转出区来讲,积极影响有:能够规避集群的结构性风险、促进集群的产业升级、延长夕阳产业的寿命,为本地创造利润;消极的影响是:直接影响到当地的 GDP 水平,随着产业的外移,当地的 GDP 会出现短期的下降趋势。对于承接区来讲,积极的影响有:要素注入效应,增加投资需求,增加就业,技术溢出效应,产业关联效应,产业结构优化升级效应;消极的影响是:首先,产业转移可能出现非集群化现象,其次是环境污染问题,最后是产业结构失衡。陶诚(2009)在对安徽省承接东部沿海产业转移的研究中,提出产业转移的经济效应包括四个方面,即带动效应、优化效应、集聚效应、扩大效应。张健(2009)提出产业转移对环境既有污染效应,也有保护效应,产业转移通过产业结构的调整与升级对环境发挥这两个作用。产业转移对环境的污染效应体现在:产业转移促使产业转移方和被转移方进行产业结构调整,而不同的产业结构对环境的影响是不相同的。一般来说,三次产业结构中,第二产业的污染强度要明显比第一和第三产业高。产业转移对环境保护效应体现在:产业转移促使产业转出方和承接方进行产业升级;新兴产业的建立,给政府带来更多的财政税收,促进当地经济增长,从而有更多的资金投入到环境保护当中去;购置环保设施,对保护环境起到促进的作用。

在以上与产业转移效应相关的研究中,学者对产业转移效应一般持肯定的态度,但论述颇为笼统,缺少较为细致的梳理归纳。

五、产业转移政策研究

产业转移的综合性、阶段性和梯度性决定了产业转移政策是不同于一般的产业政策的一类特殊的经济政策。综合国内外相关理论及各学者对产业转移的理解,可以将产业转移政策界定为一种特殊的经济政策,以协调地区经济发展,促进招商引资或产业结构优化升级为目的,由各级政府或其他公共主体制定和实施的,各种政策和措施的综合,其核心是强调各种生产要素的合理配置。产业转移政策是区域合作与区域援助政策体系的重要内容。①

任何一项产业政策的根本目的都是促进国家经济持续健康发展,产业转移政策也不例外。产业转移政策往往通过在不同的经济发展阶段确定不同的

---

① 贾广森:《产业转移效应评价及其区域政策取向》,浙江师范大学硕士学位论文,2010 年。

目标来实现国家整体经济的持续稳定发展。也就是说,在经济不发达阶段,政府的产业转移政策通常更强调产业布局的非均衡性,即强调优先发展某些地区,通过这些地区经济的超常规增长,带动其他地区以及整个国家经济的增长;而当经济较为发达之后,产业转移政策则从维护经济公平和社会稳定等目标出发,偏重于强调地区经济的均衡性,对经济落后地区进行重点扶持。

与其他经济政策相比,产业转移政策具有以下特性:(1)它以促进招商引资或提升整个区域的产业发展为目标,包括产业结构的合理化和高级化两个方面。(2)它是一个不断演化的动态政策体现,随着所处环境的政治、技术、观念等要素的改变,需要做出对应的修正。陈永义(2000)认为,政府在产业转移中要创造各种条件,一是以政府名义组织管理部门、研究部门和各方面企业家开展考察活动,为推动企业实施产业转移辅路搭桥。二是制定相关的鼓励性政策,鼓励企业采取多种灵活方式进行产业转移,政府可以在适宜的国家和地区兴办加工区,为企业开展境外投资创造良好的环境。三是要简化企业开展产业转移和境外投资的手续,减少环节,缩短时间,以免影响企业的积极性。

马静芳(2007)在系统分析了欠发达地区承接产业转移的重要意义和可行性基础上,认为欠发达地区承接产业转移时,应当优先承接有利于主导产业发展的产业转移,并针对不同的产业制定相应的产业准入政策。

蒋满元通过对国内外的成功经验的研究,分析总结出:转入地由于土地、要素成本等方面所具有的优势,加之转入地的政府又出台了许多优惠政策。因而,无形中又对产业转移起到了吸引作用。

穆尔、罗兹和泰勒有关1960—1981年期间英国产业转移的研究表明,受援地区吸引投资的优惠条件、受援地区的工资补贴以及在非受援地区的限制企业转移政策对产业转移起到很大的作用。

另外,许多国家在产业转移的政策方面有鼓励的也有限制的,并制定出比较完整的一系列方案,这表明现在许多国家对于产业转移的态度更加侧重于区域经济的协调发展;在产业选择上,更侧重于高新技术产业。

第二节　理论基础

一、区域分工理论与产业转移

区域经济联系(包括产业转移等活动)是以区际(或国家)间分工的存在为条件的,分工有利于地区(或国家)比较优势的充分发挥,并通过商品贸易获得更多的经济利益。从某种意义上说,产业转移既是促进区域分工关系,以及分工中比较利益分配关系变迁的一种手段,同时也是地区追逐(更多)比较利益的结果。从而,区域分工理论也是研究区域间产业转移问题重要的理论基础。

1. 绝对成本理论

古典经济学中对区域间经济联系及其分工关系的讨论最早可以追溯到英国古典经济学家亚当·斯密(Adam Smith)。早在1776年,斯密在《国家财富的性质和原因的研究》一书中就提出了后来被称为绝对成本理论(亦称绝对优势理论)的思想,他认为每个国家都有适于生产某些特定产品绝对有利的生产条件,如果每个国家都能按照自身绝对有利的生产条件进行专业化生产,然后再彼此进行产品交换,就可以绝对地降低成本,提高劳动生产率,这对参与专业化生产的国家都十分有利。进而,在自由贸易条件下,各国就能够用成本最低的产品去进行交换,并以最少的花费换回更多的商品,这比它们各自都去生产各自所需的一切产品更能增加国民财富。

亚当·斯密理论可以用模型简单地加以证明,如表2-1所示。

表2-1　分工在绝对优势理论下的利益变化

产品		国家		合计
		A 国	B 国	
分工前	小麦	6 人小时,生产 1 单位	10 人小时,生产 1 单位	2 单位
	葡萄酒	9 人小时,生产 1 单位	8 人小时,生产 1 单位	2 单位
分工后	小麦	6 人小时,生产 2.5 单位	——	2.5 单位
	葡萄酒	——	8 人小时,生产 2.25 单位	2.25 单位
比较利益	劳动投入相同,小麦增加 0.5 单位,葡萄酒增加 0.25 单位			

假定 A、B 两国同时生产小麦和葡萄酒两种产品。两国的生产成本如下：A 国生产 1 单位小麦需要 6 人小时，生产 1 单位葡萄酒需要 9 人小时；B 国生产 1 单位小麦需要 10 人小时，生产 1 单位葡萄酒需要 8 人小时。A 国在小麦的生产上具有绝对成本优势，B 国在葡萄酒的生产上具有绝对成本优势。显然，如果 A 国只是进行小麦生产，则原来用于生产 1 单位小麦和 1 单位葡萄酒的劳动投入，可以生产 2.5 单位。同样，B 国只是生产葡萄酒，也可以得到 2.25 单位的产出。这样，两国通过产品交换，在投入劳动量相同的情况下，总产出就会分别比原先多出 0.5 单位和 0.25 单位，这样两个国家在分工后的利益都会有所增加。

从而，亚当·斯密主张国际分工按如下原则进行，即如果有某个别的国家的生产某种特定商品的成本比本国低，那么本国就应该停止这种商品的生产，而专门从事自身绝对成本低的商品生产，进而通过贸易输出这些产品并换取货币，然后购买其他国家生产的廉价商品，这样的分工会更经济、更合理。当然，绝对成本理论的不足之处是显而易见的，按照这一理论，如果两个国家之间没有明显的绝对成本差异，彼此之间的分工与贸易关系将不复存在，尤其是，那些与其他国家相比在各种商品的生产方面都处于绝对劣势或者绝对优势的国家，就很难甚至不可能参与国际分工和贸易体系。显然，这一推论与国际分工及贸易活动的实际情况有明显出入。

2. 比较成本理论

大卫·李嘉图（David Ricardo）的比较成本理论则是建立在对绝对成本理论的批评基础上形成的。他在 1817 年出版的《政治经济学及赋税原理》一书中指出，由于资本和劳动力在国家间不能完全自由地流动和转移，以绝对成本的大小作为国际分工和贸易的依据是不合适的，而应该按照比较成本的原则来进行。

大卫·李嘉图认为，如果有两个生产率水平不相等的国家，其中一个国家生产任何商品都处于绝对有利的地位，但不同商品生产的有利程度不同；另一个国家生产任何一种商品都处于绝对不利地位，同样不利的程度也不同；那么，在这样的情况下，两个国家仍然是可以通过国际分工和贸易来获得比较利益的。根据比较优势理论，地域分工的基础并不局限于生产成本的绝对差别，只要地区间存在生产成本的相对差别，就会使各地区的生产向各自具有比较优势的产品集中，并向其他地区输出这些产品，而自身具有比较劣势的产品则应该从地区输入，每个地区都能从这种分工中获得比较利益。

比较成本理论同样也可以用类似的模型来说明，如表 2-2 所示。同样假定 A、B 两国同时生产小麦和葡萄酒两种产品。两国的生产成本如下:A 国生产 1 单位小麦需要 7 人小时,生产 1 单位葡萄酒需要 9 人小时,B 国生产 1 单位小麦需要 10 人小时,生产 1 单位葡萄酒需要 n 人小时,A 国在小麦和葡萄酒的生产上都具有绝对成本优势,但在小麦生产上优势更为明显。假定 A、B 两国分工前各生产 1 单位小麦和 1 单位葡萄酒,两国各自劳动投入分别为 16 人小时和 21 人小时,两国合计劳动投入 37 人小时。现在两国分工,A 国只是生产小麦,B 国只是生产葡萄酒,且产量都为 2 单位,则 A 国的劳动投入为 14 人小时,B 国的劳动投入为 22 人小时,两国合计劳动投入 36 人小时。显然,在产出不变的情况下,两国总的劳动投入减少了。

表 2-2 分工在比较优势理论下的利益变化

产品 \ 国家		分工前		分工后	
		单位	劳动量	单位	劳动量
A 国	小麦	1	7 人小时	2	14 人小时
	葡萄酒	1	9 人小时		
B 国	小麦	1	10 人小时		
	葡萄酒	1	11 人小时	2	22 人小时
合计		2 + 2	37 人小时	2 + 2	36 人小时
比较利益		产出不变,劳动投入减少			

显然,相较于绝对成本理论而言,比较成本理论突破了双方都有其具有绝对成本优势的行业这一假定来讨论分工问题,从而与现实情况更为接近,在理论上也更具有普遍意义。

3. 要素禀赋理论

要素禀赋论是由瑞典经济学家赫克歇尔(E. Heckscher)和俄林(B. Ohlin)师徒提出的。1919 年,赫克歇尔在一篇论文中初步阐述了要素禀赋论的基本观点,认为国与国之间产生比较成本差异必须有两个前提条件:其一是两国的要素禀赋不一样;其二是不同产品生产过程中所使用的要素比例也不一样。

俄林则在赫克歇尔的观点基础上更进了一步,1933 年他在其出版的《地区间贸易与国际贸易》一书中指出,国际贸易和国内贸易都是一种区际贸易,作为区际贸易的基本单位应具备两个条件:一是本地区的生产要素分布与流动情况和其他地区不同;二是本地区内各小地域之间生产要素分布与流动情况比本地区和其他地区之间的差异要小。俄林认为由于各国要素禀赋相对比例存在差异,并且生产不同产品所需的要素比例也各不相同,从而,各国应依据要素禀赋的差异性进行专业化生产,出口那些使用本国较丰裕要素生产的产品,进口那些本国较稀缺要素生产的产品,并由此获得比较利益。

作为比较成本理论的发展和延伸,要素禀赋论为两国之间比较成本差异的形成提供了一种解释,但这一理论的局限性也是不容回避的。首先,比较成本理论用静态的观点看待地区间的要素禀赋差异,假定生产技术不变、规模报酬不变,以及资源、生产要素不能在区际间自由流动等,是与事实不符的。一方面,交通运输、通信信息技术的改进,会赋予包括有形资本和无形资产在内所有要素较强的流动性,并改变区域间要素数量的对比;另一方面,不同区域的生产要素本身存在着质量的差别,且这种质量差别也不是一成不变的。其次,比较成本理论立足于对产品生产的投入性要素分析,强调劳动力、资本方面的差异,而忽视非投入性要素分析差异,客观上也造成理论的缺失。再者,比较成本理论没有考虑到区域专业化生产的产品市场问题,即以区域贸易市场容量无限大为前提,认为专业化生产的产品都可以通过贸易途径实现商品化,这显然也与现实不符。

随着研究的不断深入,相关的质疑也开始逐渐增多。1953 年,美国实证经济学者里昂惕夫(1991)采用投入产出法,对 1947—1953 年间美国进出口商品的要素禀赋进行了分析,结果显示,作为资本和技术充裕的美国,出口商品结构中劳动密集型产品比重反而较大,而进口商品结构中资本密集型产品较大,这一检验的结果显然与比较成本理论的推定相反。同样,一些研究者也发现,二战之后国际贸易的一个显著特点是发达国家之间的产业内贸易得到了迅速发展,而这些国家的要素禀赋、技术水平却十分相似,显然,这种现象也同样不能为比较成本理论所解释。由此所谓"新贸易理论"诞生,这一理论把规模报酬递增、产品差异和不完全竞争等因素纳入其分析框架之内,并认为出于对规模经济而不是因为要素报酬差异的追逐,各国往往会在产业内进行专业化生产,从而使有相似要素含量的商品实行双向贸易,这就会导致资源禀赋越相似,产业内贸易就越繁荣。

当然,尽管比较利益理论受到了各种挑战,且在报酬递增和不完全竞争的世界里,规模经济性的确有可能取代要素禀赋差异成为推动区域分工和区际贸易的最主要的原因,但这也只是比较成本的构成,或者说比较利益的来源发生的改变,而区域分工和区际贸易追逐比较利益这一内在动因本身没有任何变化。因此,比较成本理论的基本思想仍然是适用的,作为地域分工与区际贸易问题研究的理论基础的地位也是不可动摇的。[①]

二、经济地理学与产业转移

经济地理学的经典理论与产业转移有着非常密切的关系,有关经济地理学的思想在产业转移的研究中已有许多,本书从以下三个方面展开讨论:区域产业结构演进与产业转移、区域经济协调发展与产业转移、新经济地理学与产业转移。

1. 区域产业结构演进

产业结构视角下的产业转移理论首推佩蒂—克拉克定理。科林·克拉克(C. G. Clark)于1940年在威廉·佩蒂(William Petty)关于国民收入与劳动力流动之间关系学说的基础上指出:随着经济发展,人均国民收入水平提高,于是,劳动力就开始从第一产业向第二产业转移。当人均国民收入水平进一步提高时,劳动力就会向第三产业转移。结果,社会劳动力在产业之间的分布状况是:第一产业的劳动力减少,第二和第三产业的劳动力将不断增加。原因在于:经济发展中各产业之间存在着收入上的相对差异,劳动力总是倾向于流向高收入的产业。

霍夫曼定理是霍夫曼(W. G. Hoffmann)在1931年提出的。它揭示了一个国家或地区在工业化的进程中工业结构演变的规律。霍夫曼定理的核心思想是在工业化进程中,霍夫曼比例(消费资料工业和资本资料工业的比例关系)呈下降趋势。

以上理论被认为是产业结构视角下的产业转移,它们都可以解释在产业发展不同阶段,不同的产业之间转移的规律。区域视角的产业转移又可以分为国际和地区的两个层面:国际产业转移和地区间产业转移,这是顺应区域协调发展的客观需要。如图2-2所示,国际产业转移促进产业结构的高度化,表明产业结构的演进与产业转移有着重要关系。

---

① 宋哲:《我国产业转移的动因与效应分析》,武汉大学博士学位论文,2013年。

图 2-2 中的流程图：

国际产业转移

缓解资金短缺,购买先进设备 | 带来先进技术和研发能力 | 先进的组织管理技能和HR开发能力 | 扩大国际贸易网络和市场份额

产业结构高度化

市场竞争优胜劣汰 — 产业结构高效化 — 产业结构优化 — 产业结构合理化 — 政府积极引导

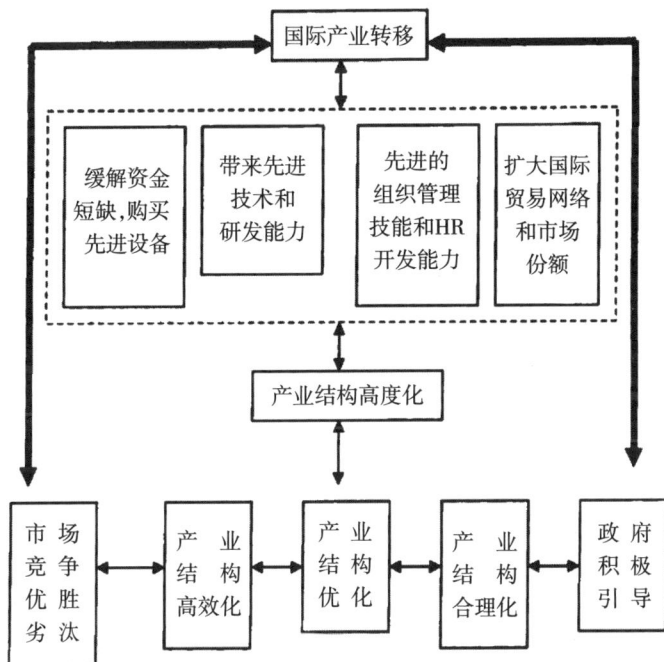

图 2-2　国际产业转移促进移入国产业结构优化作用机理模型

2. 区域经济协调发展

一个区域如果把追求经济高速发展的经济效率目标作为区域经济发展的总目标,就必然会增大极化效应的作用,将更多更好的生产要素投入到那些经济条件好、投资效益高的地区,以促进区域经济高速增长。此外,没有落后地区的经济开发和进步,较发达地区在经济社会发展中所需要的市场、原材料、燃料等供应会受到限制,同时,也不利于较发达地区实现产业和技术的转移,从而影响较发达地区的产业更新和升级。促进区域经济协调发展的途径包括以下几个方面:

(1)促成区域之间要素市场的统一。区域之间要素的自由、合理流动是促进区域经济协调发展的重要保证。所以,应从体制上消除限制区域之间要素自由流动的制度根源,取消阻碍要素合理流动的区域壁垒,加大区域的开放程度,使要素在市场供求机制、价格机制作用下在各区域之间合理流动、优化配置。

(2)推进区域产业协调发展。区域产业协调发展是区域经济协调发展的

主干部分。具体包括以下三个方面:首先,区域之间产业发展竞争与分工。通过竞争,可以有效地发挥市场对区域产业发展的引导和选择作用。其次,区域之间产业合作发展。即通过在组织形式上把有关区域之间的相关产业联结成一个整体,发挥各自的比较优势,进行优势互补,提高竞争力和效益。最后,区域之间进行产业转移。区域之间的产业转移是引起区域产业结构有序调整、协调发展的有效方式。自主选择、互惠互利是市场经济条件下区域之间产业转移需遵循的基本原则。同时,政府在信息提供、信贷、产权变更、职工安排等方面要给予相应的支持,使产业转移更为有序、合理。

(3)推动和规范地方政府间的区域经济合作。地方政府间的区域经济合作对于促进各区域的经济发展,协调区际经济关系,构建联动、有序的经济区域等有着越来越重要的作用。

(4)鼓励企业跨区域发展。企业跨区域发展是市场经济条件下协调区域经济发展的一种有效方式。因为,企业跨区域发展在实现本企业扩张的同时,对所涉及的区域的经济发展能够产生刺激和推动作用,并能够密切区域之间的经济联系和交往。[①]

3. 新经济地理学

新经济地理学研究产业转移往往与产业集聚密不可分,对于产业集聚的产生,克鲁格曼比较倾向于强调历史和偶然的作用。藤田昌久则以必然性和偶然性的共同作用来加以补充说明,他以硅谷的形成为例(1999),特定的集聚,是在具备了一定的自然、社会条件的地区,在某种偶然因素的触动下,在特定的地域形成的。不管在什么地方,一旦出现了某种程度的产业集聚,或者城市化的集聚,这种集聚经济就会依据集聚本身的自增强机制,在集聚所在地域产生空间上的放大和锁定效应,这种锁定效应的产生将使个别企业或者企业经济主体很难脱离集聚经济,并吸引其他经济主体进入集聚体。之后由于规模报酬递增和循环累积过程的无处不在,该产业在该地区逐渐集聚,产生集聚经济。集聚经济主要来源于以下三个方面。

首先是劳动力市场共享,大量相关企业集聚在一个地区形成了一个专业技术工人共享的劳动力市场。为了更容易雇佣到具备所需特定技能的劳动力,新增企业和非产业集聚区的企业纷纷向产业集聚区转移。而相对于非集聚区,产业集聚区更高的工资水平和更多的工作机会吸引大量劳动力从非产

---

① 贾广森:《产业转移效应评价及其区域政策取向》,浙江师范大学硕士学位论文,2010年。

业集聚区向产业集聚区转移,从而增强了集聚效应。

其次是企业间的前向关联和后向关联,由于存在运输成本,上下游企业有集聚在一起的冲动,以便降低中间投入品的运输成本,减少在途损耗,从而使产业集聚区周围存在大量提供多种类、低成本的中间投入品的供应商,同时由于劳动力的大量涌入,产品需求市场也不断扩大。出于这两方面原因,新增企业和非集聚区的企业将区位定于集聚区,从而使市场规模扩大。相关配套产业为了获得规模经济,也纷纷集聚在该地区,进一步增强了该地区的集聚经济。

最后是技术外溢,信息在产业集聚区内流动更加顺畅,有利于产业内部信息沟通和交流,每个企业可以从其他企业的发明和创新中获益。同时,由于产业集聚区内竞争的加剧,促使各个企业不断创新,推动技术进步,新增企业为了获得这种技术外溢,掌握行业内最新信息,都倾向于向产业集聚区转移。

同时,在市场之外,政府推行的一系列产业政策及其他改善经济发展环境的措施,也促进了该产业在当地的发展。随着运输成本的逐渐下降,在某一时点,地区的区位优势吸引生产要素的集聚,出现产业集聚。在累计循环的自增强机制作用下,集聚规模会不断增大,地区内出现多层次的产业空间结构系统,随着运输费用的降低,差别化优势大以及运输费用比较低的产品群就会由唯一的产业集聚地供给,整个地区的产业分布就会出现"中心—外围"的格局,进而形成"一级集中"的空间系统结构。这一过程在空间上表现为该产业生产要素从欠发达地区向发达地区转移。

随着产业的不断集聚,如果产业集聚区内部不具备良好的自我调节机制,集聚不经济效应会越来越大,当集聚规模达到并超过其最大界限时,集聚不经济超过集聚经济,导致产品生产成本上升,企业利润下降。集聚不经济主要来源于以下几个方面。

第一,资源有限性和恶性竞争。由于生产要素等资源是有限的,大量企业集聚在一起导致集聚区内部生产要素越来越稀少,土地价格飙升,工资幅度上升,中间产品价格居高不下,导致企业生产成本上升。同时,产品市场趋于饱和,企业间的竞争压力增大,可能出现恶性竞争,从而导致集聚不经济。

第二,城市最佳规模的限制。根据自身发展的条件和特点,每个城市都有其最佳规模,城市规模过大或过小都不利于其长远发展。受所在城市最佳规模的限制,产业集聚区也有其规模上限,产业过度集聚,超过城市的承载能力,引发环境污染、交通拥挤等城市发展问题,会对产业的发展产生不利影响,导致集聚不经济。

第三，产品所具有的生命周期性。根据弗农的产品生命周期理论，产品在不同的生命周期中，表现出的特征不同，并且对不同生产要素的重视程度也会发生变化，进入成熟期和衰退期的产品属于劳动密集型，但此时大量企业集聚导致劳动力价格上升，产业集聚区内已不再具有劳动力成本优势，所以随着产品生命周期的发展，技术密集型产品逐渐演变成劳动密集型产品，集聚经济也就转变为集聚不经济，此时这部分衰退性产业将不得不从产业集聚区向周边地区转移。

此外，当地政府出于经济发展的需要，面临巨大的产业结构调整的压力，为了实现产业升级，通过制定产业政策有意识地将衰退产业转移出去。所以，集聚不经济和来自政府的压力共同构成了使衰退性产业向周边地区扩散的"推力"，这种"推力"促使一些现有企业从产业集聚区向周边欠发达地区转移，也使得新增企业避开产业集聚区，选择周边地区。在此过程中，除了来自产业集聚区的"推力"外，还有来自欠发达地区的"拉力"。因为经过一段时间的发展，欠发达地区已经具备该产业发展的基本条件，要素价格低廉，劳动力丰富，市场广阔，集聚经济凸显，外加政府的优惠性政策，对来自发达地区转移出来的衰退性产业形成了明显的"拉力"。这样，在来自发达地区的"推力"和来自欠发达地区的"拉力"的共同作用下，如果运输费用进一步降低，发达地区的衰退性产业就会呈"雁行形态"，从核心地区向周边地区顺次移动。这一过程在空间上表现为该产业从发达地区向欠发达地区转移。

大规模的产业转移往往与产业集聚密不可分，产业转移的方向并不是单一地从发达地区向不发达地区转移，而是双向的。在产业发展的初期和成长期，集聚经济和政府扶持政策构成的"拉力"，导致生产要素从周边欠发达地区向发达地区转移。当产业进入衰退期，集聚不经济的力量超过了集聚经济，来自发达地区的"推力"和来自欠发达地区的"拉力"的共同作用导致衰退性产业从发达地区向欠发达地区转移，形成了一个产业集聚区。衰退性产业转移的方向很大程度上取决于各个欠发达地区"拉力"的大小。①

三、演化经济学与产业转移

批判实在论社会科学哲学家劳森写道，由于社会经济结构依赖于人类能动作用的转变潜能，社会经济结构在大多数情况下只是相对持久的，它不可避

---

① 韩艳红：《我国欠发达地区承接发达地区产业转移问题研究》，吉林大学博士学位论文，2013年。

免地是以时空制约或地理历史(Geohistorically)为基础的,因此,产业转移在其性质上必然是一种历史的和地理的经济行为。从产业成长、产业演化的角度解释产业转移的观点有边际转移论、重合产业竞争论、产业成长论和产业演化的空间形态论。某些学者从产业演化的空间形态角度考察产业转移并认为:产业转移有扩张性转移和撤退性转移之分,前者是区域成长性产业出于占领外部市场、扩大产业规模的目的而进行的主动的空间移动,后者是区域衰退性产业迫于外部竞争与内部调整的压力而进行的战略性的空间迁移。

产业转移是产业结构调整与升级在连续空间上的表现形式。从国际产业转移的历程来看,20世纪40年代中叶以来,产业结构调整与升级更多地采取产业转移的方式进行。改革开放以后,我国东部地区经济的崛起也表明产业转移是产业结构调整与升级的一种有效的方式。随着经济全球化和区域经济一体化进程的日益加快,产业结构的优化升级越来越依赖于产业在国际区域间的转移,从而加快了产业结构演化的进程,某种程度上给欠发达地区带来了发展的机遇,缩短了自身发展的时间。

从国内外产业转移的演进规律来看:在产业的层次上,产业转移最初是从轻工业和纺织业等劳动密集型产业开始的,然后到钢铁、冶金等资本密集型的产业,接着是信息和生物工程等知识和技术密集型的产业,再到金融、保险等第三产业转移,即按照主导产业的演进顺序,发达国家或地区依次将收入弹性、技术进步、生产率和产业关联不断提高的主导产业向不发达区域进行转移,即按照劳动密集型分资本密集型和技术密集型的顺序依次转移。在转移的方向上,产业不断趋向于向配套能力强和产业关联度大的地区转移。在转移的规模上,产业转移规模的扩大化,产业转移由单个产业到出现组团式、集群式或产业链整体转移的趋势,这将有助于提高企业的资源配置效率和竞争力;同时,在移入区,转移的产业呈现出地理集聚的特征,产业集聚提高了生产效率,降低了生产厂商的成本,产业通过集聚产生的规模经济有利于提高产业的地区竞争力。

四、全球价值链与产业转移

从全球价值链层面来看,国际产业转移是在经济全球化的背景下,包括跨国公司在内的国际产业转移主体出于获取更高的利润空间,提高自身国际竞争力与争夺更大的市场占有率的目的,以产品(产业)价值链上各个生产环节(或工序)的可拆分性与拆分的经济性为基础,基于不同工序在不同国家和地区进行生产的经济性考虑,通过构建全球一体化生产网络组织,将作为国际产业转移客体的某些产品(或产业)的生产环节(或工序)从一个国家(或区域)转移到另一个国家(或区域)的行为和过程,从而实现了其在全球范围内的资源优化整合与合理有效配置,由产品价值链与跨国公司全球一体化生产网络共同构成的全球价值链是新时期国际产业转移的重要联系纽带。

1. 基于全球价值链的产业转移特征

现阶段国际产业转移是跨国公司等行为主体在市场经济条件下的自发行为,是一个包含了国家间与地区间投资与贸易活动的综合性要素流动与商品流动的复杂过程,是具有时间与空间两种维度的动态过程,从而成为国际投资与国际分工在新的历史时期形成的重要因素与具体表现。与前三次国际产业转移浪潮相比,始于 20 世纪 90 年代中后期的第四次国际产业转移浪潮表现出了明显的时代特征。此轮国际产业转移浪潮与以往的最大不同是其与全球产品(产业)价值链和跨国公司全球一体化生产体系的密切联系,并且反映出国际分工从产业间分工向产业内分工进行转化的重大改变。

(1)转移主体多元化

在经济全球化背景下,国际产业转移与全球价值链和全球一体化生产体系密切联系,其转移主体同样也是全球化的倡导者——跨国公司,需要指出的是从跨国公司的发源地来看,随着国际产业转移方向的多样化,参与这一活动的企业已经不仅是发达国家的跨国公司,其同时也包括发展中国家的跨国企业;从跨国公司所处的全球价值链类型背景来看,不仅有属于生产者驱动价值链类型的大型跨国公司(例如 Intel、波音、丰田、海尔、格兰仕),还包含属于购买者驱动价值链类型的大型跨国企业(例如沃尔玛、耐克、国美、戴尔、锐步);从跨国公司所处的行业类型来看,不仅包括第二产业中劳动密集型产业跨国公司以及资本和技术密集型产业的跨国公司,近年来处于第三产业特别是生产型服务业的跨国公司也开始在国际产业转移活动中崭露头角,并逐渐发展成为从事国际投资与国际贸易的主力军。由此,国际产业转移的主体呈现出多国家、多行业的多远化发展格局。

其实,无论是发达国家还是发展中国家的跨国公司,其都是国际贸易与国际投资的主要承担者,而国际产业转移又以国际贸易与国际投资为主要实施途径,由此跨国公司自然而然便成为国际产业转移活动的主体。与此同时,跨国公司也是全球价值链中的主导性企业,虽然不同类型驱动的全球价值链条应该具有不同的游戏规则,但是总体来说,跨国公司都是基于不同国家在不同生产环节所拥有的不同比较优势来进行资源整合与合理配置的,都是为了同时实现规模经济效应与充分发挥比较优势。

　　具体来说,跨国公司通过全球范围内的兼并与收购建立了全球一体化生产经营体系。其在进行海外扩张的同时,开始涉足多个行业(不仅包括制造业与能源产业,更包括服务业与基础设施建设行业),这大大推动了世界各国产业结构的动态调整,使得原先基于各国比较优势的传统国际分工与国际贸易形势发生了根本性转变。结果,跨国公司通过直接投资方式、跨国兼并以及收购整合等手段,使得原先国与国之间贸易活动演变成包括劳动力、资本、技术甚至管理经验等众多生产经营要素以及涵盖研发设计、生产制造、营销管理、售后服务等众多生产经营过程的国际性转移,从而使得国际产业转移实现了从原先单一企业、单一项目、单一产业的转移向产业链转移的演变,逐步实现了部分生产环节的国际转移,参与这一活动的国家无论是在数量上还是在类型上都得到了质的飞跃与突破。

　　(2)转移客体深层化

　　伴随着全球范围内产业结构的不断调整,全球价值链以及跨国公司全球一体化生产体系的建立,国际产业转移的客体(重心)也在发生着明显的改变,以往的三次国际产业转移浪潮基本呈现出了转移客体从劳动密集型产业到资本密集型产业再到知识与技术密集型产业转移的发展趋势,而始于 20 世纪 90 年代末的本轮国际产业转移浪潮则伴随着发达国家由工业化向后工业化与信息化社会转变,呈现出由制造业向服务业,特别是与制造业密切相关的生产型服务业转移的发展趋势,例如我国凭借强大的劳动力资源优势迅速崛起,成为全球制造业代工工厂,就是此类国际生产环节转移的显著表现。

　　信息技术革命使得生产环节和工序的可分性大大提高,产业内不同生产阶段的分工发展成为企业内生产活动的分工。这里需要特别指出的是,随着产品技术的升级速度的加快,产品生命周期急剧缩短,原先以衰退产业(产品)或成熟产业(产品)为主要客体的国际产业转移发生了根本性的改变,在不同国家与地区之间进行转移的不再是某一产业或者产品,而是在某一产业或者产品生产过程中,要素密集使用程度存在明显差异的环节与工序。伴随着这一过程,传统的国际分工的基础也从原先的产业间分工向产业内分工转变,原先基于成熟与衰退产业的客体划分依据开始向基于低附加值环节与高附加值环节的客体划分依据转变。跨国公司根据各国不同的比较优势决定价值链上各个环节在全球的地理空间配置,同时根据自身的实际情况决定其具体应该专注于全球价值链上哪些环节,以确保其竞争优势。

　　具体来说,根据微笑曲线,处于价值链两端的研发设计与品牌营销等环节的附加值要明显高于处于价值链中间的组装加工环节的附加值,跨国公司通过贴牌生产、服务外包、OEM等方式保留作为其核心竞争力的主要来源的研发与营销等高附加值环节,而将组装加工等低附加值环节转移到拥有劳动力成本优势和规模经济效应的发展中国家,由此整合了全球资源,提高了利润空间,扩大了生产规模。总之,生产环节的国际转移使得国际产业转移的客体向全球价值链的纵深深化,不同国家(或地区)依据自身比较优势与竞争优势对价值链不同环节进行承接与重整是本轮国际产业浪潮的本质。

(3)转移动因复杂化

迄今为止的四次国际产业转移浪潮,在不同的历史时期表现出不同的特点,同时也具备不同的动因。前三次转移浪潮以制造业产业转移为主,学术界对其研究已经较为深入,在宏观、中观与微观层面体现出了许多具有代表性的学说,总结归纳起来,其动因基本可以分为寻求市场保护、努力降低成本、扩大利润空间、争取技术接近等四个方面。而本轮国际产业转移浪潮,由于转移客体发生了显著的转变,其是基于全球价值链与跨国公司全球一体化生产体系的生产工序与环节的转移(即生产型服务业转移),与以往相比,动因显得更加复杂。

第一,从可行性上来说,生产工序与环节的转移源自国际分工的深化与信息科技的迅速发展,产业间分工向产业内分工的转变使得制造业与服务业成为产品制造过程(或产品价值链)的独立环节而得到分离,这为国际产业转移客体向价值链纵深发展提供了前提条件。第二,从目的性上来说,跨国公司依然是以追求利润最大化作为终极目标,但是在侧重点上与以往相比却有明显的不同,以往的国际产业转移注重的是通过国际投资来实现规模生产降低生产成本,从而获取更大的利润空间;而在全球价值链生产环节的转移过程中,跨国公司与以往相比更加注重于满足客户个性化、多样化的需求,这一点可以从其保留对研发设计与营销服务环节的掌控权上得到证明。第三,从制约性上来说,现代信息通信科学技术的蓬勃发展使得原先制约生产环节国际转移的许多因素(例如通信技术落后、信息不对称、汇率市场风险波动、文化背景差异)都得到了显著的改善,这大大降低了生产工序与环节国际转移的交易成本。第四,从经验性上来说,以往三次国际产业转移浪潮为本轮以价值链不同环节为客体的转移提供了宝贵的经验借鉴。尽管学术界对国际产业转移不乏有母国"产业空心化"以及东道国"低端锁定"和"资源陷阱"的质疑,但是总体来说以往的国际产业转移无论对于母国与东道国来说都具有比较明显的"帕累托"效应,这给生产环节与工序的国际产业转移提供了良好的示范。正是可行性、目的性、制约性与经验性的显著差异,导致了新的历史条件下国际产业转移的动因显得更为复杂化。

(4)转移模式网络化

随着国际产业转移客体从原先的整体产业(或产品)逐步深化至全球价值链的生产工序层面,国际产业转移模式也由此呈现出了更为复杂的网络化发展趋势。基于国际分工的比较优势原理,传统意义上的国际产业转移在模式划分上主要有垂直型(发生在要素资源禀赋差异较大国家之间)与水平型(发生在要素资源禀赋差异不大但在专业化分工与规模经济等后天获得性优势差异较大国家之间)。从价值链的角度来看,传统意义上的国际产业转移都属于完整价值链的转移,例如"雁形模式"、"产品生命周期"都是传统模式的具体表现形式。而当前的国际产业转移则以全球价值链与跨国公司全球一体化生产体系作为内部联系的重要纽带,与以往垂直型和水平型模式相比较,其网络化发展趋势尤其明显。具体表现为跨国公司将全球价值链上高附加值的研发设计、营销销售、核心部件生产等环节安排在发达国家,将全球价值链中附加值的主要零部件制造等环节安排在具有一定应用技术竞争优势的新兴工业化国家,将全球价值链上低附加值的辅助零配件制造、组装等环节安排在具有非熟练劳动力竞争优势的发展中国家,从而使得同一产品的生产超越了国界,在全球范围内实现了基于产品价值链的优化布局。在这一过程中,跨国公司依据发达国家、新兴工业化国家、发展中国家这三类主体对不同生产环节或工序拥有的要素资源禀赋的差异,安排它们在网络化的国际产业转移模式中所处的地位与发挥的作用。原先传统的母国与东道国在同一产业上前仆后继或此消彼长式的发展模式(例如"雁形模式")已经逐渐被同一产品不同生产环节与工序在全球范围内的交互式发展模式(例如"龙形模式")所取代。

总之,当前国际产业转移模式的网络化发展趋向不仅是发达国家、新兴工业化国家以及发展中国家要素禀赋差异的结构,更是世界各国的跨国公司为争夺在激烈的全球竞争中的战略制高点,获取全球竞争优势而根据生产工序与环节的可分性以及不同生产工序或环节在要素禀赋利用上的差异性,进行全球一体化生产布局的体现。

(5)转移环境优越化

与前三次国际产业转移浪潮相比,本轮国际产业转移浪潮在实施背景与环境体现出了一定的优越性,具体表现为宏观方面母国与东道国的政府行为与制度环境建设。以我国为例,我国加入世界贸易组织(WTO)以后,首先在承接国际产业转移的制度环境建设取得了一定的成就,基本改变了入世以前制度承接的诸多不完善之处(例如外资的超国民待遇与低国民待遇问题,外资的进入门槛与限制领域问题),我国按照 WTO 的有关规定,实现了从中央到地方,从全国人大到地方各级人大等法律法规和政策制定部门的一次彻底变革,对与我国入世承诺和 WTO 规则相悖的法律、法规与政策进行了彻底的清算,过时的法律法规被废止,与入世承诺相悖的规定与政策得到了修改,通过这些措施,跨国公司向我国进行生产工序与环节转移的政策制度环境得到了巨大的改善,我国一跃成为世界上吸收跨国公司海外投资最主要的吸收国之一。此外,通过制度建设,我国国际产业承接的制度环境也得到了根本性的改善。其次,在跨国公司将生产工序与环节转移到我国的过程中,无论是我国的中央政府还是地方各级政府,都一改以往政府信用不规范、法制意识淡薄、地方保护主义严重以及过分注重当前利益的急功近利的思想与弊端,通过规范化的政府行为,使得跨国公司来我国进行投资和经营活动能够得到重视政府信用以及强调可持续发展的我国从中央到地方的各级政府的有力支持,跨国公司向我国转移生产工序与环节的活动也得到了蓬勃的发展,其能够选择的投资领域大大拓宽,产业进入壁垒逐步降低甚至消除,同时我国也逐渐开始摆脱"低端锁定"的困境,开始承接全球价值链两端具有较高附加值的环节,这里比较显著的例证就是跨国公司对我国的研发投入从我国入世以来就大幅度增加。

此外,在"引进来"的同时,我国政府还积极鼓励有条件的企业"走出去",我国政府及时适应了从东道国政府向母国政府的角色转换,不论是在产业政策、出口政策、税收政策还是外汇政策上都给予了"走出去"企业巨大的优惠与强有力的支持,让其能够平等地参与国际竞争,积累国际投资经验,充分融入国内国外两个市场、充分利用国内国外两种资源,提高自身核心竞争力。

(6)转移效应多极化

在以往三次国际产业转移浪潮中,学术界对于国际产业转移的效应从产业移出国与产业承接国的角度分别进行了研究,研究成果中赞同的声音要远高于反对的呼声,其普遍认为国际产业转移不论是对与产业移出国还是产业承接国都是利大于弊,对于双方而言是一种非零和博弈。已有的研究表明通过实施产业转移,产业移出国将能够有效解决本国生产要素成本上升、土地供应紧张等一系列经济发展的瓶颈问题,同时促进新兴产业的快速增长与产业结构的优化调整,而产业承接国的收益则更为明显,其通过国际产业转移实现了资本、技术、管理、人才等本国稀缺要素注入,实现了体现在生产技术水平等方面的技术溢出,带动了与承接产业有关的前向、后向与侧向关联产业的发展,促进了本国要素资源禀赋的动态变化,提升并优化了本国产业结构,促进了本地内外产业间的相互竞争,改善了束缚本国自我发展能力的落后思想观念等。总之,国际产业转移效应呈现单一正向极化特征。

　　然而,随着国际产业转移与全球价值链的融合,其效应日益呈现出多级化的发展态势。以我国为例,在成为全球最具竞争力的代工制造平台之后,在完成了全球价值链工艺升级与产品升级之后,在向更高水平的功能升级与部门升级的努力过程中,在向价值链的两端拓展以获得更高利润回报与附加值的过程中,我国却暂时陷入"低端锁定"、"国际代工"与"贫困式增长"的陷阱,与巨额外资流入相对应的是巨额利润的海外流失与国内日益增强的通胀预期,我国经济的发展似乎陷入了瓶颈,反映在汇率问题上就是人民币的对内贬值与对外升值并存的悖论;而作为主要产业移出国的西方发达国家,近几年来特别是金融危机以来,与我国经常发生贸易摩擦,其国内关于国际产业转移导致"母国产业空心化"、"中国制造掠夺本国就业岗位"的言论不绝于耳。一时间,国际产业转移效应似乎并不像学术界以往所研究的那样能够给东道国与母国带来"帕累托最优",其对双方的负向极化效应变得日益显著,如果不加重视并提出切实可行的应对策略,其负面效应的扩大化将必然抵消甚至覆盖其正向极化效应,这不仅不利于国际分工的深化,更不利于全球经济的复苏与持续增长。

　　2. 全球价值链视角下产业转移趋势

　　迄今为止的四次国际产业转移浪潮表明国际产业转移的发展史与产业演进的进化史存在一致性,例如国内学者陈晓涛(2006)认为,从产业演进的角度上来看,国际产业转移在转移客体变化趋势上依照劳动密集型、资本密集型、知识和技术密集型、第三产业(特别是生产型服务业)的顺序递进;①随着转移规模的逐渐扩大化,无论是组团式产业链整体转移还是以全球价值链和跨国公司全球一体化生产体系为纽带的生产工序或环节的转移都呈现出地理集聚的特征,即在目标区域的选择上趋向于选择相关配套能力与产业关联度大的地区;从国际产业转移客体的特征上来看,其正从"两低"(技术含量低、要素收益率低)向"两高"(技术含量高、要素收益率高)的方向推进;由收入弹性小的产业向收入弹性大的产业转移;顺着农业、轻工业、重工业的顺序依次演进;国际产业转移的关联效应日益增强,技术、资本密集的特征日益显现,其产品的耐用性与技术含量也逐步得到提高。

　　在跨国公司日益成为国际产业转移主体,全球价值链与全球一体化生产

---

　　① 陈晓涛:《产业转移的演进分析》,载《统计观察》2006 年第 4 期。

经营体系成为国际产业转移的两条重要纽带的今天,基于全球价值链视角,国际产业转移将延续以下发展趋势:

(1)国际产业转移将在全球价值链的基础上向更深的层次发展。跨国公司的全球一体化生产体系与价值链上不同环节(或工序)的全球地理分布将充分体现出跨国公司基于不同价值链环节要素密集性差异与成本因素而进行的价值链拆分行为。具体来说,根据产品价值链相关理论,产业(或产品)的价值可以由一系列既相互独立又相互联系的经济活动组成,即产品的研究、设计与开发、生产与制造、加工与组装、营销与售后服务管理等。在这些增值活动中,产品附加值并不是均匀分布的,其大体按照"微笑曲线"的态势进行分布,即价值链两端环节(研发与设计、营销与售后服务管理环节等)附加值高,中间环节(生产与制造、加工与组装环节等)附加值低。胡俊文(2004)将其界定为"头脑产业"和"躯干产业"。[①] 具体来说,跨国公司基于"头脑产业"与"躯干产业"对要素密集性的不同要求和不同国家要素资源禀赋与比较优势的差异性,在全球范围内安排生产经营活动,其牢牢控制高附加值的"头脑产业"以抢占价值链高端,转移低附加值的"躯干产业"至低要素成本(例如低工资)的发展中国家以获取更大利润空间。不论是改革开放初期在我国出现的"三来一补"加工贸易,还是当前比较普遍的原材料采购与零部件的本土化制造,都反映出国际产业转移发展趋势依然将以跨国公司为主导,实现"头脑产业"与"躯干产业"更为深层次的分离,这不仅是实现跨国公司总体战略目标的必要手段,也是全球范围内产业整合的必经之路,更是经济全球化发展客观要求。

(2)跨国公司将利用多种手段在全球范围内实现资源整合与优化配置。作为当前国际产业转移主体的跨国公司,其实施转移的手段又呈现出多样性的特点,其不仅包括直接或间接控制价值链各个环节的自行投资与参股供应商的方式,还包括依托自身品牌优势的生产外包方式(即所谓的贴牌制造等)。跨国公司基于国际产业转移环境的变化以及自身实际情况的需要可以对其进行自主选择。例如随着全球价值链的增值环节与结构由于科技发展而变得日益复杂,一方面,发展中国家通过对劳动力成本优势的综合利用在某一生产环节上建立起比较优势,并由此形成了一批专业化加工制造基地;另一方面,产品生产工序或环节因为标准化的生产而越来越具备技术上的可分性,同一产品的各个生产加工工序之间也存在着劳动、资本、技术等要素密集使用度

---

① 胡俊文:《国际产业转移的基本规律及变化趋势》,载《国际贸易问题》2004 年第 5 期。

上的差异。此时理性的跨国公司就可以选择外包的方式以实现产业转移,因为与自行投资和参股供应商、销售商的内部纵向一体化整合相比,外包的方式更加有利于跨国公司在激烈的国际竞争中集中企业优势资源、降低生产成本、提高生产效率,提高企业的核心竞争力,并且能够有效避免在多个业务领域中直接面对众多的竞争对手。反之,则宜于采用自行投资与参股的内部纵向一体化实施手段。当然,跨国公司国际产业转移具体实施手段的最终选择取决于其全球经营战略以及根据具体情况做出的成本收益分析。只要有助于其实现追求利润最大化的终极目标,其可以综合利用多种手段以实现资源整合与配置。随着国际产业转移向价值链的纵深发展,相信新的手段与方式也将会不断涌现,以满足规模日益扩大的国际产业转移的客观要求。

（3）国际产业转移将通过生产的前后向联系促进相关产业集群的形成。虽然当前国际产业转移客体从原先的单一产品的整体价值链深化至产品（或产业）价值链上的某一生产工序（或环节），但是其生产的前后向联系非但没有减弱,而且比以前更为紧密了。因为相对于单一产品而言,某一产品的生产工序（或环节）在投入产出垂直结构体系中所起到的作用将更为重要。随着生产工序的日渐发展成熟,其表现出较强的相对稳定性,即生产工序（或环节）的上下游联系体现较为强烈的难以替代性。当前迅猛发展的国际产业转移促使特定领域中的某一生产工序在地理区位上趋于集中。而由于上述的难以替代性,该生产工序的上下游关联企业（包括专业化供应商、专业化服务商、相关机构以及专业化采购商等）出于市场需求与成本因素的考虑,也会向该地理区位集中,从而形成了由相互联系、相互配套企业所组成的产业集群。一些大型的跨国公司在这一过程中就会担负起龙头与支柱的角色,通过生产的前后向联系与市场的关联效应,在其周边将出现大量的配套厂商,例如日本丰田汽车城就是这一过程的典型案例。国内外学者的经验研究也表明,产业链的长度、中间产品的交易数量以及生产迂回性程度与相关产业集群的形成呈正相关。[①]

---

① 张云:《基于全球价值链的国际产业转移研究》,武汉理工大学博士学位论文,2011年。

第三章　两岸产业转移与产业结构升级的互动关系

第一节　产业结构升级的概念界定

一、产业结构的概念

在狭义的产业经济学中,产业"通常指具有某种同一属性的经济活动的集合"。① 在需求方面,"同一属性"是指具有相互替代关系或者相互密切竞争关系的商品和服务;在供给方面,"同一属性"是指生产技术、工艺相近的物质生产和经济性质相同的服务业。在广义的经济学中,产业是国民经济的重要组成部分,是介于宏观经济和微观经济之间的中观经济。根据划分标准的不同,产业的分类也不一样。现在,大部分国家采用三次产业的划分标准。我国从1985年开始采用三次产业的分类方法,到2003年对第三产业不再细分,将除第一、第二产业以外的所有产业统称为"第三产业"。但是三次产业的分类方法的最大缺陷在于各国的具体划分标准不一致,导致在国家间进行横向比较时比较混乱。另一种比较常用的产业分类方法是按照生产要素密集程度划分,包括劳动密集型产业、资本密集型产业、知识和技术密集型产业。此外,还可以按照产业功能进行分类,包括主导产业和辅助产业。

产业结构并没有形成统一的概念,比较常见的产业结构的含义,是指"在社会再生产过程中,国民经济各产业之间的生产技术经济联系和数量比例关

---

① 郭万达:《现代产业经济辞典》,中信出版社1991年版,第15页。

系"①。产业结构是指在国民经济中,各个产业之间的联系、比例关系以及各个产业内部的构成。产业结构也可以说是劳动力、资本、资源、技术等生产要素在各个产业部门之间的配置。本书从量和质两个角度对产业结构的含义进行考察:

(1)从量的角度看,产业结构可以从三大产业之间的构成、三大产业内部的构成和三大产业内部的产品结构三个层次来进行考察。

(2)从质的角度看,产业结构可以从劳动力、资本、技术等各种生产要素在该产业产值中的比重来考察,也可以从产业的规模效益和国际竞争力的大小这一角度来进行考察。

二、产业结构升级概念及分类

国务院发展研究中心(2010)明确给出了产业结构升级的定义,是指"在特定的国内外经济环境和资源条件下,按照一般的产业结构演进规律和产业发展的内在要求,采取一定的措施,不断提高产业的结构层次和发展水平,以保证国民经济长期持续增长的一种经济活动"②。研究指出,"在新的国际生产方式下,国际上产业结构梯度转移就演变为价值增值环节的梯度转移,产业结构升级主要体现为从低附加值的生产加工环节向高附加值的研发和营销环节转移,从低层级供应商逐渐上升为高层级供应商或领导厂商"。产业结构升级包含两层含义:一是指三次产业结构比例方面,农业部门所占比重下降,工业部门和服务业部门所占比重逐步上升;二是指融入全球价值链的过程中,制造业和服务业沿着价值链由低附加值环节向高附加值环节攀升。

产业结构升级的过程是产业结构客观演进的过程,是产业技术逐渐提高和经济效益逐渐增加的过程。产业结构升级一般包括产业结构合理化、产业结构高度化和产业结构高效化三个层次。

产业结构合理化的本质是各种资源在各个产业间合理和有效的配置。因此,是否能够合理利用各种资源是判断一个国家或者地区的产业结构合理的主要标准。三次产业结构比例指标,即第一、第二、第三产业在国民生产总值中所占的比重,是反映产业结构合理与否的重要指标。

产业结构高度化指的是产业结构的优化升级过程。具体来说,产业结构

---

① 戴伯勋、沈宏达:《现代产业经济学》,经济管理出版社2001年版,第51~52页。

② 国务院发展研究中心:《我国产业结构升级面临的风险和对策》,载《经济研究参考》2010年第13期。

高度化主要体现在某个产业发展过程中的高附加值化、高技术化、高加工度化和高服务化四个方面。在产业升级过程中,产业高附加值化是产业结构升级的目标,而产业高技术化、高加工度化和高服务化则是实现上述目标的途径和保障。产业结构高度化主要衡量指标包括:霍夫曼比例指标、信息产业产值比重指标、智力技术密集型集约化程度等。

产业结构高效化指的是各种资源在各个产业之间的配置逐渐趋于优化和各个产业的总体经济效益逐渐提高的一个过程。产业结构高效化具体表现为低效产业的比重逐渐降低和高效产业的比重逐渐增加,可以说是一个由生产率低的劳动密集型产业向生产率高的技术密集型和资本密集型产业的演进过程。它主要通过综合消耗产业率指数、产业结构经济效益指数,以及综合技术进步贡献率指数等一系列指标进行衡量。

产业结构升级既涉及单个产业的升级,也涉及整个区域内产业结构整体升级,涉及的问题非常广泛。本书所研究的产业结构升级,是指产业结构的高度化,强调主导产业从价值链低附加值环节向高附加值环节的攀升,并通过前向和后向的产业关联最终带动区域实现整个产业结构升级。

第二节　内陆产业转移与产业结构升级的互动关系

产业梯度转移理论是在美国学者弗农等人的产品生命周期理论和日本学者赤松要的"雁行发展模式"理论的基础上形成的。该理论认为,每个国家和地区都处在一定的经济发展梯度上,创新活动诸如新行业、新产品、新技术、新的生产管理和组织方法等的产生大都发源于高梯度地区,但随着时间的推移和产品生命周期的变化,这些新行业、新产品、新技术会由高梯度地区逐步一级级向低梯度地区转移。而根据产业结构理论,区域产业结构的演进与调整的实质则是生产要素(包括自然资源、资本和劳动力等)在不同部门、不同区域之间重新配置与组合的过程,核心是主导部门的交替更迭。① 其中,区域内新兴产业的自主成长和区际间产业的转移都会引起不同区域、不同部门之间生产要素的重新配置与组合,从而引起区域产业结构的演进与调整,而产业结构演进的一般性规律又会反过来推动区域间产业的转移,两者之间体现出相

---

① 罗斯托:《从起飞进入持续增长的经济学》,四川人民出版社1988年版,第65页。

互依赖、相互渗透的互动关系。

在我国学术界,针对我国区域产业梯度转移的情况,存在分歧的看法。主要分为梯度推移论者和反梯度推移论者,双方争论的焦点主要集中在经济重心区是西部地区还是东部地区以及中央政府所应采取的投资政策上。梯度推移论者从区域间梯度差异的实际情况出发,在大卫·李嘉图比较优势理论的基础上提出,中国区域经济发展客观上存在东部、中部和西部三大不同的经济梯度区,认为区域产业会从高梯度区东部逐步依次向第二、第三梯度——中西部地区转移,并通过三大地带间经济发展的推移,逐步缩小地区间差距,实现区域经济均衡发展。反梯度推移论者则认为,我国生产力水平呈东、中、西三级梯度态势是客观的事实,但落后的低梯度地区只要政策得当、措施得力,也可以直接引进并采用世界先进技术,发展自己的高技术,实行超越式发展,然后向高梯度地区进行反推移。也有些学者从其他角度进行研究,如刘世锦(2003)针对我国区域产业梯度转移的实际情况进行研究分析认为,由于产业聚集等因素的影响,区际产业转移未必会发生。付保宗(2008)则着重分析了当前影响中国产业区域转移的成本要素,认为东部地区有着相对较充裕的高素质劳动力供给、较高的资本运用效率、较高的劳动生产率、较充裕的技术供给和企业家资源供给等生产成本要素,所以多数产业由中西部地区向东部地区转移的趋势还将会持续较长一段时间。本书主要从我国区域产业结构和产业梯度转移的阶段性特征来考察我国区域产业梯度转移的现实基础,进而对我国产业梯度转移与区域产业结构调整之间的互动机理、效应进行深入分析,并就推动我国产业梯度转移和区域产业结构优化升级提出建议。

一、内陆产业梯度转移的现实基础

张可云博士在《区域大战与区域经济关系》中指出,产业梯度转移理论建立在两个重要推论的基础之上:一是经济与技术发展的区域梯度差异是客观存在的;二是产业与技术存在由高梯度地区向低梯度地区扩散和转移的趋势。[①]

首先,在针对我国是否客观存在经济与技术发展的区域梯度差异的问题上,理论界认为中国目前确实存在区域间梯度差异。从我国区域产业结构特征来看,由于我国不同地区的生产要素禀赋、经济基础和发展战略不同,根据各地区技术水平的高低逐渐形成了不同的产业梯度。其中东部地区为高梯度

---

① 张可云:《区域大战与区域经济关系》,民主与建设出版社2001年版,第23~45页。

地区,包括北京、天津、上海、江苏、浙江、河北、辽宁、福建、山东、广东、海南 11 个省(市)区;中部地区为中梯度地区,包括山西、河南、安徽、湖北、湖南、吉林、黑龙江、江西 8 省区;西部地区为低梯度地区,包括内蒙古、重庆、四川、贵州、云南、西藏、陕西、青海、广西、宁夏、新疆、甘肃 12 个省市、自治区。改革开放以来,东部地区凭借优越的自然条件、区位优势和政策优惠,抓住发达国家和港澳台地区产业转移的机遇,承接发展了大量以劳动密集型产业为主的加工工业,实现了经济的快速发展和产业结构的优化升级,而中西部地区却一直滞后于东部沿海地区的发展。如表 3-1 至表 3-6 所示,从表中可以看出 2007 年至 2012 年我国东部地区 GDP 生产总值占全国总值的比重一直在 55% ~ 60% 之间,而中部只占 23% 和 24% 左右,西部为 17% ~ 19%。从产业结构特征看,在第一产业中,东部地区比中西部地区低,东部地区占全国总值的 39% 和 40% 左右,中西部地区为 60% 左右。在第二、三产业中,东部地区比中西部地区要发达得多,东部地区第二产业占全国总值的比重从 2007 年的 60.4% 下降到 2012 年的 54.2%,第三产业占全国总值的比重一直在 61% 和 62% 左右,而中西部地区为 17% ~ 23%。

表 3-1 2007 年中国不同地区三次产业 GDP 比较(亿元)

指标	全国总计	东部地区	占全国比重(%)	中部地区	占全国比重(%)	西部地区	占全国比重(%)
GDP	279 737.86	165 194.03	59.1	65 359.77	23.4	49 184.06	17.6
人均 GDP	60 739	31 491		15 619		13 629	
第一产业	28 607.55	11 621.65	40.6	9 339.24	32.6	7 646.66	26.7
第二产业	138 898.30	83 837.34	60.4	32 375.62	23.3	22 685.34	16.3
第三产业	112 232.00	69 735.04	62.1	23 644.91	21.1	18 852.05	16.8

注:根据《中国统计年鉴(2008)》整理。

表 3-2 2008 年中国不同地区三次产业 GDP 比较(亿元)

指标	全国总计	东部地区	占全国比重(%)	中部地区	占全国比重(%)	西部地区	占全国比重(%)
GDP	333 313.96	194 085.16	58.2	78 781.03	23.6	60 447.77	18.1
人均 GDP	71 929	36 503		18 746		16 680	
第一产业	33 483.88	13 449.80	40.2	11 128.89	33.2	8 905.19	26.6
第二产业	167 245.86	98 659.14	59.0	39 783.96	23.8	28 802.76	17.2
第三产业	132 584.21	81 976.21	61.8	27 868.18	21.0	22 739.82	17.2

注:根据《中国统计年鉴(2009)》整理。

表 3-3　2009 年中国不同地区三次产业 GDP 比较（亿元）

指标	全国总计	东部地区	占全国比重（%）	中部地区	占全国比重（%）	西部地区	占全国比重（%）
GDP	365 303.69	211 886.90	58.0	86 443.31	23.7	66 973.48	18.3
人均 GDP	78 225	39 319		20 499		18 407	
第一产业	35 229.55	14 289.98	40.6	11 741.24	33.3	9 198.33	26.1
第二产业	179 896.20	104 956.46	58.3	43 156.88	24.0	31 782.86	17.7
第三产业	150 177.94	92 640.46	61.7	31 545.19	21.0	25 992.29	17.3

注：根据《中国统计年鉴（2010）》整理。

表 3-4　2010 年中国不同地区三次产业 GDP 比较（亿元）

指标	全国总计	东部地区	占全国比重（%）	中部地区	占全国比重（%）	西部地区	占全国比重（%）
GDP	437 041.99	250 487.94	57.3	105 145.56	24.1	81 408.49	18.6
人均 GDP	92 951	45 510		24 871		22 570	
第一产业	40 532.83	16 257.40	40.1	13 574.12	33.5	10 701.31	26.4
第二产业	219 885.81	124 530.14	56.6	54 661.77	24.9	40 693.90	18.5
第三产业	176 623.34	109 700.39	62.1	36 909.67	20.9	30 013.28	17.0

注：根据《中国统计年鉴（2011）》整理。

表 3-5　2011 年中国不同地区三次产业 GDP 比较（亿元）

指标	全国总计	东部地区	占全国比重（%）	中部地区	占全国比重（%）	西部地区	占全国比重（%）
GDP	521 441.11	293 581.45	56.3	127 624.70	24.5	100 234.96	19.2
人均 GDP	110 740	52 949		30 119		27 672	
第一产业	47 448.04	18 800.57	39.6	15 876.31	33.5	12 771.16	26.9
第二产业	263 448.11	144 894.75	55.0	67 514.09	25.6	51 039.27	19.4
第三产业	210 544.98	129 886.13	61.7	44 234.31	21.0	36 424.54	17.3

注：根据《中国统计年鉴（2012）》整理。

表 3-6　2012 年中国不同地区三次产业 GDP 比较（亿元）

指标	全国总计	东部地区	占全国比重（%）	中部地区	占全国比重（%）	西部地区	占全国比重（%）
GDP	576 551.84	320 738.47	55.6	141 908.57	24.6	113 904.80	19.8
人均 GDP	122 079	57 429		33 382		31 268	
第一产业	52 373.58	20 495.46	39.1	17 545.57	33.5	14 332.55	27.4
第二产业	285 648.60	154 679.30	54.2	73 865.09	25.9	57 104.21	20.0
第三产业	238 529.66	145 563.71	61.0	50 497.91	21.2	42 468.04	17.8

注：根据《中国统计年鉴（2013）》整理。

其次,针对我国目前是不是存在产业与技术由高梯度地区向低梯度地区扩散和转移的趋势,在我国理论界还存在比较大的争议,本书认为虽然目前由于各种生产要素的极化式聚集、产业聚集效应等因素的影响,东部地区在某些产业的梯度推移上仍具有黏性,但总体上来说,目前东部沿海地区产业向中西部地区转移已渐成气候,在今后较长时间里,这种趋势将继续得到加强。从我国区域产业梯度转移的阶段性特征来看,东部沿海地区向中西部地区转移呈现出以下几个特点:一是产业转移规模越来越大。广东、上海、浙江、福建4省市需要转出的产业以加工业为主,尤其是劳动密集型加工业转移的势头强劲。二是产业转移的层次会逐步提高。产业转移的重点将由以前的主要以劳动密集型产业为主如轻工、纺织服装、制鞋,逐步向电子、机械等以资本密集型和技术密集型产业为主转换。三是产业转移的领域不断扩大。产业转移从过去的单个项目、单个企业或单个产业,向包括相关产业的整体性转移;从单纯的制造业向制造业、服务业和研发业务相互融合的方向转移。不同产业之间相互整合,不断拓展转移领域。[①]

产业转移与产业结构调整之间存在明显的互动关系。首先,产品生命周期的进化、区域要素条件的变动,都会使企业的区位选择发生变化,在比较利益驱使下,同属于某一产业或几个产业的多数企业会存在寻求空间转换的共同意愿和行为,通过区际直接投资实现产业的区际转移,从而引起区域产业结构的调整。其次,根据产业结构理论,区域产业结构的演进与调整的实质即是生产要素(包括自然资源、资本和劳动力等)在不同部门、不同区域之间重新配置与组合的过程,而生产要素在不同区域之间的流动最终会导致区域间的产业规模的对比变化和产业区域的转移。

二、内陆区域产业转移对产业结构升级的影响

我国产业梯度转移是转移地区和承接地区相互选择的结果。东部地区在经过一段时间飞速发展后,其劳动密集型产业开始出现生产要素供给趋紧、产品竞争力减弱、经济效率下滑,资源、环境的承载压力不断加大的矛盾,其原有传统产业面临着继续升级或淘汰转移的必然选择。同时,中西部落后地区则也可以以较低的成本通过引进对自身来说相对先进的产业与技术,实现其产业结构的调整与升级,并在产业的区际转移中实现双方产业结构的演进和调整,从而最终达到整个区域经济协调发展的目的。

---

① 王虎:《推动国内产业转移促进区域经济发展》,载《经济界》2008年第6期。

1. 产业梯度转移对东部地区(产业转移方)产业结构升级的影响

我国产业梯度转移对东部地区产业结构调整的影响,主要体现在两个方面:一是东部发达地区某些产业为了保持较高竞争力,而扩大其产能和市场份额的需求与周围地区的相关企业进行生产环节或产业链上的联合、协作,从而引起的扩张性产业转移所导致的对东部地区产业结构调整的影响。二是东部发达地区不再具有比较优势的产业,出于成本和效率的考虑,会逐步从本地退出,向生产成本更低的周边地区转移,引起的衰退性产业转移所导致的对东部地区产业结构调整的影响。[①]

从扩张性产业转移对东部地区产业结构调整的影响来看,由于在扩张性产业转移过程中,一般情况下企业并没有完全退出原生产地,而是通过在周边地区扩建分厂或与周边地区企业进行协作来完成产业转移。因此这种类型的产业转移,对东部地区整个产业结构的演进升级的影响并不大,相反,如果生产领域里资本要素过量转移,可能减缓东部地区第二产业的增长速度,出现所谓的"产业空心化"现象,从而影响东部地区经济发展的基础,但扩张性产业转移可以使东部地区结合西部的自然资源、能源材料及低廉的劳动力,优化其要素配置,因此,在某种程度上能为东部地区的优势产业带来规模经济效益,增强产业竞争力,并抢占更大的市场份额。

从衰退性产业转移对东部地区产业结构调整的影响来看,主要是为东部地区产业结构的优化升级腾出了空间。在改革开放之初,东部地区凭借优越的自然条件、区位优势和政策优惠等各种有利条件,主动吸纳国际劳动密集型产业的转移,并在逐步扩张中成为对世界经济有着重要影响的制造业产业带和加工业中心,产业结构也因此得到了明显的改善,但经过近 30 年的长足发展之后,东部沿海地区面临着水、电、原材料、燃料运输以及劳动力、资金等生产要素的价格上涨,投资经营成本节节上升等问题,一些传统型产业如发展低加工度产业、劳动密集型产业和能源消费型产业已经进入产业衰退阶段,其产业素质、技术层级等已经大大滞后于它本身经济深度发展的需要,因此,东部地区的产业结构面临着优化升级的必然选择,产业生命周期性客观上要求东部地区将这些已经失去优势的产业转移出去,所以,这种衰退性产业从东部往中西部的梯度转移,会为东部地区腾出承接国际一些新兴高科技、高附加值的

---

① 戴宏伟、王云平:《产业转移与区域产业结构调整的关系分析》,载《当代财经》2008 年第 2 期。

产业转移腾出空间，进而可以达到东部地区产业结构调整优化升级的目的。①

2. 产业梯度转移对中西部地区（产业承接方）产业结构升级的影响

我国产业梯度转移对中西部地区产业结构调整的影响机理主要在于：一方面通过要素注入效应、技术溢出效应、产业关联带动效应等三种传导机制的作用，为中西部经济的发展创造有利的条件，从而间接引起中西部地区产业结构的调整优化；另一方面，东部先进产业的移入会直接影响中西部地区产业结构的变动。

从间接影响来看，首先，在要素注入效应方面，由于产业梯度转移的过程往往伴随着各种生产要素在区域之间的流动，在产业从东部地区向中西部地区转移的过程中，往往不仅伴随着大量资本和技术的转移，也伴随着其他要素的注入，刚好可以满足中西部地区资本、技术和知识短缺的需要，从而为其迅速积累相对稀缺的生产要素，实现经济的繁荣创造条件。其次，产业梯度转移的过程还会伴随着技术溢出效应，即由于东部高梯度地区移入中西部地区的产业，往往在生产技术水平上高于当地的平均水平，而这种移入产业所包含的技术本身会被移入区产业所模仿、消化、吸收，导致移入区技术的进步，同时，具有先进技术的移入产业对移入区相关产业有前后波及作用，并拉动后者的技术进步，这种技术溢出效应会促进中西部地区产业技术水平的提高，有利于中西部地区经济的进一步发展，进而引起其产业结构的演进升级。最后，东部地区产业转移到中西部地区以后，移入产业会与本地产业产生前向、后向和旁侧关联带动效应。前向关联效应，即移入产业的活动通过削减下游产业的投入成本而促进下游产业的发展；后向关联效应，即移入产业的发展会对各种生产要素产生新的投入要求，从而刺激相关投入产业的发展；旁侧关联效应，即移入产业的发展还会引起它周围的一系列变化，如促进劳动力队伍的建设、建筑业、金融保险等服务性行业的发展。总之，这种区域间产业转移所产生的产业关联带动效应会在很大程度上促进中西部整个经济的发展，有助于其新的主导产业或支柱产业的形成，从而实现其产业结构的升级转型，并提升其在区际分工中的地位。②

从直接影响来看，首先，东部先进产业项目的移入，在资金、技术、人才、营销等方面的竞争优势，会打破中西部地区原有产业的低效率垄断局面，从而改

---

① 王全春:《产业转移与中部地区产业结构研究》，人民出版社 2008 年版，第 128 ~ 135 页。

② 俞国琴:《中国地区产业转移》，学林出版社 2006 年版，第 122 ~ 131 页。

善其产业的市场结构,并迫使原有部门创新观念、技术和机制,以提升其竞争力,从而导致中西部地区产业结构的调整升级。其次,在产业梯度转移的过程中,对中西部地区企业的兼并收购,以及参股、控股等产权交易活动,将实现其产业内部的资产重组,盘活中西部地区的存量资产,从而提高其资源配置效率,进而完善中西部地区的产业组织和市场竞争,加速其产业结构的调整升级。最后,东部先进产业的移入,还会使得中西部产业结构中采用先进技术的部门在数量和比例上增加,整体性地提高了中西部地区产业经济的技术装备水平和管理经验水平,从而逐步提高整个产业整体的技术集约化程度,促进产业结构向高级化方向演进。

三、内陆区域产业结构升级对产业转移的影响

区域产业结构调整对区域产业转移的影响机理,主要在于生产要素在不同区域之间的流动会引起区域间的产业规模的对比变化,最终导致产业区域的转移。具体来看,影响产业区域转移的基本要素可以分为收入要素和成本要素两个方面。其中,成本要素可以细分为劳动力、资本、技术等生产成本要素和区位、制度、基础设施、集聚效益等交易成本要素。而区域间不同要素条件的变化,将会引起区域产业供给和需求的变化,从而改变区域产业收益最大化的均衡条件,最终导致产业的区域转移。①

接下来,我们通过一个简化的两区域(区域 A、区域 B)、两产业模型(产业 X、产业 Y),用一般均衡的方法来分析说明区域产业结构变化对产业转移的影响机制。首先,该模型的假设条件包括:(1)区域 A 和区域 B 分别存在两个产业 X 和 Y;(2)不同产业运用单一相同的生产要素;(3)生产要素为非公共用品;(4)区域内要素市场完全竞争,价格由供需决定;(5)产业生产规模是要素投入量的增函数。其次,我们在产品市场统一的条件下,通过假设初始期其区域内各产业的产品和各区域的要素市场均处于均衡状态,来分析某一区域内某一产业受到外部冲击后,引起该区域或其他区域的相同和相关产业的调整,从而使得产业在区域间的相对规模的变化情况,也就是区域产业结构的变化对产业区域转移的影响机理。

如图 3-1 所示,$SX1$ 代表区域 A 内产业 X 的供给曲线,$SX2$ 代表区域 B 内产业 X 的供给曲线,SX 代表 A、B 两个区域内 X 行业的总供给曲线,DX 则

---

① 付保宗:《中国产业区域转移机制问题研究》,中国市场出版社 2008 年版,第 52～56 页。

代表 A、B 两个区域内 X 行业的总需求曲线。

当区域 A 内产业 X 受到外部冲击(如技术创新)成本降低时,区域 A 产业 X 的供给能力增加,引起区域 A 内产业 X 的供给曲线 $SX1$ 右移至 $SX1'$,X 行业的总供给曲线 SX 右移至 SX',从而行业的均衡价格由 $P1$ 下降到 $P2$,均衡总产量由 $Q5$ 增加到 $Q6$,再次达到均衡时,区域 A 产业 X 的均衡产量由 $Q3$ 增加到 $Q4$,B 区域产业 X 的均衡产量则由 $Q2$ 减少到 $Q1$。因此,从上面的分析可以得出:区域 A 内产业 X 规模的增加将会导致区域 B 产业 X 规模的减少。同理,我们可以得出,区域 A 产业 Y 规模的减少将会导致区域 B 产业 Y 规模的增加。

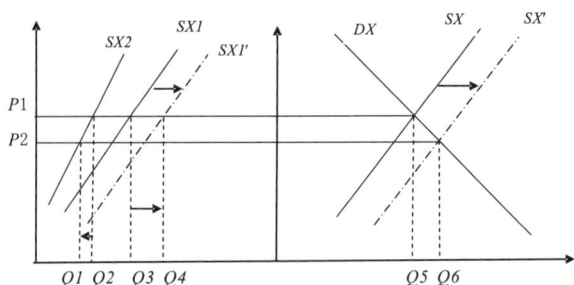

图 3-1　区域 A 产业 X 供给曲线右移导致区域 B 产业 X 规模减小

如图 3-2 所示,DIX 代表地区 A 产业 X 对区域要素的需求曲线,DIY 代表地区 A 产业 Y 对区域要素的需求曲线,DI 代表区域 A 要素市场需求曲线,SI 代表区域 A 要素市场供给曲线,SY 代表地区 A 产业的供给曲线。

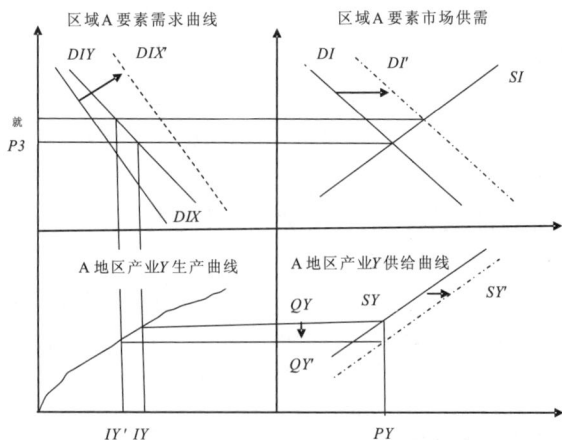

图 3-2　区域 A 产业 X 规模增加导致区域 A 产业 Y 供给能力降低

当区域 A 产业 X 规模增加时,将导致在相同要素价格下产业 X 对投入要素的需求增加,从而引起 A 地区产业 X 区域要素需求曲线右移至 DIX',要素总需求曲线 DI 右移至 DI',再次达到均衡状态时,区域 A 要素市场均衡价格由 $P3$ 上升到 $P4$,由于要素价格的上升,区域 A 产业 Y 的均衡要素需求量由原来的 IY 减少到 IY',根据产业 Y 的生产函数,在产品价格不变的条件下,产业 Y 的均衡产品产量由 QY 下降至 QY',从而产业 Y 的产品供给曲线向右移动。也就是相同价格下区域 A 内产业 Y 的供给能力减少。

总结以上的分析结论可以得出:当区域 A 内产业 X 受到外部冲击规模增加时,将引起区域 B 产业 X 规模减小,同时会引起区域 A 产业 Y 规模减小,而区域 A 产业 Y 规模的减少又会导致区域 B 产业 Y 规模的增加,同理,区域 B 产业 X 规模减小与区域 B 产业 Y 规模的增加也是个相互影响的过程,上面的各种逻辑关系可以用图 3-3 表示出来。

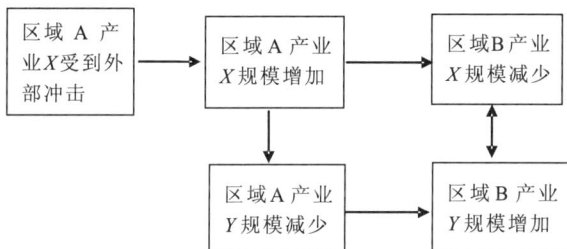

图 3-3　区域产业结构的变化对产业区域转移的影响机理

通过以上这个简化的两区域、两产业模型的分析,我们可以很清楚地看到,当某个区域内一个或多个行业发生变化时,将如何引起当地或其他区域的相同或相关产业构成的影响过程,以及产业在区域间相对规模变化的情况,也就是说,区域产业结构调整最终会引起区域间产业的转移。

四、推动产业梯度转移和产业结构升级的政策措施

我国现阶段确实客观存在经济与技术发展的区域梯度差异,目前产业与技术存在由高梯度地区向低梯度地区扩散和转移的趋势。我国产业梯度转移与区域产业结构调整之间存在明显的互动关系。一方面,产业从东部发达地区逐步向中西部欠发达区的转移,不仅会推动东部地区产业结构的调整与升级,同时也会促进中西部地区产业结构的演进和优化;另一方面,区域产业结构的调整和优化升级又会反过来推动它们之间的产业转移。从而形成一个良好的互动过程,最终实现整个区域经济的协调发展。

虽然,目前我国确实客观上存在区域产业梯度转移的趋势,但这种转移趋势,实际上也会面临各种因素如各种生产要素的极化式聚集、产业集聚效应、制度因素等制约,会呈现出区域产业梯度转移的黏性,因此,为了利用好区域产业转移与产业结构调整之间的良好互动关系,促进整个区域经济的协调发展,各地政府应该采取一些积极主动的措施来推动我国区域产业的梯度转移。主要可以从以下几个方面来考虑:

第一,依靠中央政府的宏观规划和引导政策。为推动东部产业向中西部顺利转移,国家应加强规划引导,逐步出台系列化的区域产业政策和布局政策,包括诸如东部企业资金、设备、人才向中西部转移的优惠政策,东部缺能地区对高耗能产品的限制性政策等,同时应进一步建立健全工作协调机制,构建东中西部互动平台,如构建地区公共信息平台和专业信息平台,帮助企业科学决策,引导东中西互动。另外,可以制定若干个专项规划,如基础设施建设规划、土地及自然资源开发规划、生态环境建设规划、城市化发展规划,加强中西部地区的重大基础设施建设项目。

第二,引导东部地区政府的产业转移政策。东部地区政府应该从"互惠双赢"的原则出发,鼓励和引导不适合在当地发展的产业如劳动密集型传统产业向中西部地区转移,可以通过实施财政补贴、税收减免、融资支持、出口退税等政策措施,诱导企业在有利可图的情况下自觉按照政府的目标推进产业有序转移。如给予本地区产业转移出的企业适当优惠政策,或给予低梯度相关企业的出口产品实施全额退税等,以加快高梯度地区一些衰退型夕阳产业向低梯度地区转移。同时,还可以通过在本地区对这些行业征收较高的所得税、环境污染税、城市管理费等,增加其滞留在本区域的成本,促使本地区一些失去竞争优势的行业外迁。

第三,中西部地区政府的产业承接对策。在承接东部转移产业时,中西部地区政府应从自身的实际情况出发,在充分考虑本地区现有的产业布局、产业基础、市场条件等因素的基础上,增强承接产业转移的主动性,积极营造承接产业转移的良好环境,通过实施城市群和产业集群战略,充分发挥城市的聚集效应和产业的规模经济,打造一批基础设施完善、布局合理、定位明确的经济园区,使之成为承接东部地区产业转移的主阵地和承接产业转移、加速产业聚集、培育产业集群的主要载体,在承接东部产业转移时,坚持可持续发展的原则,走节约、环保、高效之路。

第三节　台湾产业转移与产业结构升级的互动关系

一、台湾产业转移的基本路径和方式

1. 对外直接投资规模不断扩大

发达国家的历史经验证明在经济发展过程中,企业借由对外直接投资进行产业转移,进而完成其国际生产网络的布局,步入国际化经营,台湾的情况也是如此。台湾的对外直接投资是从 20 世纪 60 年代投资东南亚开始的,到 70 年代已经具有一定的规模。到了 80 年代中后期,随着环境保护主义的抬头、劳动成本和土地成本上涨、汇率的大幅升值等因素的影响,以外销为导向的劳动密集型厂商的岛内生产条件已经开始恶化,必须将其生产基地转移到海外,以寻求低成本的生产资源。表 3-7、图 3-4 是描绘台湾地区 1991 年至 2013 年,历年来核准对外投资额的趋势表和趋势图,虚线代表对大陆以外地区的投资额,实线代表对外投资总额。从表 3-7 和图 3-4 中的趋势可以明显看出,台湾的对外投资金额与日俱增,因为受到全球经济不景气的影响,使投资呈现出波动起伏的情况。从长期趋势来看,台湾的对外投资处于稳定增长的态势,由 1991 年 18.3 亿美元增加到 2012 年的最大值 190.23 亿美元。此外,2005 年台湾的对外投资额大幅减少,那是因为受到期间国际油价攀升和主要国家升息的影响所致。而 2008 年开始对外投资的急剧减少,则是由于全球金融海啸的影响。图 3-4 中虚线的变动幅度较为平缓,且数额较小。由此可知,台湾的对外投资金额的增加,主要是由厂商赴大陆地区投资所贡献的。

表 3-7　台湾地区历年核准对外投资趋势表　　　　单位:亿美元

年度	对外总投资	对大陆以外地区投资
1991	18.30	16.56
1992	11.34	8.87
1993	28.01	16.61
1994	25.79	16.17
1995	24.50	13.57
1996	33.95	21.65
1997	45.08	28.94

续表

年度	对外总投资	对大陆以外地区投资
1998	48.16	32.96
1999	45.22	32.69
2000	76.84	50.77
2001	71.76	43.92
2002	72.29	33.70
2003	85.64	39.69
2004	103.22	33.82
2005	84.49	24.47
2006	116.91	43.15
2007	161.46	64.70
2008	143.10	44.66
2009	90.64	30.06
2010	150.54	28.23
2011	167.98	36.97
2012	190.23	80.99
2013	139.17	52.32

注:对外总投资＝对外投资＋对中国大陆投资。

单位：亿美元

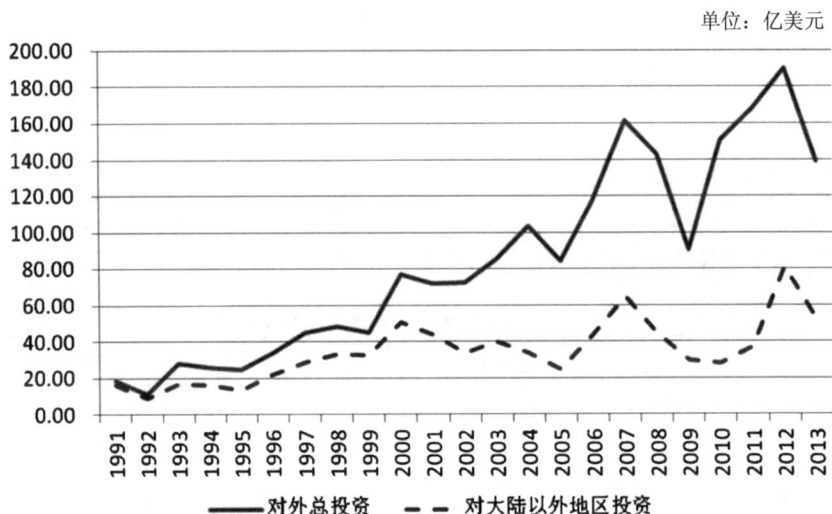

图3-4 台湾地区历年核准对外投资趋势图

资料来源:《2013 年 2 月份核准侨外投资、陆资来台投资、国外投资、对中国大陆投资统计月报》。

2. 大陆地区成为台湾对外投资重心

就对外投资区域而言,在1950—1970年间,台湾企业对外投资区域主要集中在以东南亚为中心的亚洲地区。进入80年代以后,台湾对外投资的步伐加快,投资区域的重心也随之改变,但是东南亚和美国一直是台湾对外投资的重心,对日本、欧洲、大洋洲的投资比例则一直较小。但是进入90年代之后,台湾企业对大陆地区的投资迅速增加,大陆地区成为台湾企业最重要的对外投资区域。其主因包括:台湾岛内产业结构调整、投资环境恶化形成的"推力",以及大陆地区投资环境的相对优势,大陆对台的经贸政策形成的"拉力"。此外,在两岸政治逐步松绑的背景下,资源、人员流动日益频繁的经济全球化趋势,也促成台商赴大陆投资。从表3-8可得,台湾企业前往大陆地区的投资占比呈稳定增加的状况,且由于1993年、1997年台湾当局要求企业补登记,占比突然增加。而且,台湾企业经常利用香港、英属维京群岛及开曼群岛等地投资再转移到中国内地进行投资,表3-8中显示台湾对其他地区的投资比重一直较大,所以可以推断实际上台湾对大陆地区的投资比重比实际值更高。

表3-8 台湾对外投资的区域构成变化 单位:%

年份	比重				
	大陆	美国	日本	东南亚五国 （泰、马、新、印、越）	其他地区
1991	9.51	16.27	0.19	39.25	34.78
1992	21.78	17.02	0.47	27.15	33.59
1993	40.71	18.89	2.26	15.25	22.90
1994	37.31	5.58	0.88	15.05	41.18
1995	44.61	10.13	0.36	11.85	33.05
1996	36.21	7.99	0.20	15.11	40.48
1997	35.81	12.14	0.72	11.41	39.92
1998	31.55	12.43	0.61	9.11	46.30
1999	27.71	9.84	2.70	10.90	48.86
2000	33.93	11.21	4.06	4.90	45.90
2001	38.80	15.23	2.36	6.65	36.97
2002	53.38	7.99	0.33	1.77	36.53
2003	53.66	5.45	1.17	3.45	36.27
2004	67.23	5.40	1.45	9.34	16.58
2005	71.03	3.72	0.50	2.95	21.79
2006	63.09	4.15	0.09	9.00	23.68

续表

年份	比重				
	大陆	美国	日本	东南亚五国 （泰、马、新、印、越）	其他地区
2007	59.93	8.34	0.12	12.89	18.73
2008	68.79	2.79	0.36	9.62	18.43
2009	66.84	12.29	1.13	4.19	15.55
2010	81.24	3.26	0.27	7.19	8.04
2011	77.99	4.35	1.50	6.25	9.91
2012	57.43	0.76	5.73	30.01	6.08
2013	62.40	2.99	1.23	15.12	18.26

注：东南亚五国中的"印"为印度尼西亚。

资料来源：根据《核准侨外投资、陆资来台投资、国外投资、对中国大陆投资统计月报》整理。

二、产业结构升级是台湾产业转移的发展动力

基于东亚地区产业梯度传递的路径，台湾已经从进行产业承接走上了进行产业转移的道路。表3-9、图3-5则清晰地从台湾历年获得总投资及对外总投资变化的趋势的角度证明了这一历程。1991年以前，台湾获得总投资的规模远远大于对外总投资的规模，而在此之后对外总投资的规模出现大幅度扩大，一跃超过了获得总投资的规模。在总体趋势上，台湾获得总投资与对外总投资的规模均保持增长，但对外总投资增加的幅度远高于获得总投资。20世纪70年代及80年代，台湾获得总投资和对外总投资的金额分别为21.97亿美元和0.59亿美元；86.97亿美元和14.65亿美元。进入90年代，指标为260.09亿美元和348.50亿美元，对外投资的金额已经大于外商投资的规模。进入21世纪以来，外商投资的金额为701.29亿美元，对外投资的金额更是达到1 091.02亿美元，这表明台湾进入产业转移的过程。

表3-9　台湾地区历年获得总投资和对外总投资趋势表　　　单位：10万美元

年度	获得总投资	对外总投资
1980	465.96	42.11
1981	395.76	10.76
1982	380.01	11.63
1983	404.47	10.56
1984	558.74	39.26

续表

年度	获得总投资	对外总投资
1985	702.46	41.33
1986	770.38	56.91
1987	1 418.80	102.75
1988	1 182.54	218.74
1989	2 418.30	930.99
1990	2 301.77	1 552.21
1991	1 778.42	1 830.39
1992	1 461.37	1 134.25
1993	1 213.48	2 801.41
1994	1 630.72	2 579.05
1995	2 925.34	2 449.59
1996	2 460.84	3 394.65
1997	4 266.63	4 508.37
1998	3 738.76	4 815.51
1999	4 231.40	4 521.79
2000	7 607.76	7 684.20
2001	5 128.52	7 175.80
2002	3 271.75	7 228.80
2003	3 575.67	8 563.57
2004	3 952.15	10 321.93
2005	4 228.07	8 449.48
2006	13 969.25	11 690.62
2007	15 361.17	16 146.40
2008	8 237.11	14 309.85
2009	4 797.89	9 064.05
2010	3 811.57	15 053.60
2011	4 955.43	16 797.70
2012	5 558.98	19 023.05

注:台湾获得总投资＝华侨投资＋外国人投资。

单位：10万美元

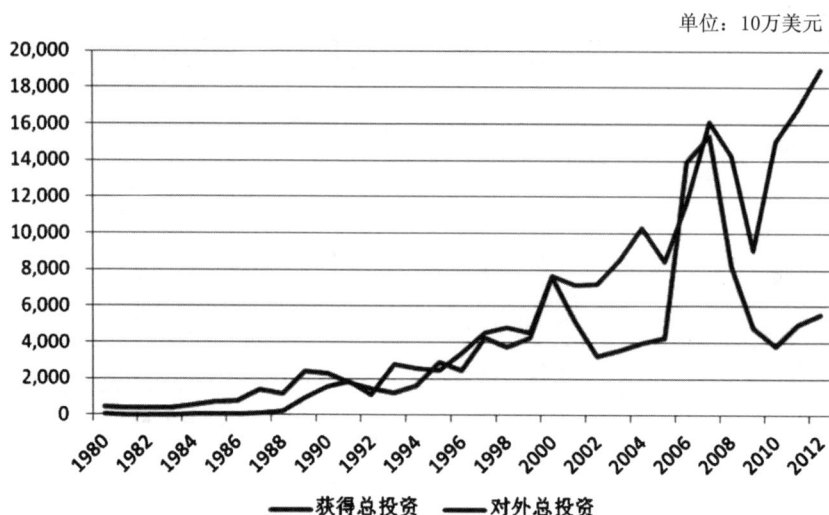

图 3-5　台湾地区历年获得总投资和对外总投资趋势图

资料来源：*Taiwan Statistical DataBook* 2002 与 *Taiwan Statistical DataBook* 2013．

国际分工角色的变化也反映了台湾地区从产业承接到产业转移的历程转变。特化系数可以用来确定各个国家或地区在国际分工中的地位及其相互关系，其计算公式如下：

$$R_{ij} = (X_{ij}/\sum_{j=1}^{m} X_{ij}) / (\sum_{i=1}^{n} X_{ij}/\sum_{i=1}^{m}\sum_{j=1}^{n} X_{ij})$$

公式中，分子表示 i 国或地区的 j 类商品占 j 商品世界中出口额的比重，分母则表示 i 国或地区总出口额占世界总出口额的比重。一般来说，一国某类出口商品的特化系数越高，说明该国在国际分工中出口该类商品的专业化程度越高。为了能够更加明确地分析出台湾地区在国际分工中的地位，本书分别选取中国内地、日本、美国等国家加以比较。

表 3-10　主要年份各国主要产品特化系数表

行业	1980 年				1990 年				2000 年			
	中国	台湾地区	日本	美国	中国	台湾地区	日本	美国	中国	台湾地区	日本	美国
钢铁	—	0.41	3.18	0.38	0.65	0.4	1.37	0.28	0.78	1.49	1.38	0.36
化工品	0.89	0.42	0.73	1.34	0.71	0.45	0.62	1.13	0.41	0.85	0.77	1.26
其他半成品	—	—	—	—	—	—	—	—	1.04	0.96	0.59	0.84
机械运输设备	0.23	0.93	2.26	1.48	0.49	1.1	1.94	1.28	1.16	1.35	1.68	1.23

续表

| 服装 | 4.49 | — | — | 0.28 | 4.87 | — | — | 0.24 | 3.6 | 0.39 | 0.04 | 0.21 |
| 其他制成品 | — | — | — | — | — | — | — | — | 1.85 | 1.47 | 1.02 | 1.24 |

行业	2002 年				2003 年				2004 年			
	中国	台湾地区	日本	美国	中国	台湾地区	日本	美国	中国	台湾地区	日本	美国
钢铁	0.45	1.56	1.64	0.59	0.44	1.57	1.53	0.38	0.78	1.37	1.42	0.36
化工品	0.45	0.73	0.76	0.57	0.41	0.74	0.75	1.19	0.52	0.67	0.82	1.13
其他半成品	1.06	1.01	0.58	1.33	1.01	1.11	0.59	0.83	1.05	1.01	0.61	0.84
机械运输设备	0.96	1.4	1.66	0.94	1.08	1.4	1.68	1.22	0.79	1.4	1.71	1.26
服装	3.96	0.52	0.04	0.25	3.75	0.44	0.03	0.24	4.6	0.65	0.04	0.35
其他制成品	2.08	1.14	0.94	0.67	1.91	1.32	0.95	1.2	2.32	1.17	1.07	1.22

资料来源:慎少辉:《经济全球化下台湾地区在国际分工格局中的地位》,载《广东台商投资年鉴》2009 年版,第 86 页。

表 3-10 数据显示:(1)以服装业为代表的台湾最早承接的传统劳动密集型产业的 R 值大于美日两国,但均小于 1,这表明台湾在传统劳动密集型产业已不具备优势,而同期中国大陆地区由于低廉的劳动力优势承接了台湾转移的大量劳动密集型产业,所以其 R 值较高。(2)台湾以钢铁行业为代表的资本密集型产业的 R 值不断上升,到了 2004 年与日本的差距已经明显减少,居四个样本中第二位。(3)以化工、机械为代表的技术密集型产业的 R 值,台湾地区也不断增加,与美国、日本的差距逐步缩小,同期大陆地区的 R 值均较小。由此可知,台湾在国际分工中从劳动密集型环节逐渐转到资本密集及技术密集型环节,台湾的国际分工地位逐步提高。这表明台湾地区从产业承接到产业转移过程的角色变化。

三、产业转移是台湾产业结构升级的重要途径

1. 产业转移是台湾发展传统产业的重要举措

在经济发展过程中,由于资本累积及技术进步引导着一国的比较优势转变,在国际分工下,产业结构自然必须有所调整,由劳动密集为主的产业结构转型为以资本密集或技术密集为主。在产业结构调整的概念下,代表着失去优势的传统产业自市场退出可释放其原有的生产资源以转至具潜力的产业。因此,通过对外投资与产业转移应能加速产业结构调整,有助于相对优势的产业发展。

经济资源总是稀缺的,台湾在经济发展的初期为了更好地承接高附加值新兴产业,需要将旧有产业中的资源进行重新利用与配置,但由于大部分机械设备具有专用性而不能用于新兴产业中,而且旧有产业中的管理资源、技术等无形资产也具有专用性,单纯将其淘汰会产生资源的浪费。而如果将这些资源向外进行转移,可以使这些资源的效能重新发挥作用,从而提高了资源的利用率,还可以为岛内承接新兴产业的发展提供资金积累。

台湾经济的发展离不开传统企业的支持发展,但是台湾地区的现实情况是相关传统产业的发展过程中面临着关键资源的瓶颈,通过产业转移可有获得稳定的关键性资源的供给,从而打破资源瓶颈,配套产业得到发展,竞争力提高,进而会促进配套产业的改造及增值活动,并通过资源配置效应、关联效应等方式促进经济的快速发展。图 3-6 就揭示了这一影响机制。

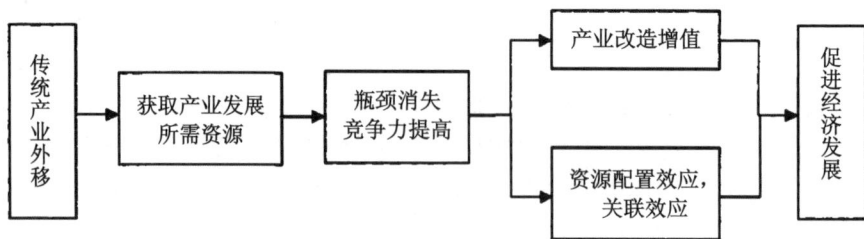

图 3-6　传统产业外移促进经济发展的影响机制

2. 对外投资是实现产业升级的重要途径

理论上,企业对外投资是充分运用全球资源,以发展企业优势,有助于本国产业竞争力;但是对外投资也有可能排挤在国内的投资,从而影响产业成长停滞。以台湾对大陆地区投资为例,台商赴大陆投资高速发展,确实造成了某些传统劳动密集型的生产规模的萎缩,不过由于新兴产业代之而起,台商对大陆投资促进了台湾产业升级和结构调整。以电子资讯产业的竞争力而言,除了源于台湾地区岛内分工结构与产业群聚效应之外,近年来利用大陆的低成本制造资源,进一步延伸现有优势,构建两岸的资源分布网络结构,也是其竞争力成长的重要途径。

采用创新成长(INNOGR)与总要素生产力成长(TFPGR)两项指标衡量产业升级成效。其中 INNOGR 为各行业与当年的研发与技术购买金额的加总对数值与其基准年的研发与技术金额的加总对数值的差值,即 INNOGR = lnINNO$_1$ − lnINNO$_0$。TFPGR 为当年与基准年的 TF0 对数值的差值,根据 lnTFP$_i$

$$= (\ln Y_i - \overline{\ln Y}) - \sum_{j=1}^{n} \frac{1}{2} (S_{j,i} + \bar{S}_j)(\ln X_{j,i} - \overline{\ln X_j})$$ ，来计算 TFP 值。其中 $\ln Y_i$ 为企业 i 的产出，以企业的销售收入表示。$\ln X_{j,i}$ 为企业 i 的要素投入，包括：劳动、中间投入与资本投入三项；$S_{j,i}$ 代表产业的各要素投入份额，其总和为 1。数据采用台湾"行政院" 2001 年、2006 年经济普查数据进行测算，其中 2001 年为基准年。

表 3-11 比较了台湾制造业各个产业在有无进行对外投资情况下，其产业升级指标的差异情况。表中差异一栏代表产业内有进行对外投资的企业与没有进行对外投资的 INNOGR 与 TFPGR 的差异。由表 3-9 中的指标数据显示，绝大多数产业及制造业整体的差异值均为正值，表明有进行对外投资的企业的产业升级指标高于没有进行对外投资的企业。具体到产业而言，电脑产业的 INNOGR 值最高为 0.093 32，而对外投资的企业的指标值为 1.874 7，远高于未进行对外投资企业的 0.572 1，同样的电脑产业的 TFPGR 为 0.111 6，对外投资与未对外投资企业的指标值分别为 0.274 6、0.049 1，差值一样显著。TFPGR 指标最高的为电子零组件业，其值为 0.158 5，其对外投资企业与未进行对外投资的企业的指标值分别为 0.428 4、0.075，差值显著。电子零组件业的 INNOGR 指标也同样呈现出对外投资的企业显著高于未进行对外投资的企业的情况，其指标值分别为 2.199 2、0.540 6。通过以上的分析可知，台湾地区企业的对外投资活动有利于创新生产力及总要素生产力等产业升级指标，即对外投资活动对产业升级有正面积极的影响。[①]

---

① 陈斯:《全球化视角下台湾产业承接与产业转移问题研究》，暨南大学硕士学位论文，2011 年。

表 3-11　台湾制造业内各产业升级指标

产业名称	创新成长				总要素生产力成长			
	所有厂商	对外投资	无对外投资	差异	所有厂商	对外投资	无对外投资	差异
食品及饮料	0.117 6	1.238 9	0.774	1.161 5	0.769	0.172 4	0.734	0.99
纺织	0.026 3	0.118 6	0.221	0.096 5	0.059 3	0.134 5	0.055 9	0.078 6
成衣及服饰制品	0.047 9	1.017 6	0.009 4	1.008 2	−0.016 8	−0.148 6	−0.011 6	−0.137
皮革、毛皮及其制品	0.202 9	1.115 3	0.167 2	0.948 1	−0.186 8	−0.180 8	−0.187 1	0.006 3
木竹制品	0.070 3	0.984 7	0.067 3	0.917 4	−0.025 2	−0.285 9	−0.024 3	−0.261 6
纸浆、纸及纸制品	0.425 6	1.913 3	0.384 6	1.528 7	−0.227 1	−0.181	−0.228 4	0.047 4
印刷及资料储存媒体复制	−0.005 8	0.224 1	−0.012 5	0.236 6	−0.065 5	0.235 1	−0.074 2	0.309 3
化学材料	0.918 7	1.115	0.865 8	0.249 2	0.063 7	0.183 9	0.031 6	0.152 3
化学制品	0.922 6	2.002	0.813 1	1.188 9	0.011 9	0.133 7	−0.000 4	0.134 1
橡胶制品	0.137 2	1.288 7	−0.003 7	1.292 4	0.062 5	0.166 8	0.049 7	0.117 1
塑胶制品	0.176 9	1.410 3	0.074 7	1.335 6	0.061 6	0.019 5	0.065 1	−0.045 6
非金属矿物	0.116 2	0.805 5	0.085 8	0.719 7	−0.065 2	0.105 8	−0.072 8	0.178 6
基本金属	0.180 7	1.239 6	0.115	1.124 6	0.010 1	0.193 1	−0.001 3	0.194 4
金属制品	0.269 9	2.302 9	0.187 8	2.115 1	0.001 3	0.132 1	−0.003 9	0.136
电子零组件	0.931 9	2.199 2	0.540 6	1.658 6	0.158 5	0.428 4	0.075	0.353 4
电脑、电子产品及光学制品	0.933 2	1.874 7	0.572 1	1.302 6	0.111 6	0.274 6	0.049 1	0.225 5
电力设备	0.193 9	1.440 7	0.062 3	1.378 4	0.039 6	0.298 8	0.012 3	0.286 5
机械设备	0.390 5	1.808 6	0.286 2	1.522 4	−0.001 7	0.021 6	−0.003 5	0.025 1
汽车及其零件	0.199 5	1.538 7	−0.035 3	1.574	−0.005 2	0.026 3	−0.010 7	0.037
其他运输工具	0.330 6	1.804 2	0.241 4	1.562 8	−0.022 5	−0.005 9	−0.023 5	0.017 6
家具	0.164 1	1.086 6	0.113 3	0.973 3	−0.068 4	0.149 9	−0.080 5	0.230 4
其他	0.371 2	1.913 4	0.280 4	1.633	−0.050 2	0.114 7	−0.059 9	0.174 6
制造业	0.280 5	1.683 6	0.180 2	1.503 4	0.004 2	0.157	−0.006 7	0.163 7

资料来源:引自台湾大学:《台湾制造业对外投资、全球化与产业升级》,台湾"行政院主计处"委托研究,2009 年 12 月,第 61 页。

第四章　福建省区域产业转移与产业升级效应评价

第一节　福建省区域经济发展差异分析

　　我国一直存在着沿海和内陆地区经济发展不平衡的格局,改革开放后这种差距呈现出日益扩大化的趋势,位于东南沿海的福建省,在区域经济发展过程中也存在着类似的"东西部差距问题"。主要表现为闽东南沿海的高速发展,闽西北内地山区的相对滞后,这种差距不仅表现在区位因素上,还表现在经济发展的量与质上。

　　从经济发展水平看,闽东南沿海利用自身的区位优势,积极参与国际竞争,经济发展迅速,详见下列各表。

表 4-1　福建省 9 地市经济发展水平比较(GDP)　　单位:亿元

年份	福州	厦门	莆田	三明	泉州	漳州	南平	龙岩	宁德
2004	1 548.46	883.23	308.48	375.84	1 602.97	701.06	321.7	349.23	309.04
2005	1 476.31	1 006.58	359.91	392.84	1 626.3	628.53	348	385.63	343.6
2006	1 664.05	1 168.02	423.68	453.58	1 900.76	716.91	393.19	450.01	384
2007	1 974.58	1 387.85	511.7	545.69	2 283.7	854.81	466.58	553.44	457.46
2008	2 284.16	1 560.02	609.96	666.92	2 705.29	1 002.02	559.14	672.85	542.67
2009	2 604.04	1 737.23	691.42	800.24	3 069.5	1 178.01	621.65	824.88	612.28
2010	3 123.41	2 060.07	850.33	975.1	3 564.97	1 430.71	728.65	990.9	738.61
2011	3 736.38	2 539.31	1 050.62	1 211.81	4 270.89	1 768.2	894.31	1 242.15	930.12
2012	4 210.93	2 815.17	1 200.38	1 334.82	4 702.7	2 012.92	995.08	1 356.78	1 075.06

　　资料来源:《福建统计年鉴》2005—2013 年版。

表4-2 福建省9地市经济发展水平比较(人均GDP) 单位:元

年份	福州	厦门	莆田	三明	泉州	漳州	南平	龙岩	宁德
2004	23 444	40 147	11 112	14 307	21 260	15 058	11 209	12 792	10 166
2005	22 301	44 737	12 854	14 909	21 427	13 402	12 083	14 105	11 266
2006	24 874	50 130	15 051	17 181	24 847	15 221	13 652	16 394	12 611
2007	29 515	56 188	18 113	20 749	29 601	18 072	16 201	20 088	15 023
2008	33 615	62 651	21 515	25 407	34 840	21 057	19 348	24 334	17 851
2009	38 015	68 938	24 260	30 370	39 227	24 619	21 473	29 725	20 174
2010	43 896	58 337	30 604	38 951	43 858	29 744	27 542	38 715	26 173
2011	51 894	70 341	37 657	48 279	52 021	36 533	33 748	48 521	32 866
2012	58 485	76 708	42 718	53 393	56 727	41 080	37 836	52 793	37 854

数据来源:《福建统计年鉴》2005—2013年版,由于《福建统计年鉴》从2011年版开始取消了市县的人均GDP的统计,因此2010—2012年的人均GDP由下列公式计算:人均GDP = GDP/年末常住人口数。

表4-3 2006年福建省9地市三次产业生产总值及比例(亿元)

城市	一产	二产	三产	三次产业比例
福州	186.38	766.55	711.13	11.2:46.1:42.7
厦门	18.63	629.23	520.17	1.6:53.9:44.5
莆田	56.88	234.11	132.69	13.4:55.3:31.3
三明	107.36	183.93	162.28	23.7:40.6:35.7
泉州	97.52	1 114.57	688.67	5.1:58.6:36.2
漳州	168.24	303.97	244.71	23.5:42.4:34.1
南平	101.48	138.92	152.78	25.8:35.3:38.9
龙岩	87.02	214.26	148.73	19.3:47.6:33.1
宁德	88.36	139.24	156.39	23.0:36.3:40.7

数据来源:《福建统计年鉴》2007年版。

表4-4 2007年福建省9地市三次产业生产总值及比例(亿元)

城市	一产	二产	三产	三次产业比例
福州	204.24	917.82	852.52	10.3:46.5:43.2
厦门	18.51	736.95	632.39	1.3:53.1:45.6
莆田	65.14	281.19	165.37	12.7:55.0:32.3
三明	118.81	236.26	190.62	21.8:43.3:34.9
泉州	107.10	1 348.98	827.62	4.7:59.1:36.2
漳州	186.44	368.99	299.38	21.8:43.2:35.0
南平	111.79	176.88	177.90	24.0:37.9:38.1
龙岩	97.24	278.54	177.66	17.6:50.3:32.1
宁德	92.84	174.02	190.60	20.3:38.0:41.7

数据来源:《福建统计年鉴》2008年版。

表 4-5　2008 年福建省 9 地市三次产业生产总值及比例(亿元)

城市	一产	二产	三产	三次产业比例
福州	234.90	1 083.92	965.34	10.3:47.5:42.3
厦门	21.50	818.04	720.48	1.4:52.4:46.2
莆田	75.10	344.85	190.01	12.3:56.5:31.2
三明	138.60	318.95	209.37	20.8:47.8:31.4
泉州	120.30	1605.64	979.35	4.4:59.4:36.2
漳州	213.60	445.96	342.46	21.3:44.5:34.2
南平	133.20	220.36	205.59	23.8:39.4:36.8
龙岩	113.80	348.76	210.29	16.9:51.8:31.3
宁德	107.70	219.21	215.76	19.8:40.4:39.8

数据来源:《福建统计年鉴》2009 年版。

表 4-6　2009 年福建省 9 地市三次产业生产总值及比例(亿元)

城市	一产	二产	三产	三次产业比例
福州	242.00	1 108.19	1 253.86	9.3:42.6:48.2
厦门	20.49	821.03	895.71	1.2:47.3:51.6
莆田	76.59	375.03	239.80	11.1:54.2:34.7
三明	146.28	365.36	288.60	18.3:45.7:36.1
泉州	116.74	1 778.68	1 174.08	3.8:57.9:38.2
漳州	218.65	519.98	439.37	18.6:44.1:37.3
南平	139.71	246.74	235.20	22.5:39.7:37.8
龙岩	114.99	414.00	295.88	13.9:50.2:35.9
宁德	113.55	245.45	253.28	18.5:40.1:41.4

数据来源:《福建统计年鉴》2010 年版。

表 4-7　2010 年福建省 9 地市三次产业生产总值及比例(亿元)

城市	一产	二产	三产	三次产业比例
福州	282.73	1 401.92	1 438.76	9.1:44.9:46.1
厦门	23.06	1 024.51	1 012.50	1.1:49.7:49.1
莆田	87.86	477.10	285.36	10.3:56.1:33.6
三明	168.26	480.22	326.62	17.3:49.2:33.5
泉州	132.18	2 144.86	1 287.93	3.7:60.2:36.1
漳州	254.70	652.04	523.97	17.8:45.6:36.6
南平	159.53	304.79	264.33	21.9:41.8:36.3
龙岩	128.89	527.69	334.32	13.0:53.3:33.7
宁德	136.61	317.22	284.78	18.5:42.9:38.6

数据来源:《福建统计年鉴》2011 年版。

表4-8 2011年福建省9地市三次产业生产总值及比例(亿元)

城市	一产	二产	三产	三次产业比例
福州	325.09	1 711.19	1 700.10	8.7:45.8:45.5
厦门	24.68	1 297.15	1 217.49	1.0:51.1:47.9
莆田	98.80	613.28	338.54	9.4:58.4:32.2
三明	195.30	610.90	405.62	16.1:50.4:33.5
泉州	151.78	2 662.37	1 456.74	3.6:62.3:34.1
漳州	293.30	836.26	638.64	16.6:47.3:36.1
南平	212.99	376.78	304.54	23.8:42.1:34.1
龙岩	153.24	701.97	386.95	12.3:56.5:31.2
宁德	168.65	435.75	325.72	18.1:46.8:35.0

数据来源:《福建统计年鉴》2012年版。

表4-9 2012年福建省9地市三次产业生产总值及比例(亿元)

城市	一产	二产	三产	三次产业比例
福州	367.73	1 905.50	1 937.70	8.7:45.3:46.0
厦门	25.30	1 363.85	1 426.02	0.9:48.4:50.7
莆田	107.24	689.65	403.49	8.9:57.5:33.6
三明	211.00	677.79	446.03	15.8:50.8:33.4
泉州	160.57	2 890.41	1 651.72	3.4:61.5:35.1
漳州	320.45	961.10	731.37	15.9:47.7:36.3
南平	234.49	423.97	336.61	23.6:42.6:33.8
龙岩	162.00	752.07	442.71	11.9:55.4:32.6
宁德	201.35	512.23	361.49	18.7:47.6:33.6

数据来源:《福建统计年鉴》2013年版。

从经济总量上看,到2012年,处于闽东南沿海地区的福州、泉州、厦门、漳州GDP都在2 000元以上,处于闽西北内地山区的龙岩、三明、南平GDP都在1 500元以下,闽东南地区GDP总额为14 942.10亿元,占全省GDP比重达到75.84%。从人均指标比较看,2004年闽东南地区除莆田市外,其余各地市人均GDP都达到15 000元以上,福州、厦门、泉州三市人均GDP都达到20 000元以上。而闽西北人均GDP均在15 000元以下。到2012年,厦门人均GDP几乎是南平的2倍。从以上指标可以看出,闽东南和闽西北地区经济差异明显。

从产业结构看,产业梯度的划分与经济差异层次划分极为相似。福建省9地市基本呈现二三一的产业结构。2006年,闽东南第一产业比重较低,第二产业占主导地位,第三产业比重逐步上升。其中福州、泉州、厦门第一产业比重均低于12%,厦门市的第一产业比重为1.6%,第二产业比重大于50%。2012年,闽东南三次产业逐渐趋于合理。其中福州、泉州、厦门、莆田第一产业比重均低于 9%,厦门市的第一产业比重仅为 0.9%,第二产业比重为 48.4%,第三产业比重超过 50%,产业结构位于高梯度。闽西北地区总体第二、三产业比重逐步上升,第一产业比重仍偏大,基本维持在 20% 左右,产业结构还处于进一步优化的过程中。由于闽西北第一产业比重大,农村人口多,非农产业就业机会少,剩余劳动力转移压力巨大。福建各地区之间存在着明显的经济梯度,各地区产业结构发展水平不一,梯度差异构成了产业互补的前提条件。

第二节　福建省区域产业转移模式分析

针对福建区域发展水平和资源分布的差异,以及当前闽东南沿海所面临的部分产业由于劳动力、资源等要素价格上升急需进行产业结构调整,产业转移便成为企业的一种理性选择。近几年我省沿海在继续承接境外产业转移的同时,向省外及省内区域之间产业转移逐步活跃,我省与周边地区之间(主要是长三角、珠三角以及江西等中部地区)、省内东南沿海地区与内地之间的产业转移日趋活跃,产生诸多新的经济增长点。福建区域间产业转移的方式可以归纳为以下几种模式。

一、衰退型产业转移模式

衰退型产业是指由于区域内外供给和需求因素的变化,导致企业在现有区位比较优势的丧失,相较于其他产业的相对收入降为零的产业。迫于外部竞争和内部调整的压力,这种产业将转移至低梯度地区,通过降低生产成本,重获比较优势。目前这种产业转移方式有:完全市场行为方式、半市场行为方式和政府强制产业转移方式。[①]

闽东南是我国最早发展外向型经济的区域之一。早在 20 世纪 70 至 80 年代,就吸引了大量外资,聚集了众多劳动密集型加工工业。20 世纪 90 年代,在新一轮国际产业转移的浪潮下,开始承接高科技产业的加工装配业投资,产品结构不断升级。但随着闽东南地区经济的发展,生产要素日益紧缺,劳动力成本、土地资源成本不断上升,导致闽东南地区综合商务成本年年递

---

① 卢根鑫:《国际产业转移论》,上海人民出版社 1997 年版。

增。这就致使一部分产业丧失比较优势,产品不再具有竞争力。该区域政府为增强本地产业竞争力,增强土地集约利用程度,不断对开发区中的产业结构进行调整,大力发展高新技术产业,限制甚至淘汰大批劳动密集型产业。如2006年底国土资源部发布了《全国工业用地出让最低价标准》,随着这一标准的颁布实施,厦门市确立了今后将以公开方式出让工业用地。走市场化提升区域的工业地价,提高企业用地"门槛",有些档次较低的工业项目被挤走。随着厦门本岛工业用地越来越少,岛内只能保留少数高科技产业,相对低端的产业只能自行迁出寻找更适合的发展空间。厦门通过市场化运作,将工业的地价等级在全市进行一个合理的分布,通过高低不同的门槛、吸引不同类型的企业,形成高端的工业发展的产业链,迫使部分衰退型产业如纺织业、食品加工业等一般性加工业不断地向闽西北内陆地区转移。

二、扩张型产业转移模式

这种产业转移模式是指产业在原区域仍属于成长型产业,在现有区域本产业又具有比较优势,主要是出于占领外部市场,或充分利用目标区域的投资、技术等生产要素,扩大产业规模而进行的产业转移。这种类型的产业转移一般集中在目标区域的传统优势产业,因为相较于目标区域其他产业,转移的产业技术梯度更高、更具优势。由此可以找出影响扩张型产业转移的主要因素有:(1)目标区域市场的大小及其发展前景,这是该类型产业区域转移时首先考虑的问题。目标区域市场的潜力取决于该区域人口的多少以及目标区域与现有区域人均收入差距。人口越多,人均收入差距越大,现有区域的企业进行扩张型转移的空间越大。(2)目标区域资源供应状况,相较于其竞争区域是否具有竞争力。目标区域相较于其竞争区域资源供应越丰富,供应价格越低廉,转移区域产业获利空间就越大,目标区域吸引扩张性产业就更具有竞争力。(3)目标区域的增长极的竞争力情况。如果目标市场的中心城市具有一定的相关产业配套基础、科研能力,就可以赢得高梯度地区一些高新技术产业某些生产环节的外包业务。

福建闽西北处于工业化初期阶段,工业发展潜力较大,同时闽西北的一些中心城市如宁德、南平、龙岩、三明等要素资源丰沛,土地供应充足,完全有能力以更低的成本承接闽东南地区部分企业外包的一些高新技术产业的某些加工制造环节。目前,闽东南一些有竞争力的大企业集团,正利用投资新建、参股控股、兼并收购、建立生产加工点和生产基地等多种方式向闽西北地区转移。如厦门的三大支柱产业电子、机械、化工,虽已具规模,亦存在发展弊端即产业链短。电子工业其上游缺原材料供应,下游缺配套元器件厂家;机械制造业上游缺铸造,下游没有热处理、表面处理;化工工业上游无油头、石油炼化,下游无纺织、成品加工。能与内陆地区建立产业联盟,进行扩展型的产业转移就成为迫切之举。厦门紫金科技利用龙岩地区资源优势,以厦门为科研基地,以龙岩为生产基地,促进两市共同发展。龙净环保是厦门与龙岩山海协作的另一个成功例子。龙净环保是国内机电一体化专业设计制造除尘装置和烟气脱硫装置等大气污染治理设备及其他环保产品的大型研发生产基地,企业实力和产品的产销量位居行业龙头地位。龙净环保目前已形成了生产基地置身山区,市场总部放手特区的发展格局。

三、膨胀型产业转移模式

该模式指某一产业技术适中,由于充分利用所在区位的某一资源(如历史文化、质优价廉的劳动力),产品在国内外市场上具有强大的竞争力,占有较高的市场份额,成为对本区域经济增长有重要影响的产业之一。但由于该产业技术程度不高,导致其资源集约度(单位资源——水、电、土地、原材料等投入产值)不高。由于产业高速增长依靠的是资源大量的投入,因此,该产业的迅速发展,就会同其他产业争抢资源,从而挤占新兴高新技术产业的发展空间,延缓本区域产业结构升级,影响本区域未来产业的竞争力。所以从提高区域长远竞争力的角度出发,应将此类产业分流,或开拓该产业发展空间,向产品高级化方向发展。

目前闽东南地区存在一些膨胀型产业,如服装业、一般性机械加工业、绿色农业等产业,仍具有较强的产业竞争力和良好的发展势头,但该区域土地资源有限、要素资源缺乏的特点决定了这一类膨胀型产业应向闽西北等资源充沛、空间广大的地区转移,从而为电子信息等高新技术产业发展腾出发展空间。

作为民营经济较为活跃的"中国品牌之都",泉州在纺织服装、旅游运动鞋、机械制造等传统产业转型提升过程中逐步衍生并成为国内体育用品产业的主要生产基地之一。虽然这些产业以劳动密集型为主,对资源要素依赖较大,但随着产业规模的扩大和整个发展环境的变化,企业用地、用工日益紧张,影响了进一步发展。原先资源优势变成资源劣势,这一类膨胀型产业的持续快速发展会挤占新兴产业的发展空间,资源要素瓶颈制约需要破解,存在着向外转移的内在压力。以361度为例,公司扩大生产规模需要的400亩土地申请了4年未能交付使用,目前只有50亩厂区在生产,大量运动鞋、服装、箱包无法自己生产,只能下单给其他公司贴牌生产。安踏集团也存在土地、用水、用电的压力,目前已将部分生产基地转移至龙岩、长汀。

四、"飞地工业"产业转移模式

"飞地工业"的产业转移主要发生在对接帮扶的城市之间。这一类型的产业转移是福建省经济发达地区与欠发达地区挂钩帮扶、促进地区均衡发展的一项措施,表现为市场经济中一种政府与市场结合的行为。典型的例子是福州市的"飞地工业"。早在 2001 年 8 月,在福州市政府的推动下,永泰县决定在马洋工业区划出工业用地,建设标准厂房,创办"飞地工业园区",将帮扶贫困乡镇与创办"飞地工业园区"相结合,变"输血"为"造血",把乡镇新上工业项目统统集中到一个工业区,而产值、税收归引资的乡镇所有,既解决了土地供需矛盾,又解决了引资的矛盾。随着实践的日益推进和快速发展,福州市"飞地工业"的内涵和外延不断扩展创新,不同地方形成了不同模式,可以归纳为 4 种代表性模式:一是永泰马洋模式,主要特点是贫困乡镇的扶贫异地开发和乡镇企业的集聚升级;二是连江模式,主要特点是经济强镇的联合开发和乡镇企业的集中发展,突出共建乡镇外引内联的平台;三是金山工业集中区模式,坚持"内部挖潜、盘活存量、高效集约、产业集聚、持续稳步发展"的路子,"飞地工业"升级发展到了跨县(市、区)的资源互补和集中连片开发;四是福州软件园模式,把"飞地工业"引入高科技园区,发挥相关县(市、区)的优势,集中开发创办"飞地园区"。各种模式基本做法相似:一是建好"飞地"载体工业集中(园)区,二是制定政策引导推动。目前,"飞地工业"模式已扩大到福州所有区县乡镇,为福州节约土地 20 余万亩,推进了福州经济的快速发展。[①]

第三节 福建省区域产业转移中存在的问题

福建省区域间产业转移虽取得了一些进展,但总体绩效还不尽如人意,其主要问题是:一方面因为闽东南发达地区产业转移的外推力不足,闽西北地区对转移的产业缺乏吸引力,承接力不强;另一方面因为政府与市场的角色错

---

① 蔡小伟、赵鹏:《福州发展"飞地工业"破解用地瓶颈》,载《人民日报》2005 年 10月 11 日,第 2 版。

位,其突出表现是政府干预过多,市场成熟度不够。

一、闽西北市场配套能力不够,难以形成产业链

闽西北地区处于工业化初期向中期过渡阶段,工业化进程落后,第一产业产值比重偏高,第二产业产值比重低于全省平均水平,工业结构尚未进入高加工度阶段,附加值较低,没有形成一定规模的产业集群和产业链,产品配套能力不强。这就加大了转移企业的配套成本,使闽东南产业向闽西北转移的进程受阻。

二、人力资本缺乏,尤其缺乏熟练技术工人

人力资本是影响经济发展、产业结构优化升级的长期性、基础性因素。闽西北地区受经济发展水平的限制,对科技教育的投资有限,导致当地人力资本积累不足,造成科技引进、消化吸收能力不强,影响承接发达地区转移产业的能力。

尤其是闽东南地区仍拥有众多的就业机会、较高的收入、良好的服务设施,反而吸引了大量闽西北甚至我国中西部的人口向闽东南地区集中。而闽西北地区在科技人才有限的情况下又严重外流,使原本的人才短缺态势日趋恶化,削弱了科技和经济发展的后劲。人力资本的缺乏也直接造成其在承接闽东南产业的转移力度不足,与闽东南高新技术价值链分工中因技术能力低下而分工效果不明显。

三、基础设施与制度环境的瓶颈制约

闽西北内陆地区相对滞后的基础设施和制度环境削弱了其承接沿海产业转移的引力。尽管近年来闽西北的交通有较大改善,但路网密度较小。交通运输条件的滞后严重影响闽西北地区自然资源的开发,不利于外部资金和技术的引进。另外城镇发展空间狭小,人口规模和建成区用地的扩大极为有限,基础设施建设的费用增高,并且难以发挥规模效应。

按新制度经济学观点,"制度是能够约束人们行为的一系列规则",这些规则包括经济规则、社会规则和政治规则三个方面。[①] 在经济规则方面,由于闽西北地区发展起步较晚,其市场化进程落后于闽东南沿海地区,尤其是缺少金融、保险等信用体系;在社会规则方面,闽西北部分人的思想不够解放,这在

---

① 张培刚:《发展经济学教程》,经济科学出版社2001年版。

一定程度上阻碍了市场经济体制的形成;在政治规则上,政府官员的偏好成为决定经济发展速度和方向的重要因素,同时也为某些当权者留下了寻租的空间。闽西北地区的制度环境给投资者增加了信用风险和政策风险,不利于产业向中西部转移。

第四节　福建省区域产业转移效应评价实证研究

一、指标体系构建原则

1. 综合性原则

评价指标应能反映区域内产业转移效应的整体格局,充分体现产业转移对企业、区域、社会的影响。

2. 重要性原则

评价指标必须反映产业转移特有的、重要的、不可替代的或不可缺少的层面。

3. 可操作和可叠加原则

所选指标的原始数据可以通过调查、统计等手段从权威机构获得,且易于定量计算和具有可叠加性。

二、评价框架模型的构建

产业转移效应就是产业转移对国家(地区)发展的影响,既包括产业转移的正面效应,也包括产业转移的负面效应;既有对转入区的效应,也有对移出区的效应。对于转出区来讲,积极影响有:能够规避集群的结构性风险,促进集群的产业升级,延长夕阳产业的寿命,为本地创造利润;消极的方面是直接影响当地的 GDP 水平,随着产业的外行,当地的 GDP 会出现短期下降趋势。对于转入区来讲,积极的影响有:要素注入效应、增加投资需求、增加就业、技术溢出效应、产业关联效应、产业结构优化升级效应;消极影响是:首先产业转移可能出现非集群化现象,其次是环境污染问题,最后是产业结构失衡。基于产业转移的基本内涵,本书从生产要素注入效应、技术溢出效应、关联带动效应等9个方面,勾勒出区域产业转移的效应系统轮廓,如图4-1所示。

图 4-1　产业转移效应框架模型

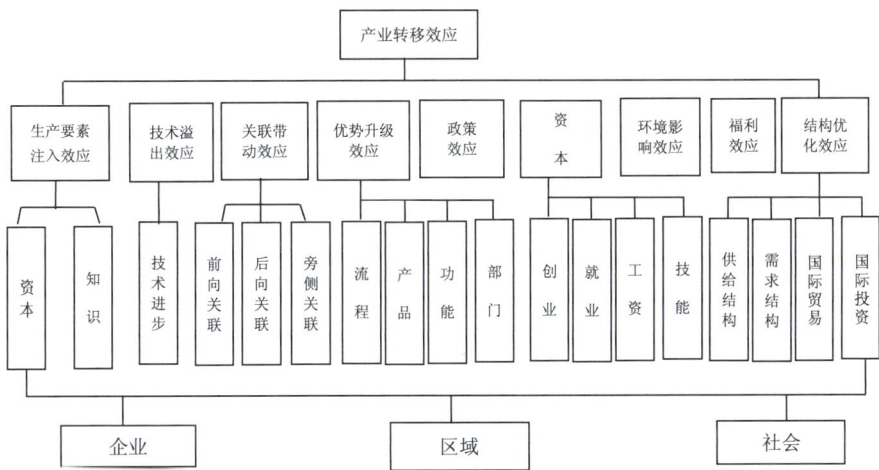

三、评价指标体系的设计

1. 评价指标的影响因素和子因素

产业转移效应评价指标的设置就在于对图 4-1 中各个效应的衡量和测评。产业转移效应评价可直接表现为模型结构的 18 个方面,这就是转移效应的 18 个影响因素,每一个影响因素包括若干个子因素,如"生产要素注入效应"用"资本"和"知识"两个影响因素,二级指标中选取了具有代表性的"转移产业投资额"、"每万人拥有科技工作者人数"两个子指标来反映该因素注入效应的大小及程度。类似可得出反映产业转移效应的如表 4-10 所示。

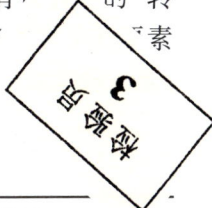

表 4-10　产业转移效应评价指标体系

一级指标	指标维度	二级指标
生产要素注入效应	资本	转移产业投资额
	知识	每万人拥有科技工作者人数
技术溢出效应	技术进步	专利指数
	技术产出	高新技术产业产值
关联带动效应	纵向关联带动	感应系数
	旁侧关联带动	影响力系数

续表

一级指标	指标维度	二级指标
优势升级效应	产品流程	基础产业超前系数
	产业贡献	规模以上工业增加值
结构优化效应	供需结构优化	霍夫曼系数
	国际投资结构优化	三次产业结构比例
就业扩大效应	就业	城镇就业率
	工资	就业人员平均劳动报酬增长率
环境效应	能源消耗量	转移产业单位产值能耗
	环境污染	单位 GDP 二氧化碳排放量

2. 评价指标筛选和处理

金碚认为,指标的选择必须满足一些技术性的要求:①具有一定程度的综合性,特别是显示性的指标,要有一定的综合性,使指标体系尽可能简明;②数据的可获得性;③同竞争力关系的显见性;④数据的可靠性,指标之间要具有一定的相互制约性;⑤要充分考虑指标计算过程的可叠加性。遵循上述指标设计要求,通过指标筛选、合并、指标试运行等环节对其进一步提炼和完善,最后从众多观测指标中提取出 14 个有效的测评指标(表4-9),对于每个指标的含义,在此不详细解释。

3. 建立评价指标体系

根据产业转移效应分析,产业转移效应主要来源于资本、技术、劳动力、政策等因素,由此带来了生产要素注入、技术溢出、关联带动、产业结构优化、就业扩大等多方面效应,这些效应在一定程度上直接影响企业、区域及整个社会的调整和发展。对此,从两个层次构建产业转移效应评价指标体系,如表4-9所示。

四、评价实证分析

1. 评价方法的选择与操作

(1)评价方法的选择依据

产业转移效应评价指标体系是多指标综合评价,这类多指标评价决策问题采用的方法大多是层次分析法(AHP)。但是,综合分析产业转移理论,产业转移效应评价指标体系的每一级评价指标之间都不是相互独立的,都存在一定的依存关系。例如,知识、资本、技术等要素的注入,将对地区产业转移起到很好的积累和促进作用,也会对其他产业的发展起到关联带动和结构的优化作用;关联产业的兴起和发展,必然会拓展相关产业链,从而创造新的就业和创业机会;产业转移带来地区经济的增长,政府会有更多的资金投入到环境保护中去,通过建设城市基础设施,改善生活条件,对提升当地的福利水平起到一定的促进作用。因此,产业转移效应的各级指标之间都是相互关联影响的,指标之间的关系形成了复杂的网络结构。解决这种内部独立的递阶层次结构问题,不能用层次分析法赋权。为解决上述问题,选用 AHP 方法对产业转移效应评价指标体系进行赋权,进而进行综合评价。

(2)评价方法操作及权重计算

网络 AHP 的元素分为控制层和网络层,控制层元素为 $A_i(i = 1,2,\cdots,m)$,网络层的元素组为 $B_1,B_2,\cdots,B_N$,B_N 的元素为 $C_{i1},C_{i2},\cdots,C_{in}$。控制层中的每个元素权重都可以由 AHP 方法确定,网络层中的元素是网状结构,首先要构建元素与元素之间的判断矩阵,即对每组元素相对于控制层 $A_i(i = 1,2,\cdots,m)$ 准则和 $C_{jl}(j = 1,2,\cdots;l = 1,2,\cdots,j)$ 的重要程度进行比较,用得出的特征值来反映其他元素对于其影响。根据一致性检验,如果上述特征向量满足相容性条件,就是网络层各元素的权重。同样的方法,可以得到其他元素的权重,这些权重向量构成矩阵 W_{ij},其列向量即为元素 $C_{i1},C_{i2},\cdots,C_{in}$ 对 C_j 中元素的重要程度。所有网络层元素的重要权重组合就是控制层 $A_i(i = 1,2,\cdots,m)$ 准则下的超矩阵。为了反映元素之间的依存关系,还要对超矩阵作稳定处理,即对加权矩阵取幂,可得到极限超矩阵。将超矩阵中各列元素进行正规化,乘以加权矩阵得到加权超矩阵,就是网络系统各元素的权重。由于 AHP 评价方法的求解相当繁杂,借助 Super Decision 软件对各指标权重进行计算,结果如表 4-11 所示。

表 4-11　产业转移效应评价指标类型及权重

一级指标	权重	二级指标	指标类型	局部权重	全局权重
生产要素注入 效应(A_1)	0.169 28	转移产业投资额(B_1)	极大型	0.313 92	0.053 14
		每万人拥有科技工作者 人数(B_2)	极大型	0.686 08	0.116 14
技术溢出 效应(A_2)	0.100 43	专利指数(B_3)	极大型	0.309 15	0.031 05
		高新技术产业产值(B_4)	极大型	0.690 85	0.069 38

续表

一级指标	权重	二级指标	指标类型	局部权重	全局权重
关联带动 效应(A_3)	0.228 21	感应系数(B_5)	极大型	0.410 50	0.093 68
		影响力系数(B_6)	极大型	0.589 50	0.134 53
优势升级 效应(A_4)	0.133 49	基础产业超前系数(B_7)	极大型	0.465 13	0.062 09
		规模以上工业增加值(B_8)	极大型	0.534 87	0.071 40
结构优化 效应(A_5)	0.196 52	霍夫曼系数(B_9)	极大型	0.537 00	0.105 53
		三次产业结构比例(B_{10})	极大型	0.463 00	0.090 99
就业扩大 效应(A_6)	0.151 32	城镇就业率(B_{11})	极大型	0.599 65	0.090 74
		就业人员平均劳动报酬 增长率(B_{12})	极大型	0.400 35	0.060 58
环境效应(A_7)	0.020 75	转移产业单位产值能耗(B_{13})	极小型	0.598 76	0.012 42
		单位 GDP 二氧化碳 排放量(B_{14})	极小型	0.401 24	0.008 33

2. 实证评价与结果

根据福建当前产业转移的发展态势,选取福建省内的宁德、南平、三明、龙岩、漳州作为此次产业转移效应的评价对象,借助构建的指标体系对其区域产业转移效应进行实证研究。

(1)数据的收集与处理

根据构建的产业转移效应评价的指标体系,选择 2012 年度福建省 5 个地市承接产业转移相关数据进行分析。表 4-11 中的各项原始数据来源于《统计年鉴》及相关统计网站,效应评价数据是由原始数据分析、整理、计算得到的。同时,为保持可比性和进行最终的综合汇总,对各指标值进行无量纲化处理,评价指标体系的指标有极大型指标和极小型指标,极大型指标取值越大越好,极小型指标取值越小越好。

①对于极小型指标 C_{ik},令 $C_{ik}^* = \dfrac{\max C_{ik} - C_{ik}}{\max C_{ik} - \min C_{ik}}$

②对于极大型指标 C_{ik},令 $C_{ik}^* = \dfrac{C_{ik} - \min C_{ik}}{\max C_{ik} - \min C_{ik}}$

其中, i 为评价指标的个数, k 为评价对象的个数。

鉴于有些指标的统计口径不统一,部分指标的样本数据不完整或缺失,采用专家咨询法的方式,邀请了厦门大学、福建行政学院、福州大学、福建江夏学院等高校研究产业与经济领域的专家进行参与。首先,请各位专家对评价对象的各项指标赋予权重并进行打分,然后将各位专家对评价对象的一、二级指标的权重赋值进行整理后与表4-11中的相关数据进行比较与修正,最后汇总二级指标的各项得分与权重后,得出评价对象一级指标的综合得分,综合得分的大小反映了福建省各地市产业转移效应的基本情况,结果如表4-12所示。

表4-12　福建省内5地市的产业转移效应评价得分及排名

地市比较效应	生产要素注入		技术溢出		关联带动		优势升级		结构优化		就业扩大		环境效应		综合	
	得分	排名	得分	排名	得分	排名	得分	排名	得分	排名	得分	排名	得分	排名	得分	排名
宁德	0.220	2	0.073	4	0.089	2	0.091	2	0.152	2	0.025	2	0.068	4	0.718	2
南平	0.103	4	0.183	2	0.018	4	0.037	4	0.073	4	0.002	4	0.166	1	0.582	4
三明	0.069	5	0.033	5	0.011	5	0.001	5	0.034	5	0.000	5	0.159	2	0.307	5
龙岩	0.154	3	0.153	3	0.052	3	0.077	3	0.102	3	0.005	3	0.106	3	0.649	3
漳州	0.301	1	0.201	1	0.093	1	0.101	1	0.191	1	0.052	1	0.001	5	0.940	1

（2）评价结果分析

从表4-11中一级评价指标的权重分布来看,关联带动效应(A_3)的权重最大,达到0.228 21,环境效应(A_7)的权重最小,仅为0.020 75,其他指标的权重分布在0.1到0.2之间,其重要性程度依次为结构优化效应(A_5)、生产要素注入效应(A_1)、就业扩大效应(A_6)、优势升级效应(A_4)、技术溢出效应(A_2)。由此可见,影响区域产业转移效应的主要因素是产业的关联带动和产业结构的优化。另外,生产要素注入和就业扩大效应也是主要影响因素。而一直被学界重视的环境效应在产业转移效应中并不十分突出。

从表4-11中二级评价指标的权重分布来看,产业影响力系数(B_6)的重要程度达到0.134 53,其次是每万人拥有科技工作者人数(B_2)和霍夫曼系数(B_9)的重要程度,分别为0.116 14和0.105 53。由此可见,在区域产业转移中,要重视转移产业所产生的生产需求波及程度,提高转移产业对其他产业的带动效应,加强现有产业链的延伸,提高产品附加值。此外,注重科技人才的转移与流动,优化投资环境,提高转移产业区对科技人才的吸引力,构建产业发展的人才保障和支撑。

从表4-12中福建省5个地市2012年承接产业转移效应的评价结果来看,宁德、漳州两个沿海地市的产业转移综合效应明显高于南平、三明、龙岩三个内陆地市,尤其是漳州在生产要素注入效应、技术溢出效应、结构优化效应、优势升级效应方面都取得了很好的成效,排在5个地市之首。这主要是由于漳州凭借优越的区位优势,在承接厦门、台湾产业转移的过程中,不断优化产业结构,延伸产业链,增加附加值。而宁德在承接浙南、台湾产业转移的过程中也显现出很大的带动效应。但宁德、漳州在产业转移的环境效应方面并不理想,相对于南平、三明、龙岩来说,其产业转移的环境效应较差,当前要防范产业转移过程中的环境风险,从构建政策法规体系、严格环境准入、加大环保投入等方面进行合作与探索,以寻求科学承接产业转移的新途径和新模式。

五、福建省区域产业转移的政策建议

1. 增强闽东南产业转移外推力

增强闽东南地区产业转移的外推力,一方面要加快闽东南地区产业升级,促进闽东南地区的产业结构优化,挤出一些落后产业;另一方面,要加强对产业的分类指导与调节,增强落后产业向外转移的"压力",并在此过程中提供政策援助,使产业转移能够顺利进行。

(1)加快产业升级,促进产业结构优化

闽东南应积极把握国际资本、国际产业转移的新机遇,充分利用自身已有的产业优势,积极承接国际产业转移,主动加入跨国公司主导的产业价值链分工体系,扮演好国际产业循环与国内产业循环对接的接合部。利用自身产业优势,通过培育产业价值链的某些环节的竞争优势,逐步向产业价值链高端延伸,达到控制整个产业核心环节的目的。

(2)加强对产业转移的分类指导与调节,制定产业转移援助政策

要促进产业结构调整与产业转移,当地政府应制定产业规划,发布产业目录,进行信息支持,加大对产业调整的指导。在资金援助和劳动力安置方面提供帮助,制定产业转移的援助政策。对于衰退型产业和膨胀型产业,允许其进行资本加速折旧,同时政府可通过立法规定有关产业停产、限产和停业的标准及原则,为其提供行政援助和信用保证。在劳动力安置方面,政府可以提供信息指导,实行就业培训,实施再就业补贴政策,进一步完善社会保障体系等方面来加强对产业转移的服务力度,促进产业转移的顺利进行。

2. 增强欠发达地区的承接力

欠发达地区要顺利承接闽东南转移的产业,应不断增强自身实力,获得与其他欠发达地区(福建周边的赣南地区、粤北地区)相比较的竞争优势。

(1)加强沿海发达地区和内陆相对滞后地区的协作

加快区域对内开放,形成"延伸两翼、对接两洲、纵深推进、连片发展"的态势。加快培育山海产业联动带,包括厦门—漳州—龙岩产业联动带,向西联结赣州等地,拓展厦门经济腹地;福州—南平—三明产业联动带,向北联结南

昌等地,拓展福州经济腹地;泉州—三明产业联动带,向西联结江西、湖南等地,拓展湄洲湾(南北岸)经济腹地;宁德—浦城产业联动带,向北联结常山等地,拓展三都澳港口腹地,带动闽东、闽北经济发展。加快培育产业互动协作带,以闽东北、闽西南工业园区为依托,以承接两大三角洲产业转移为重点,加快宁德、南平、漳州、龙岩市与浙南、粤东产业对接,建立"浙南产业协作区"、"粤东产业协作区",推进与长三角、珠三角经济区互动。[①]

(2)加快闽西北城市化进程,为产业转移创造良好的投资环境

城市化与工业化是一对相辅相成的过程,彼此互为基础。闽西北地区经济社会发展相对落后,与城市化率比较低有关,因此,需要通过加快闽西北城市化进程,为产业转移创造良好的环境。加快城市化进程,首先应加强地区中心城市的联系与协作,在遵循市场规则的基础上加快中心城市城际间资源、基础设施建设,促进地区中心城市之间的融合;其次,在突出自身特色、发挥比较优势的基础上构建"大城市—中等城市—小城市—小城镇"的城市网络系统,增强区域实力、合力,为承接产业转移打下坚实的基础。[②]

(3)发展职业教育,积极培育和引进人才,积累人力资本

闽西北要想实现"跨越式"发展,最根本是要具备一定的人力资本积累。根据闽西北目前的社会发展现状,要构筑人才高地,就要走自身培养和人才引进相结合发展的路子。一是要重视基础教育和职业技术教育,为闽西北工业化发展提供合格的职业技术人才;二是要制定优惠政策,提供适宜工作、安居环境,吸引各地人才前来创业。

(4)重视服务闽东南的制造配套业的发展,以此为契机积累技术实力

在闽东南企业积极参与国际国内产业循环、不断吐故纳新实现产业结构的优化与升级过程中,闽西北地区的各中心城市有能力凭借自身的某些技术优势和低成本优势参与闽东南地区的国际化分工,获得制造业价值链的某个或几个环节的分工,发展服务于闽东南地区的制造配套业。闽西北参与闽东南的制造配套业分工,应发挥自身的比较优势,充分利用自身资源丰富、劳动力充沛、空间富足的相对优势,避开闽东南的竞争优势,实现与闽东南的错位发展,形成合力,实现整体利益的最大化。

3. 增强区域间引资吸引力

---

① 伍长南:《对接两大"三角洲"建设海峡西岸经济区》,载《福建论坛》(人文社会科学版)2004 年第 6 期。

② 郑秀君:《浅析沿海地区产业转移》,载《改革与战略》2005 年第 3 期。

（1）大力发展基础设施建设，减少流通和运输成本，为承接产业转移创造良好的基础。尤其要加大公路建设上的投入，加强区域间特别是经济相对发达地区的联系通道。

（2）加快推进产业集群建设，提升工业经济整体实力。加快建设以产业集群为重要载体的具有区域特色的科技创新体系，完善产业集群的行业技术支撑平台，支持和服务于整个产业集群的技术创新活动。加强集群内部的竞争与技术创新，通过营造以产业集群为特色的产业区来吸引产业转移。积极推进和落实小企业发展的政策法规和相关的支持政策，积极发展针对集群的专项发展基金，解决小企业的资本难题等。

（3）强化区域协作，提升产业转移的开放性。以开放合作的思想消除产业转移过程中的制度和思想障碍，提升承接产业转移的开放性。进一步加强与发达地区的合作，加快跨区域产业合作园区建设，使区域经济协作落到实处。

（4）提高政府的执政能力和服务水平，把有关政策、法制、体制和市场等软环境的改善作为今后工作的重点，要以切实可行的政策措施，进一步增强对外资的吸引力。

第五节　福建省产业升级效应测评体系实证研究

加快推动发展方式转变与产业结构升级是当前中国经济发展的重大而紧迫的战略任务。合理的产业结构是经济持续快速发展的重要保证，不合理的产业结构不仅不利于经济发展，还会成为经济发展的障碍。基于国内外宏观经济环境和区域资源条件，依据产业结构演进的一般规律和产业发展的内在要求，采取行之有效的措施，合理配置现有资源，不断提高产业的结构层次、技术水平和产品价值，以保障区域经济和国民经济长期持续增长是治本之策。

产业结构升级是产业由低技术水平、低附加值状态向高技术水平、高附加值状态转化的过程，这是在研究产业升级相关问题中学者们的普遍观点。Ernst 以台湾新竹工业园的 PC（个人计算机）产业集群为例，研究了其电子设备供应商 OEM①—ODM②—OBM③ 的演变过程,即从为全球价值链中的主导企业提供 OEM,后延伸到从概念设计到模块化生产的 ODM,直至最终创造自有品牌的 OBM。Humphrey 和 Schmitz 提出了工艺升级、产品升级、功能升级和跨链条升级这一更为具体的由低级到高级的 4 种升级类型。BAZAN 等研究了巴西 Sinos Valley 地区鞋产业集群,得出不同的全球价值链升级方式有区别的结论。

我国在产业升级的相关理论研究方面起步于 20 世纪 80 年代中后期。近期在关于产业升级评价方法进行定量分析方面,程艳霞、彭王城采用模糊综合评价的方法对湖北省产业升级能力进行评价;刘育男、吕裔良则利用灰色关联法对黑龙江省产业结构升级效果进行评价;黄海标、李军则从产业结构高度化、合理化和产业系统运营财务状况三个方面构建了产业结构优化升级的评价指标体系,但未提出产业结构优化升级的具体评价方法;于焱、孙会敏在产业创新系统效率评价方法上则采用了 DEA 即数据包络分析方法;张建华、李博将 Klmes 生产率核算方法引入产业结构优化升级研究当中,建立了一套兼具描述、评价、解释和预测各项功能于一体的全面系统的产业结构测评体系,并在此基础上建立数据库,为产业结构优化升级的相关研究提供了支持。纵观以上学者的研究,产业升级效应相关评价指标的研究无法概括产业升级的全貌,目前的研究缺乏系统的测评体系的构建,而对于评价方法的研究,较少有学者涉及。而产业升级的效应影响因子很多,既有定性的,也有定量的,本书选择层次分析评价的方法对福建省产业升级效应进行评价。

---

① OEM,即 Orignal Equipment Manufactuce 的缩写,指代工生产,也称定点生产,其基本含义为品牌生产者不直接生产产品,而是利用自己掌握的关键核心技术负责设计和开发新产品,控制销售渠道,具体加工任务通过合同订购的方式委托同类产品的其他厂家生产。之后将所订产品低价买断,并直接贴上自己的品牌商标。承接加工任务的制造商被称为 OEM 厂商,其生产的产品被称为 OEM 产品。

② ODM,即 Original design manufacture(原始设计商)的缩写,是指一家厂商根据另一家厂商的规格和要求,设计和生产产品。受委托方拥有设计能力和技术水平,基于授权合同生产产品。

③ OBM,即 Original Brand Manufacturer 的缩写,是指专门接受其他企业定牌生产的要求进行生产,而从不创立自己的品牌。某制造商设计出一种产品后,在某些情况下可能会被另外一些品牌的制造商看中,要求配上后者的品牌名称来进行生产,又或者稍微修改一些设计(如按键位置)来生产。

一、产业升级效应测评体系构建原则

全面系统的测评体系的构建是衡量产业转型升级效应的重要条件，层次分析法是构建产业升级效应测评的系统分析方法，该测评指标体系由各种单项指标构成，构建产业升级效应评价指标体系要牢牢把握产业升级和区域经济发展的实际情况，顺应时代的要求，体现产业升级的本质和核心，遵循以下原则。

（1）前瞻性与指导性原则。指标体系应具前瞻性和指导性，即能准确把握产业升级的基本特征，符合产业发展方向，又能突出未来一段时期主导优势产业的构成与规模，并将其反映到指标体系之中。

（2）客观性与科学性原则。评价指标应具有可量化、具体化的特点。为此要尽可能采用有客观数据支撑的指标，或通过相应的计算可以间接地得到指标数据，尽可能地舍弃不可量化的指标；同时，指标中的资料来源和评价标准也尽可能采用权威性的数据。

（3）地域性和通用性原则。产业升级有强烈的地方特色，其指标体系应具有地方特性，同时又有一定的通用性。即在一定的空间范围内，产业结构、产品结构、区域资源与社会经济发展水平大体相近的地域，其指标体系能够应对内部大单元的发展水平及进程进行衡量、比较。

（4）可比性原则。产业升级效应测评指标体系应该注意时间、地点和适应范围的可对比性，以便于纵横对比，区别不同时期、不同区域的产业升级状况。

二、福建省产业升级效应测评模型构建

1. 产业升级效应的影响因子

构建系统评价产业升级效应测评指标体系应筛选影响因子，选取第一层次影响因子（包括产品结构升级、技术结构升级和产业结构升级等影响因子）和第二层次影响因子（包括产品的技术结构和品种结构，产品的进出口结构，技术开发，技术转化，物质载体，第一、二、三产业等影响因子）建立实证模型。

（1）产品结构升级

产品结构升级是指调整产品之间量的比例关系与质的组合，从而建立起合理、优化的产品结构。产品结构升级包括产品的技术结构和品种结构、产品的进出口结构，它是产业升级的外在拉力和充分条件。

其中，新产品开发是产品结构升级的直接推力，产值和业务收入的增加是

产品结构升级的拉力,此指标可以通过福建省在测评期间的新产品开发经费
支出、产值、主营业务收入三个方面得到。2009 年,开发全新产品的项目经费
占 R&D 经费支出的 43.7%,且工业企业完成新产品产值 1 808.11 亿元,是
2000 年的 5.9 倍。2009 年实现新产品销售收入 1 767.49 亿元,是 2000 年的
6.1 倍;新产品销售收入占主营业务收入的比重为 10.8%。

　　而产品进出口结构的变化是产品结构升级的直接反映和必然结果,可将
高新技术产品进出口总额、出口增长率、进口增长率作为测评指标。2003—
2009 年福建省高技术产品进出口总额稳步增长,从 84.18 亿美元增长到
188.49亿美元,并且高技术产品出口额的增幅大于进口额的增幅。从数据可
以看出,高技术产品进出口均呈快速增长态势,高技术产品出口比进口增长迅
速,表明福建省进出口产品结构逐步优化,出口产品质量稳步提升,出口产品
技术含量和附加值也逐步提高。

　　(2)技术结构升级

　　技术结构的升级主要是指技术的结构方式或构成方式的演进与变化。技
术结构升级是产业升级的内在动因和必要条件。技术结构升级包含技术开
发、技术转化、物质载体三个内容。首先,先进技术取代(或改造)相对落后的
技术是技术结构升级的本质,技术开发的水平和程度同技术结构升级的速度
和幅度间存在正相关的关系,技术开发是技术结构升级的首要条件。其次,技
术转化是技术结构升级的直接动因,该指标可通过技术引进和消化吸收经费
支出得到。最后,技术结构升级的物质载体是高技术企业,只有不断地进行技
术结构升级,才能使其具有持续的竞争优势,而高新技术企业的迅速发展,可
以成为技术结构升级的重要推动力量。

　　2009 年福建省 R&D 经费 135.38 亿元,是 2000 年的 6.4 倍,年平均增长
22.9%,其中应用研究经费 10.65 亿元,占 7.9%,是 2000 年的 7.2 倍。
2003—2009 年福建省科技成果的总量呈上升趋势,其中应用开发研究增幅较
大,企业的研究成果增幅较大。从 2000 年到 2009 年,技术开发合同数从 731
项增加到 2 265 项,合同金额从 2.54 亿元增长到 13.29 亿元,而技术转让则
从 393 项下降到 231 项,合同金额从 7.50 亿元下降到 6.45 亿元。此外,
2003—2009 年,福建省高技术产业规模持续增长,高技术产业规模以上企业
增加值也呈上升趋势。

　　(3)产业结构升级

　　产业结构升级是产业升级的核心内容和本质要求。产业结构是产业间各
种经济要素的数量比例关系和质量协调关系。产业结构升级就是随着国民经

济的发展,资源依次向第一、二、三产业转移,促使产业由低层次向高层次的转换过程,这主要是指三大产业的结构升级,它不仅包括产业产出结构,而且包括产业结构的合理化、高度化、高效化。

从统计公报可知,2000—2010 年福建省 GDP 逐年增长,保持 12% 的增长速度。2010 年的 GDP 是 2006 年的 2 倍。产业结构呈现出"二三一"结构模式,三大产业顺序与全国一致。"十一五"期间,三次产业结构由 2005 年的 12.6:48.5:38.9 调整为 2010 年的 9.5:51.3:39.2。从 2000 年至 2009 年,福建省第一产业的比重持续下降,第二产业的比重大幅上升,第三产业先抑后扬。总体上看,福建省产业结构表现出第一产业日益缩小,第二、三产业比重日益扩大的趋势,或者说是一种强烈的工业化和现代化的趋势,但第三产业比例相对偏低。

2. 测评指标体系框架

通过以上反映产业升级效应的三个方面影响因子的指标分析,可基本形成产业升级效应影响因素的层次结构模型图。其模型如图 4-2 所示:

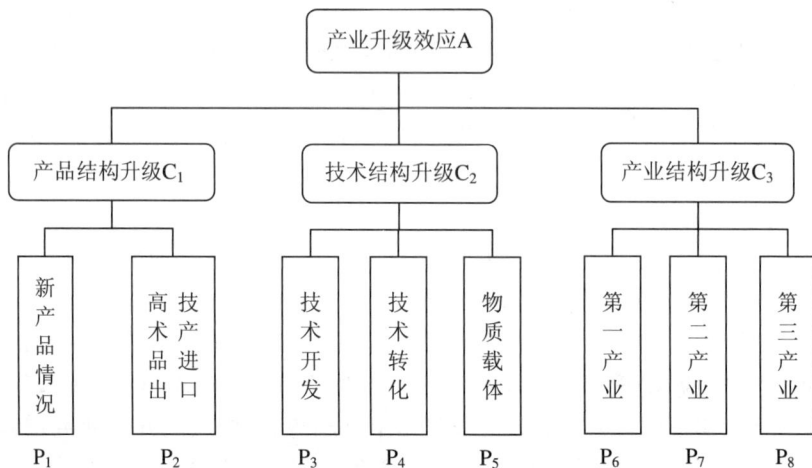

图 4-2 产业升级效应影响因子的层次结构模型图

三、层次分析法(AHP)模型运用

层次分析法(Analytical Hierarchy Process,简称 AHP),是美国匹兹堡大学教授 A. L. Saaty 于 20 世纪 70 年代提出的一种系统分析方法。根据影响产业升级效应影响因子的相互关系,并建立相关层次结构体系后,层次分析法步骤如下:

（1）建立层次结构模型。将所要包含的因素分组，每一组作为一个层次，按照最高层、若干有关的中间层和最底层的形式排列，如图 4-2 所示。

（2）构造判断矩阵。判断矩阵表示针对上一层次某因素而言，本层次与之有关的各因素之间的相对重要性。假定 A 层中因素 A_k 与下一层次中因素 $B_1, B_2, \cdots, B_n$ 有联系，构造判断矩阵如表 4-13 所示。

表 4-13

A_k	B_1	B_2	$\cdots$	B_n
B_1	b_{11}	b_{12}	$\cdots$	b_{1n}
B_2	b_{21}	b_{22}	$\cdots$	b_{2n}
$\cdots$	$\cdots$	$\cdots$		$\cdots$
B_n	b_{n1}	b_{n2}	$\cdots$	b_{nn}

其中，b_{ij} 是对于 A_k 而言，B_i 对 B_j 的相对重要性的数值表示，通常 b_{ij} 取 1，2，3，$\cdots$，9 及它们的倒数，其含义为：$b_{ij} = 1$，表示 B_i 与 B_j 一样重要；$b_{ij} = 3$，表示 B_i 比 B_j 重要一点（稍微重要）；$b_{ij} = 5$，表示 B_i 比 B_j 重要（明显重要）；$b_{ij} = 7$，表示 B_i 比 B_j 重要得多（强烈重要）；$b_{ij} = 9$，表示 B_i 比 B_j 极端重要（绝对重要）。

（3）层次单排序。根据判断矩阵计算对于上一层次某因素而言，本层次与之有联系的因素的重要性次序的权值，可以归结为计算判断矩阵的特征根和特征向量问题，即计算满足 $BW = \lambda_{\max} W$ 的特征根与特征向量，$\lambda_{\max}$ 为 B 的最大特征根，W 为 $\lambda_{\max}$ 对应的正规化特征向量，W 的分量 W_i 即是相对因素单排序的权值，$\lambda_{\max}$ 及其对应的 W，可采用和积法计算而得。其次用一致性指标 $CI = \dfrac{\lambda_{\max} - n}{n - 1}$ 来检验矩阵的一致性，并需要将 CI 与平均随机一致性指标 RI 进行比较，当 $CR = \dfrac{CI}{RI} < 0.1$ 时，判断矩阵具有满意的一致性。

（4）层次总排序。利用同一层次中所有层次排序的结果，计算针对上一级而言，本层次所有因素重要性的权值，即 $\sum_{i=1}^{m} a_i b_n^i$，层次总排序仍然是归一化正规向量。

（5）一致性检验。为评价层次总排序计算结果的一致性，需计算与单排序类似的检验量。层次总排序一致性指标 $CI = \sum_{i=1}^{m} a_i CI_i$，层次总排序平均随机

一致性指标 $RI = \sum_{i=1}^{m} a_i RI_i$，同样当 $CR = \dfrac{CI}{RI} \leq 0.10$ 时，层次总排序的计算结果具有满意的一致性。

四、实证分析及评价

1. 层次分析过程

结合福建省产业升级的实际情况，本项目组邀请专家对产业升级效应的三个层次的重要性，及其每一层次各影响因素的重要程度进行打分，得到判断矩阵，根据层次分析法的计算方法，步骤如下：

（1）相对于产业升级效应而言，三个方面的影响因子之间的相对重要性，即判断矩阵如表 4-14 所示。

表 4-14

A	C_1	C_2	C_3	W
C_1	1	1/3	1/7	0.083 3
C_2	3	1	1/5	0.193 2
C_3	7	5	1	0.723 5

$\lambda_{max} = 3.065\ 8, CI = 0.032\ 9, RI = 0.58, CR = 0.057 < 0.1$，可见判断矩阵具有满意度一致性。

（2）相对于产品结构升级而言，新产品情况和高技术产品进出口之间的相对重要性，判断矩阵及其计算结果如表 4-15 所示。

表 4-15

C_1	P_1	P_2	W	一致性检验
P_1	1	5	0.833 3	$CR = 0$
P_2	1/5	1	0.166 7	

同样，相对于技术结构升级而言，技术开发、技术转化、物质载体三者之间的相对重要性，判断矩阵及其计算结果如表 4-16 所示。

表 4-16

C_2	P_3	P_4	P_5	W	一致性检验
P_3	1	5	7	0.723 5	$CR = 0.056 < 0.1$
P_4	1/5	1	3	0.193 2	
P_5	1/7	1/3	1	0.083 3	

　　最后,相对于产业结构升级而言,第一、二、三产业的相对重要性,判决矩阵及其计算结果如表4-17所示。

表 4-17

C_3	P_6	P_7	P_8	W	一致性检验
P_6	1	1/3	1/5	0.106 2	
P_7	3	1	1/3	0.260 5	$CR = 0.056 < 0.1$
P_8	5	3	1	0.633 3	

2. 产业升级效应影响因素的重要度分析图

　　利用上述计算结果,可画出福建省产业升级影响因素的重要度分析图,如图4-3所示。

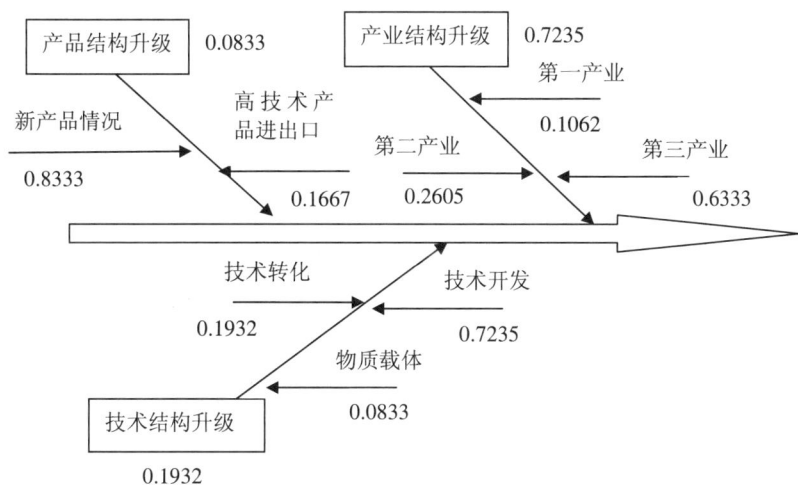

图 4-3　福建产业升级效应影响因素的重要度分析图

　　从图4-3可以看出,福建省产业升级效应三个方面的影响因素,其重要程度依次为:产业结构升级、技术结构升级、产品结构升级。通过以上对福建省的产业升级效应分析可得知,在产业结构升级方面,提高第三产业的比重是产业升级的关键所在,是产业升级效应得以发挥的重要缘由,从2001年开始,福建省第三产业所占比重已连续7年低于全国水平,这是影响福建省产业升级的制约因素。在技术结构升级方面,技术开发是技术结构升级的首要条件,近几年来,福建省科技开发的投入增幅较大,科技成果增长也较为迅速,为技术结构的升级奠定了坚实的基础;同时,福建省技术改造经费提升也较快,表明技术改造需求旺盛,技术创新与引进日益受到重视,但福建省受多个因素制约影响,科技大省的作用没有充分发挥,技术成果转化为生产力的能力有待进一步提升;此外,由于福建省缺乏强势企业支撑和带动性强的大项目,导致福建省高技术产业的总产值在全国所占的比例很小,产业发展后劲不足,制约了技术结构升级。在产品结构升级方面,福建省新产品产值稳步提升,企业经济效益逐步改善,新产品开发日益受到企业重视,但福建省创新能力仍需不断加强,对新产品的开发和投入应进一步增加;而产品进出口结构的变化是产品结构升级的直接反映和必然结果。

第六节　福建省承接国际产业转移与升级实证研究

随着全球经济一体化进程的日益深化,各国或地区产业结构关联性和互动性日益增强,国际产业转移对国际分工体系中各个国家或地区的产业结构的影响也日益突出。因此,国际产业转移与一国或地区产业结构的优化调整必然有着理论和内在的逻辑联系。国内外现有的研究也表明,国际产业转移对承接国家或地区的产业结构调整具有不同程度的影响。投资国从优势产业对外直接投资,不仅能推动投资国国内产业结构更趋合理,还有利于承接国内产业的调整,形成双赢的格局。

国内的很多专家学者就中国承接国际产业转移对产业结构调整的实际影响和作用机理进行了深入的研究,认为其影响具有正反两方面的效应。关于承接国际产业转移对产业结构调整方面,普遍认为国际产业转移有利于国内产业结构的升级和优化(宋群,2005;戴宏伟,2008);负面效应表现为:由于外商直接投资在我国三产间存在结构性倾斜,会造成我国产业结构偏差(郭克莎,2000);可能减弱我国产业自主研发和创新能力(石东平,2003);有的跨国公司在我国部分行业中形成的一定行业垄断,抑制了国内产业竞争力和市场份额的提高(吕政、杨丹辉,2006)。关于国际产业转移对国内产业结构的作用机理和影响方面,主要观点集中表现在技术、资本和产业关联三个要素方面:(1)大部分在华外商投资企业通过实现产业技术升级,在一定程度上促进了国内产业结构升级(江小涓,2002);(2)产业转移有利于承接地和转移地吸收自身稀缺资金,通过增量和存量的调整来实现产业结构调整(陈明森,2004;王云平,2008);(3)产业关联效应会促进我国产业结构的升级(苏东水、伍华佳,2007)。以上研究成果都是从宏观层面探讨中国承接国际产业转移与产业结构优化的问题,而关于某一具体省市的实证研究相对较少。基于此,本书试图以福建省的产业结构演进和三次产业承接国际产业转移现状为出发点,分析福建省承接国际产业转移与产业结构的作用机理,进而提出福建省承接国际产业转移与产业结构优化的相关建议。

一、福建省承接国际产业转移现状

国际产业转移的主要外部驱动因素为外商直接投资和国际贸易。相比之下,外商直接投资对投资国和承接国产业结构的影响更为直接和深远。鉴于此,本书围绕福建省利用外商直接投资承接国际产业转移优化产业结构的问题展开讨论,并提出相关建议。

1. 福建省产业结构演进的特点

改革开放 30 多年来,福建省的产业结构正逐步朝着合理的方向发展,整体上三次产业呈现出"二三一"的结构特点。第一产业在三次产业中的比重不断下降,由 1990 年的 28.1% 下降到 2012 年的 9.0%;第二产业始终居于主导地位,所占比重增加趋势显著,由 1990 年的 33.4% 上升到 2011 年的 51.6%;第三产业 1990 年所占比重为 38.4%,2009 年达到峰值 41.2%,近几年开始逐年轻微下降,到 2012 年降为 39.3%(见图 4-4)。从目前产业结构来看,福建正处于工业化加快发展中期阶段,第二产业的增速超过第三产业,这种变化特点与福建所处的经济发展阶段结构变动的确基本相符。但从三次产业的具体水平和状态来看,福建省三次产业的结构与发达国家或地区的产业结构情况还存在一定的差距。

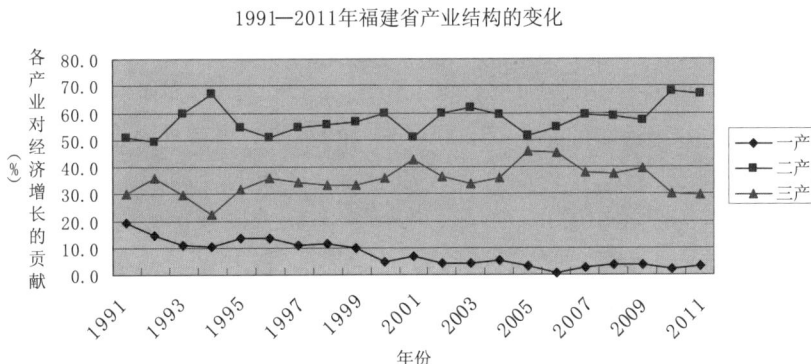

1991—2011年福建省产业结构的变化

图4-4　历年福建省产业结构变化

数据来源:根据历年福建省统计年鉴整理而得。

尽管福建省第二产业比重最高，其内部产业层次有所提升，但 2011 年福建省按行业分的规模以上工业企业总产值构成中，比重最大的 10 个产业与浙江和全国相比，在产业层次方面处于相对较高层次。从表 4-18 可知，劳动密集型的纺织业仍然是浙江省的第一大产业，重工业中的黑色金属冶炼及压延加工业跃居全国十大产业首位，而代表技术和资本密集型产业的通信设备、计算机及其他电子设备制造业已经占据第一位置。

表 4-18 2011 年福建省十大产业与浙江及全国的比较

浙江	全国	福建
纺织业	黑色金属冶炼及压延加工业	通信设备、计算机及其他电子设备制造业
电气机械及器材制造业	通信设备、计算机及其他	皮革、毛皮、羽毛（绒）及其制品业
化学原料及化学制品制造业	交通运输设备制造业	非金属矿物制品业
通用设备制造业	化学原料及化学制品制造业	纺织业
交通运输设备制造业	电气机械及器材制造业	电力、热力的生产和供应业
电力、热力的生产和供应业	电力、热力的生产和供应业	农副食品加工业
化学纤维制造业	农副食品加工业	黑色金属冶炼及压延加工业
黑色金属冶炼及压延加工业	通用设备制造业	纺织服装、鞋、帽制造业
有色金属冶炼及压延加工业	非金属矿物制品业	交通运输设备制造业
金属制品业	石油加工、炼焦及核燃料加工业	电气机械及器材制造业

数据来源：根据 2011 年浙江省、福建省、中国统计年鉴整理而得。

2. 福建省三次产业承接国际产业转移现状

（1）产业结构趋向更合理。如表 4-19 所示，在三次产业中，外资投向二、三产业之间的差距逐步缩小。从 2009 年开始，福建省外资已经由第二产业向第三产业倾斜，到 2011 年外商直接投资于第三产业的合同数占 56.69%；第一产业对外资的吸收作用并不明显，2004 年以后，合同项目数均不到 8%，合同金额的比重均不到 5%（见表 4-19）。在各产业中，电子信息、装备制造、石油化工等三大主导产业更受外商的青睐，成为外商投资福建的突出特点。在过去几年里，这三大产业实际利用外资占福建制造业实际利用外资的比重，已由 2005 年的 35.7% 提高到 2010 年的 59.5%。在主导产业外资增势强劲的同时，福建服务业的外资比重也不断上升，其比重由 2005 年的 22.1% 提高到

2010 年的 26.1%。另外,2009 年以来服务业结构转换与升级的速度不断加快,外商投向由旅游、运输、转口贸易、经营租赁等劳动密集型或资本密集型的低附加值项目逐步转向现代物流、金融、信息、科技和咨询服务等生产性服务业。

表 4-19　2004—2011 年福建省三次产业外商直接投资情况

年份	合同项目数构成比例(%)			合同利用外资构成比例(%)		
	第一产业	第二产业	第三产业	第一产业	第二产业	第三产业
2004	4.08	81.16	14.76	2.36	79.47	18.17
2005	4.07	79.18	16.75	3.76	78.64	17.60
2006	3.93	76.02	20.06	1.99	77.19	20.82
2007	4.01	70.09	25.90	1.90	74.73	23.37
2008	6.09	57.86	36.06	3.81	62.63	33.57
2009	7.77	46.33	45.90	4.33	59.36	36.31
2010	6.94	44.69	48.38	3.31	61.51	35.18
2011	6.64	36.67	56.69	4.50	59.08	36.42

数据来源:根据历年福建省统计年鉴整理而得。

(2)外商直接投资持续稳步发展。"十一五"以来,福建省各级政府一直把扩大外资规模、提升外资质量、着力引进发达国家跨国公司投资作为对外开放的重要工作来抓,为海峡西岸经济区又快又好地发展起到了一定的推动作用。除了 2008 年受美国金融危机的影响,2009 年外商投资合同数和合同金额出现下滑,其他年份外商投资情况持续稳步发展(见表 4-20)。据《中国企业海外投资及经营情况调查报告》数据显示,改革开放以来,已有 45 000 家外资企业来福建投资,吸收了外国资本 1 150 亿美元,其中超过 110 家的世界 500 强企业在福建兴办了 170 多家合资和外商独资企业。"十一五"期间全省新批外商投资项目 7 065 项,实际利用外资 457 亿美元,比"十五"期间增长 85%;年均利用外资 91.4 亿美元,超额完成"十一五"规划目标。利用外资的项目规模不断扩大,"十一五"期间新批总投资千万美元以上项目 1 891 项,比"十五"期间增长 80.4%。福建省对外贸易经济合作厅公布的数据显示,2012 年上半年全国实际利用外资连续 6 个月出现负增长,而福建省利用外资明显好于全国平均水平,仅上半年全省共新批外商投资项目 451 项,实际利用外资 39.62 亿美元、比增 1.33%,比全国水平高出 4.3 个百分点,超出全年时序进度 9 个百分点。

表 4-20 2004—2011 年福建省外商直接投资情况

年份	合同数（个）	合同金额（万美元）	实际利用外资（万美元）
2004	2 277	537 299	222 120
2005	1 988	595 715	260 775
2006	2 164	862 069	322 047
2007	1 722	867 422	406 058
2008	1 101	715 201	567 171
2009	939	536 095	573 747
2010	1 139	737 557	580 279
2011	1 039	921 880	620 111

数据来源：根据历年福建省统计年鉴整理而得。

二、承接国际产业转移对福建省产业结构的多重影响

1. 整体上促进了福建省产业结构的优化升级

其一，福建省充分利用发达国家和地区产业转移的机会，引进了较为先进的机器设备和丰富的管理经验，使其纺织业、食品加工、电子信息、装备制造等产业的技术水平、产品质量都有大幅度的提高，生产规模也获得了相应的扩大。其二，发达国家和地区在产业转移的过程中既为我们带来了先进的技术和产品，又大大提高了福建省的工业化水平，促进了福建省劳动密集型产业向资本、技术密集型产业和深加工业的加速转换。同时，也在较短的时间内促进了福建省第二、三产业特别是第三产业的飞速发展，进而从总体上促进了福建省产业结构的优化升级。其三，在承接国际产业转移的过程中大大改善了过去多年来优先发展重工业所形成的产业结构失调的状况，促进了福建工业产业中轻重工业的协调发展。进入"十一五"以来，轻重工业所占比重基本相近。2012 年，全省规模以上工业增加值 7 856.29 亿元，比上年增长 15.2%，从轻重工业看，轻工业增长 15.5%，重工业增长 14.9%；从经济类型看，外商投资企业增长 11.5%，仅次于股份制企业增长速度（20%）。

2. 扩大了福建省地区间的产业结构差距

福建省存在着明显的城乡经济发展差异：福建的沿海地区如福州、厦门、泉州、漳州、莆田 5 市，已进入工业化的快速发展阶段，而内陆地区如三明、南平、龙岩、宁德等地则有众多的贫困县，经济发展严重落后，居民收入水平依然很低。福建省吸收的国外产业转移主要集中在以上 5 个沿海地区，它们实际利用外资比重占全省的 86.4%，这使得福建省地区间的产业结构的差距进一

步加深。

3. 减弱了承接中的自主创新动力

以美国、日本、德国为首的发达国家总是致力于创新和新产品的研发,其劳动力可以获得较高的工资;发展中国家总是通过技术转让生产旧产品,其劳动力获得的工资显著低于发达国家。由于劳动力、原材料、土地资源的成本等明显高于发展中国家,发达国家或地区为了自身产业结构调整的需要,会将一些已经成熟的技术和产品转移给发展中国家和地区。技术的转让在增加全球总产出水平的同时,也造成了发达国家与发展中国家在技术和经济发展水平上的永久性差距。福建在吸引和利用外资时,如果不把重点放在引进先进技术和消化吸收上来,尤其是提高研发和创新能力上,就难以实现招商引资的真正目的,进而难以通过国际产业转移真正带动福建省产业结构的优化升级。

三、福建省承接国际产业转移与产业结构优化的对策

通过以上的分析可知,福建省在承接国际产业转移的过程中,应重点在如何提高产业的核心竞争力上下功夫,充分发挥和利用福建自身的比较优势,提高自主创新能力,使福建省产业结构的调整符合当前产业结构优化的需要,以促进福建经济更好更快发展。

1. 提升自主创新水平,加快产业结构优化

自主创新是实现区域产业结构优化的必然选择,只有通过自主创新,才能缩小与发达国家已有的产业级差,实现自身经济的飞速发展。由于福建省自身的自主研发能力不强,通过对引进技术的吸收转化是福建省现阶段提高产业技术水平的重要途径。在我国,大多引资工作都是由政府出面参与的,由于各级政府往往把吸引外资的多少作为主要考核指标,致使许多地方政府和企业形成了把引资本身当成目的,忽视技术引进的错误观念,未能通过引资吸收和消化先进技术,无法形成自主研发能力。因此,福建省要充分利用国外技术转移和技术扩散的机遇,提高自身自主研发和创新能力。一要大力发展以企业为主体的技术创新体系,推动知识成果产业化和科技成果转化。要以项目为载体,实施技术创新工程,特别是加强产业技术创新平台和企业研发中心的建设,增强企业技术创新能力,形成以企业为主的区域技术创新体系。二要加强"产学研"的有效结合,进一步建设和完善以高校和科研院所为重点的知识创新体系,引导和推进企业与高校、科研院所开展紧密合作与交流。三要创建良好的科技人才支撑体系、科技成果转化体系、科技服务体系和科技投融资体系,为福建省自主创新体系的创建和完善提供良好的环境支撑。

2. 积极营造地区优势,增强产业承接能力

一要大力发展基础设施建设,减少流通和运输成本,为承接产业转移创造良好的基础。尤其要加大公路建设上的投入,加强福建与周边省市特别是经济相对发达地区的联系通道。另外,可以充分利用海洋资源、水资源、矿产资源等自然资源的优势,为承接产业提供生存和发展的便利。二要加快推进产业集群建设,提升工业经济整体实力。就目前的情况来看,福建省产业集群的总体水平不高,仍呈现"低、小、散"的现象。为了更好地顺应当前国家产业转移的趋势,需要进一步推进产业集群建设,加强集群内部的竞争与技术创新,通过营造以产业集群为特色的产业区来吸引国际产业转移。三要强化区域协作,提升产业转移的开放性。进一步加强与发达国家和地区的合作,以开放合作的思想消除国际产业转移过程中的制度和思想障碍,提升承接国际产业转移的开放性。四要加快培育各类园区。打造工业园区载体,明确园区产业定位,完善园区承载功能,创新园区建管机制,使园区成为承接产业转移、促进产业聚集、带动工业经济加快发展的龙头。

3. 优化吸纳结构,促进产业协调发展

从国际产业转移的实际来看,目前产业转移项目主要集中在第二、三产业。第二产业方面,外资投向仍以传统的劳动密集型和技术层级相对较低的制造业为主。因此,有必要引导投资向技术密集型和深加工行业倾斜。另外,虽然外商对第三产业的投资近年来有了飞速发展,但主要集中于关联效应较低的房地产业。要通过适当的产业导向政策,促进资金投向金融业、服务业、旅游业等产业,加快社会服务产业的发展,带动相关经济的发展。此外,要重视生态效益,实现经济社会生态的可持续发展。从当前福建省乃至全国的经济发展状况来看,由于片面追求产值及 GDP 增长,并将其作为考核经济的主要目标,以至于在承接国际产业转移时根本不考虑环保因素,导致有超过一半的外商直接投资在污染密集型领域,进而加深了经济与生态效益的矛盾,严重制约了经济社会的协调发展。比如纺织业,随着外资的引进,确实存在污染转移的现象。因此,各级政府要对产业转移项目进行严格把关,把项目的高科技含量、环保质保等作为主要参考指标,通过各项优惠政策引导外商投资到清洁能源、环保产业等能够促进经济社会可持续发展的领域。只有这样才能有效缩小福建省与国内外发达地区的产业极差和技术极差,促进福建省与其他国家和地区的协调发展。

第五章　海峡西岸经济区承接台湾产业转移效应评价

第一节　海峡西岸经济区承接台湾产业转移的动因与影响因素

一、产业梯度转移的影响因素

产业梯度转移理论认为区域经济的发展取决于其产业结构的状况,而产业结构的状况又取决于地区经济部门,特别是其主导产业在工业生命周期中所处的阶段。如果其主导产业部门由处于创新阶段的专业部门所构成,则说明该区域具有发展潜力,因此将该区域列入高梯度区域。要在客观上同时符合两个条件才能产生产业转移,一是存在着经济与技术发展的区域梯度差异;二是存在着产业技术由高梯度地区向低梯度地区扩散与转移的趋势。处在高梯度上的区域,经济发展的关键在于不断地创新,通过发明新产品,建立新产业,保持区域在技术上的领先地位;处在低梯度上的区域,首先应优先发展那些具有较大比较优势的初级产业和劳动密集型产业,积极引进外资和先进技术,通过接受从高梯度区域转移出来的产业来加速区域的经济发展,进而从较低的经济发展梯度进入发达区域。

本书在分析福建承接台湾产业转移的影响因素时,采用了著名的劳动力流动原因分析的"推拉模型"为分析框架。"推拉模型"最早是博格(D. J. Bogue)在1961年世界人口大会上提交的解释移民成因的论文中提出来的,其主要观点如下:从运动学观点看,在人口迁出地,存在着一种起主导作用的"推力",把原居民推出其常居住地。产生推力的因素有自然资源枯竭、农业生产成本增加、农村劳动力过剩、较低的经济收入水平等。但在迁出地存在"推"人口转移因素的同时,也存在"拉"人口的若干因素,如故乡情结、饮食习惯、家人团聚等,只不过相比较起来,迁出地"推"的力量比"拉"的力量大,占有主导地位。同样,在转入地,存在着一种起主导作用的"拉"力把外地人口吸引过来。产生"拉"力的主要因素是:较优越的经济、文化氛围,较高的工资收入,较好的生活水平等。与此同时,转入地也存在一些不利于人口转入的"推"的因素,如就业歧视、居住条件差、激烈的工作竞争环境。但综合起来,人口之所以迁移,转入地的"拉"力必定比"推"力更大,占有主导地位,否则人口将不会流动。

本书借鉴"推拉模型"分析产业转移的原因时,首先借用了日本学者中松义朗的目标一致理论模型来说明,如图 5-1 所示。

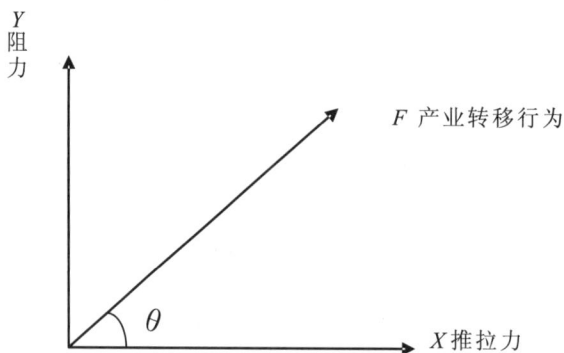

图 5-1　产业转移行为的推拉模型

图 5-1 中,F 表示产业转移行为,是产业的推拉力与转移中的阻力共同作用的合力。θ 表示 F 与推拉力之间的夹角。X、Y、F 三者之间的关系为:

$$F = F_{max}\cos\theta(0° \leqslant \theta \leqslant 90°)$$

显然,当推拉力最大且阻力为 0 时,F 最大,即 $\theta = 0°$,$\cos\theta = 1$,完全发生产业转移行为;当不存在推拉力且阻力最大时,即 $\theta = 90°$,$\cos\theta = 0$,此时产业不会发生转移。一般情况下,即 $0° < \theta < 90°$,推拉力与阻力同时并存,也就是说,产业处于转移与否的选择状态,产业转移的倾向性程度取决于这两个合力的大小。为了讨论问题的方便,我们借用推拉力的矩阵图作进一步的说明,如图 5-2 所示。

图 5-2　产业区域转移的矩阵图

　　从图 5-2 中可见,当推拉力强、阻力弱时,产业必然发生转移;当推拉力弱,阻力强时,产业不发生转移;当推拉力强,阻力强,或者推拉力弱,阻力弱时,产业处于观望等待状态,产业动态演变关系最终取决于推拉力与阻力的合力。

二、台湾产业转移大陆的背景

　　台湾产业结构升级以及产业转移的动因,来自东亚一体化对台湾的影响。在东亚经济整合的进程中,台湾没有被纳入任何一个板块,虽然台湾也正在采用各种方式想要融入东亚一体化的新格局中,但是东亚各国及地区出于在政治和经济方面的考虑,都没有和台湾签订一体化协定。这样的局面使得台湾面临着出口市场被挤压、吸引外资能力下降等威胁。首先,台湾被排除在东亚一体化之外,由于无法参与自由贸易区内信息科技、电子商务的协调以及发展信息科技基础设施等方面的合作,同时由于东亚一体化协定的签订,各成员国间的投资门槛降低,使得台湾的吸引外资的优势受到冲击。其次,参与东亚一体化的国家和地区可以利用东亚一体化这一制度保障提高各成员国内部生产要素的自由流动,使得台湾的产业转移面临着来自香港、新加坡、韩国等地区和国家的激烈竞争,尤其是香港与内地签订《关于建立更紧密经贸关系的安排》协议之后,使得港商进入大陆的服务业市场的门槛大大降低,相比之下,由于台湾还没有和大陆签订一体化协定,台资服务业尚未大规模进入大陆市场,使其可能因港商取得进入市场的较低门槛和先机,增加日后与港澳商竞争的难度。因此,台湾迫切需要进行产业结构升级,产业转移是其主要形式。

台湾产业转移大陆始于 20 世纪 80 年代初。最早是以中小企业为主,基本上属于劳力密集型产业,而且投资行为具有明显的短期性。至 90 年代中期,以台湾当局放宽外汇管制和开放民众赴大陆探亲为契机,台商投资活动逐步由暗转明,投资行为也趋向长期化。90 年代以来,特别是 1992 年邓小平南方谈话和中共十四大确立社会主义市场经济发展方向后,台湾当局放宽对祖国大陆的投资限制,台湾产业转移大陆逐渐升温。进入 21 世纪,随着祖国大陆区域经济发展和开发重心的转变,台湾产业转移大陆从形式到内容都出现新的变化。两岸加入 WTO 后,一方面,台湾岛内投资环境不断恶化,竞争压力加大,产业调整与外移步伐逐渐加快;另一方面,大陆拥有坚实的经济基础、日益扩大的内需市场和持续、稳定的经济增长,吸引不少国际知名厂商前来投资。台湾厂商不甘落后,纷纷加入竞逐行列,试图争取大陆市场作为腹地,建立自有品牌,达到扩大经营空间的目的。因此,世纪之交,台商掀起了以高科技产业为主流的第三波投资浪潮。2007 年台湾投资大陆金额达到最高峰,为 99.71 亿美元,较 2006 年上涨 30.46%。十几年来台湾产业向外转移的目的地主要在大陆,并且这一趋势还将不断增长。

20 世纪 80 年代中后期第一次台湾产业转移大陆热潮,主要是以农业、轻纺工业为代表的劳力密集型产业向大陆东南沿海地区的转移,尤其是闽、粤两省约占大陆引进台资的一半以上。这是因为早期台商投资大陆的产业技术层次相对较低,并且以利用当地廉价资源从事加工出口为主,而闽、粤两省改革开放起步较早,又靠近港澳地区,在出口方面较为便利,因而成为台湾产业转移大陆初期的首选地。至 90 年代中期,虽然闽、粤东南沿海地区仍是台商投资的重要区域,但是,随着台商投资规模的扩大和投资产业的转变,投资热点发生重大变化,从过去以华南沿海地区为主战场,逐步向北转移。进入 21 世纪后,长江三角洲地区成为台湾以电子信息产业为主的高科技产业的投资重心,江苏省更成为大陆吸引台资新的"领头军"。造成上述投资重心由南向北转移的原因,除了台商为了因应加入世界贸易组织后抢占祖国大陆市场制高点的需要外,还与高科技产业投资和发展的特性有关。高科技产业具有附加价值高、投资成本大、对投资环境和工业配套设施要求高等特点。随着两岸直接、双向的"三通",台湾产业转移大陆的发展策略发生变化,开始从出口加工为主转向抢占大陆内销市场为主,而拥有广大市场腹地的长江三角洲地区,更加突显出其优越的整体投资环境优势,因而吸引了众多台湾高科技厂商前往投资。不仅如此,原先在华南沿海地区投资的台资企业也出现"大军北移"的现象。自 2000 年开始,广东省作为大陆吸引台资"龙头老大"的地位开始让位于江苏省。当年台商投资江苏 12.52 亿美元,超过广东省 10 亿美元。在台湾电子信息产业加速向长江三角洲地区聚集的作用下,台湾产业转移大陆呈现出新的发展格局。

三、台湾产业转移海峡西岸经济区的动力机制

1. 产业转移的区位选择影响因素

从国内外相关产业转移理论中可以看出,产业转移多是伴随着对外直接投资进行的,因此产业转移的区位影响因素也可以看作产业对承接地投资环境的要求,具体分为硬环境和软环境。

(1)产业转移的硬环境

产业转移的硬环境主要是指一个地区的区位条件以及为企业发展所提供的硬性基础设施等方面的便利与服务。区位因素及基础设施完善程度是衡量其发展水平的主要因素。

①基础设施和建设。经验研究表明,基础设施对发展中地区非采掘业的外来直接投资至关重要。高效率的基础设施有助于降低外来投资者的交易成本。

②市场规模和市场增长。市场规模也是体现区域辐射力的因素之一,市场规模的大小左右着发达地区的直接投资。经研究发现,一个地区的 GDP 水平和外来直接投资之间存在显著的正相关性。

(2)产业转移的软环境

产业转移软环境主要是指一个地区为企业发展提供的社会文化、法规政策、市场环境等方面的便利与服务。

①政府政策。在通过采取适当的商业财政和货币政策来扩大一个地区的地点优势方面,政府可以起非常重要而积极的作用。一般来说,激励措施被看作吸引外来直接投资的有效手段。同时,完善的法律体系也是进行公平市场竞争的重要保证。

②地理位置。简而言之,东道国的区位优势决定了是否会有外来直接投资流入和流出,甚至还决定外来直接投资的形式。比如,东道国丰富的原料导致垂直分工的外来直接投资,廉价劳动力吸引海外生产型外来直接投资,一个拥有高度发达的人才资源的地区或具有高度技术能力的地区吸引高附加值产业的外来直接投资。

③语言及文化。社会文化发育程度与社会文化背景等对产业转移有较强的影响。香港和新加坡之所以能发展成为区域性世界城市,与其英语的大面

积普及具有很大关系。另外,由于语言相通,香港众业对广东的投资情有独钟。在科教文化发达的北京、上海、广州等大城市,外语水平普遍较高,对于以世界市场为主要对象的跨国公司的发展具有很强的吸引力。可以看出,文化背景方面的差异有时候也是决定产业转移能否发生的因素。

④开放程度。新古典主义经济理论很久以来就认为,能吸引大量外来直接投资的地区是那些实行外向型战略的地区。经济学家所进行的经验性研究证实了以上论断。因此正如东亚和东南亚地区,特别是中国的经验所表明的,在实行对外开放政策后,外来直接投资就一直保持增长的势头。

2. 台湾产业转移海峡西岸经济区的驱动因素

概括来讲,产业转移无论对移出地还是承接地而言均能促进社会和经济发展。从动态看,随着经济的发展,转出地和承接地各自的需求结构、要素禀赋比率、要素价格都发生了相应的变化,不同产业的要素配置结构不同,这些不同共同组成了产业空间转移的推动因素。然而,产业的空间转移还存在着阻力,主要包括转出地和承接地之间由于发达水平不同,而存在着管理水平和管理经验方面的差别。只有在推力大于阻力时,产业才能从发达地区向欠发达地区转移。

(1)产业梯度是产业转移的基础

不同区域处于不同的产业梯度,才有了生产要素在区域间重新配置的可能,这种梯度转移理论为相对落后地区经济发展提供了机遇。台湾向包括海西经济区在内的中国大陆转移产业,客观基础是两地存在级差,即梯度。从产业结构来看,近年来,石化、机械、电子、汽车等附加值较高的加工组装型产业,在海西经济区制造业中的结构地位显著提高,但从整体来看,劳动密集型传统制造业仍然占据相当大的比重。而台湾自90年代开始,传统产业发展趋缓,高科技产业发展迅猛,资本、技术密集型产业占工业的总产值,在1995年来一直名列世界前茅。此外在第三产业构成上,台湾第三产业的比重1985年已达到50%,至2007年逐步上升到71%,而海西经济区则在40%左右。

(2)产业利益差是产业转移的动力

在开放式区域经济系统中,产业转移存在选择,产业向哪个区域转移,取决于产业转移相互比较中的利益导向,而这个利益导向来自于产业转移带来的利益差。正如经济学"理性人"假说,企业作为产业转移的主体,在产业转移过程中追求自身利益的最大化。当转移后能获得比目前更高的利益,转移就有实现的意义。在利益差的引导下,台湾产业转移海西经济区便有了动力。这种利益差主要表现在两岸要素禀赋具有互补性,可以以福建为例与台湾进行比较。

①劳动力要素禀赋差异。目前福建劳动力资源总量在 1 800 万人左右,其中外省劳动力约有 250 万人,社会从业人员月平均工资为 1 500 元;而台湾岛内劳动力却十分紧缺,加上以美元计算的台湾工资水平不断上升,员工月工资水平大约是福建的数倍。低廉的工资水平是福建发展劳动密集型工业的有利条件,也是台湾劳动密集型产业大量迁往福建沿海的主要原因。

②土地要素禀赋差异。福建土地面积为 12.14 万平方公里,台湾面积不及福建的 1/3,人口密度却是福建的 2 倍,土地承载强度超过福建 15 倍。20世纪 80 年代以来台湾地价高涨,环保要求和投入不断提高,使许多企业越来越难以承受,成为台湾工业发展的严重制约。而福建工业用地地价与台湾相比差 20 多倍,厂房和其他基础设施建设费用也比台湾低廉许多,从而为各类产业转移到福建发展提供了良好条件。

③资本要素互补性。资金的短缺是包括海西经济区在内的大陆工业化过程中的一个长期存在的问题,而台湾经过多年的经济增长和持续的高储蓄,资金相对较充裕,但岛内投资环境日益恶化,大量资金剩余,包括海西经济区在内的大陆便成为台资的投资场地。

(3)市场扩张是产业转移的诱因

市场需求是产业形成、发展的最根本的动力,追求市场扩张是扩张性产业转移的最主要的诱因。扩张性产业转移往往是区域间存在贸易壁垒,通过产业贸易难以实现市场扩张,只有通过直接投资才能绕开壁垒,从而形成产业转移。扩张性产业转移通过扩大市场容量,最终形成产业利益差。

随着经济发展,台湾的市场需求结构逐渐发生变化,市场总需求中,类似食品、纺织、一般机械等低加工型的劳动密集产业的产品需求的份额随之减少,而对家电设备、交通通信设备、电脑及其软件、医疗及保健产品、住房等的需求份额迅速增长。正是这种由于需求结构的变化,带来了产业结构调整压力。这种压力通过低技术的劳动密集型产业产品的市场竞争日趋激烈反映出来。因此,当地企业趋向于通过一定规模的对外投资、对外建立生产加工点、对外建立销售网点等多种形式,扩大市场空间,改善企业的经营状况,增强企业的市场竞争能力。

四、海峡西岸经济区承接台湾产业转移的动力机制

根据分析,产业转移的基础是区域之间存在产业梯度,要将这种可能转变为现实,有赖于区域产业转移因素的推动。以福建为例,海西经济区承接台湾产业转移的动力源,归纳起来有以下几个方面。

1. 经济的快速发展是福建承接台湾产业转移的第一动力源

只有当产业转移的移入区和移出区的经济都发展到一定阶段时,产业转移才有可能发生。高梯度地区往往由于扩张性需求或调整产业结构需要把产业转移出去,而低梯度地区由于经济得到一定程度的发展,也具备了承接产业转移的各种条件,于是产业转移得以进行。经过多年的经济发展,福建的经济实力已大大增强。2012 年福建全省实现地区生产总值 19 701.78 亿元,比上年增长 12.2%。从产业看,第一产业增加值为 1 776.71 亿元,增长 10.2%;第二产业增加值为 10 187.94 亿元,增长 12.3%;第三产业增加值为 7 737.13 亿元,增长 12.5%,人均生产总值 52 763 元,增长 11.4%。福建历年产业结构对比如表 5-1 所示。

表 5-1　福建历年产业结构比重　　　　　　单位:%

年份	第一产业	第二产业	第三产业
1990	28.1	33.4	38.4
1993	22.8	40.9	36.3
1995	22.2	42.1	35.7
1998	19.3	42.3	38.4
2000	17.0	43.3	39.7
2001	16.0	44.3	39.7
2002	14.9	45.6	39.5
2003	13.9	47.0	39.1
2004	13.7	48.1	38.3
2005	12.6	48.5	38.9
2006	11.4	48.7	39.9
2007	10.8	48.4	40.8
2008	10.7	49.1	40.2
2009	9.7	49.1	41.2
2010	9.3	51.0	39.7
2011	9.2	51.6	39.2
2012	9.0	51.7	39.3

数据来源:《福建统计年鉴》2013 年。

从表5-1可以看出,福建第一产业在GDP中的比重逐渐缩小,二、三产业在GDP中的比重呈逐渐扩大的趋势,这基本上与发达国家工业化进程中产业结构变动趋势相吻合。从增加值构成上看,第二、三产业结构变动趋势大体相同,都呈逐步增长的势头;从产业结构上看,三次产业在朝着逐步优化的方向发展。整体来看,福建产业结构呈现第二产业比重最大,第三产业次之,第一产业比重最小的"二三一"产业结构。这说明福建今后产业结构调整也应遵循产业结构演变的规律,大力发展第三产业,顺应产业结构朝着"三二一"方向演变的趋势。

2. 产业存在的梯度差是福建承接台湾产业转移的第二动力源

产业梯度差是指不同地区间产业发展水平存在的差异。它可以通过产业结构对比、产业发展阶段差、产业技术水平等反映出来。从表5-2福建与台湾产业结构对比来看,两者存在一定的梯度。

表5-2　福建与台湾产业结构对比　　　　　　单位:%

年份	地区	第一产业	第二产业	第三产业
2012	福建	9.0	51.7	39.3
	台湾	1.9	29.0	69.2
2011	福建	9.2	51.6	39.2
	台湾	1.8	29.8	68.4
2010	福建	9.3	51.0	39.7
	台湾	1.6	31.0	67.4
2009	福建	9.7	49.1	41.2
	台湾	1.7	28.9	69.4
2008	福建	10.7	49.1	40.2
	台湾	1.6	29.1	69.4
2007	福建	10.8	48.4	40.8
	台湾	1.5	31.4	67.1
2006	福建	11.4	48.7	39.9
	台湾	1.6	31.3	67.1
2005	福建	12.6	48.5	38.9
	台湾	1.7	31.3	67.1
2004	福建	13.7	48.1	38.3
	台湾	1.7	31.8	66.6

数据来源:《中国统计年鉴(2013)》及《福建统计年鉴》2013年。

从福建与台湾的产业结构对比来看,两地区的产业结构具有阶段性差异:福建尚处于"二三一"的工业化中期,工业仍然是经济的主导,第三产业尚未得到全面充分的发展,第三产业在全国的比重还低于第二产业,发展潜力巨大。因此,加快产业结构优化升级是现阶段福建改变经济增长方式,走新型工业化道路的迫切要求,也是保持经济平稳较快发展,提高增长质量和效益的重要保障。而台湾已经处于"三二一"的工业化后期阶段,第三产业的主导地位明显,第一、二产业相对弱化,已经进入资本技术密集型阶段。因此,闽台两地产业互补空间巨大。从产业发展阶段来看,两者之间也存在阶段差。台湾于1981年就提出发展"策略性"工业,而福建则到20世纪80年代末才开始发展高新技术产业,两者之间的时间差距将近10年。目前台湾高新技术产业发展已具相当成效,而且具有完整的产业分工链。而福建的高新技术产业还处于起步阶段,半导体、生物工程、药业还在萌芽阶段,精密机械、仪表等技术含量高的产业正处于发展的初期,作为支柱产业的电子信息产业虽处于高速成长期,但还没有形成配套完善的产业群,离真正的支柱产业尚有距离。

3. 生产要素互补是福建承接台湾产业转移的第三动力源

根据李嘉图的比较成本理论和俄林的要素禀赋理论,不同国家或地区的资源禀赋存在巨大差异,通过国际贸易能使各国或地区充分利用自身要素达到资源的优化配置,降低成本,实现比较利益。福建与台湾在资金、科研、市场容量方面都有各自的比较优势,闽台两地能优势互补,发挥资源整合功能,实现生产要素的有效配置,可实现双方产业效益的最大化。从科技研究方面看,福建在科技成果转化方面存在一定的梯度差距,由于科技体制不健全,资金投入和市场经验不足,高科技成果商品化、实用化能力较差,而应用科技则是台湾的强项,它以出口为导向,建立了较好的科技成果产业化机制。从市场容量上看,台湾面积狭小,市场腹地有限,长期以来以出口作为其经济发展的重要导向,但国际市场竞争日益激烈,在国外强势品牌及大型企业的夹击下,许多台湾企业也不堪亏损。而中国大陆拥有广阔的市场,具有较大的经济规模,发展前景良好。台湾可以依赖祖国大陆潜力巨大的市场腹地,走互补合作寻求新发展之路。

五、海峡西岸经济区承接台湾产业转移的影响因素

根据前文对产业梯度转移的影响因素的分析,以福建为例,讨论海西经济区承接台湾产业转移过程中的推拉力与阻力。

1. 福建承接台湾产业转移的推拉力

（1）人力资源相对丰富

福建是中西部地区农村剩余劳动力转移的主要区域之一,源源不断的外来劳动力使福建有充足的劳动供给,低廉的劳动力成本,有力地支持了福建发展劳动密集型工业。而台湾岛内的劳动力则十分紧缺,劳动密集型企业大都迁往岛外寻求发展,而福建丰富的劳动力资源可以为台湾经济的进一步发展提供人力资源,又由于福建与台湾在人缘、地缘、方言相近,在接受台湾产业转移方面具备独特优势。

（2）土地资源相对丰富

虽然福建在大陆也属于土地资源紧缺的省份,但相对台湾而言,福建土地资源仍然要丰富得多。福建沿海有大量的海湾围垦滩地,适宜作为工业用地,福建目前的工业用地价格与台湾地区相比相差 20 多倍,厂房和其他基础设施建设的费用也比台湾低廉,而台湾地区面积不及福建的 1/3,土地资源紧缺,这也是影响台湾转移一般工业的重要因素。

（3）两地经贸合作紧密

随着福建基础设施建设的不断完善,多条出省高速公路和铁路的建成通车,使福建与中西部地区的联系日益紧密,福建走向国内市场的交通障碍已大大减小。而台湾由于受岛内资源和市场规模小的约束,部分产业也急需往外转移。资源禀赋的互补性构成了福建与台湾良好的合作基础。目前,两地的经贸合作已从低层次逐渐向大规模、高层次、多领域发展。福建与台湾在轻纺、食品、服装鞋帽、电子信息、机械、石化等领域已形成较强的配套能力和产业集聚效应,出现了东南汽车、华映光电、翔鹭化纤、华阳电业等产业关联度强的大型合资项目。石化、汽车和电子信息行业,闽台产业分工和合作已逐步由劳动密集型向资本密集型产业转变,并具有较强的产业关联度和发展链,形成了电子、石化、汽车等产业群。

（4）政策支持力度加大

福建是对台经贸的重要窗口,是全国开放度最高,政策较为优惠的地区之一,在两岸经济交流与合作中扮演着越来越重要的角色。2009 年 5 月 16 日,国务院正式颁布了《关于支持福建加快建设海峡西岸经济区的若干意见》,明确提出"发挥海峡西岸经济区独特的对台优势和工作基础,努力构筑两岸交流合作的前沿平台,实施先行先试政策,加强海峡西岸经济区与台湾地区经济的全面对接,推动两岸交流合作向更广范围、更大规模、更高层次推进"。随着海峡西岸经济区战略的实施,中央政府对"海西"建设的政策支持力度更大,将为福建加快产业的发展提供难得的发展机遇。

2. 福建承接台湾产业转移的阻力

（1）省内各区经济发展不平衡

从经济总量上看,2012 年,闽东南地区(福州、泉州、厦门、漳州、莆田) GDP 总额为 14 942.10 亿元,占全省 GDP 比重 75.84% ;2011 年,闽东南地区 GDP 总额为 13 365.40 亿元,占全省 GDP 比重 76.11% 。由于福建的经济活跃带主要集中在闽东南地区,限制了产业集聚效应和规模效应的发挥,区域空间内产业发展水平不均衡,出现散状分布状态,缺乏有机、有序的联系。客观上,难以提升福建的整体产业水平。

（2）来自周边地区的挑战

福建虽然是距离台湾最近的大陆省份,一直是台商投资的主要区域之一,但是同周边的长三角、珠三角经济区相比,福建在港口建设、腹地经济发展、产业链构成、人才拥有量等方面都存在一定的差距,这几年错失了承接台湾第三波产业转移即电子行业转移的时机,许多台湾大企业落户上海、江浙、广东一带,使福建对台招商的近地优势难以发挥。

（3）产业配套不完善的制约

与沿海其他发达省市相比较,福建的经济总量、科技实力、产业竞争力仍有一定的差距,高新技术产业正在福建起步,半导体工业、软件业、生物工程和药业以及其他高技术产业还在萌芽阶段,精密机械、仪表等技术含量高的产业还没有真正形成。由于缺乏结构完善的产业群体和配套的产业链,难与台资企业形成有机的产业分工和配套协作关系,难以形成上、中、下的产业分工协作链。

第二节　海峡西岸经济区承接台湾产业转移的　　可行性分析

一、海峡西岸经济区的发展历程

海峡西岸经济区是指台湾海峡西岸,以福建为主体,涵盖周边地区,对应台湾海峡,南北与珠三角、长三角两个经济区衔接,西与江西的广大内陆腹地贯通,具有对台工作、统一祖国,并进一步带动全国经济走向世界的特点和独特优势的区域经济综合体。海西经济区的发展大致经历了三个阶段:

（1）第一阶段：20 世纪 80 年代，起步探索阶段

这一阶段，在依山傍海的地理优势基础上，福建省提出了利用其"山、海、侨（华侨）、特（特殊政策、特区）"的优势发展经济，提出"以智取胜"、"科教兴省"的发展战略，突出科学技术、教育文化在经济发展中的重要作用；1982 年，福建省委适时提出经济建设、侨务和对台三大战略任务，为后来福建发展战略定位的不断充实、调整、完善奠定了良好的基础。

（2）第二阶段：20 世纪 90 年代，发展充实阶段

江泽民总书记在党的十四大报告征求意见稿第一部分"十四年伟大实践的基本总结"中第一次正式提出"闽东南"这一概念，并把它与长江三角洲、珠江三角洲和环渤海湾地区并列为加速开放开发的重点地区。之后福建省十四大代表提出"加快闽东南开放开发，建设海峡西岸繁荣带"的发展战略。该战略旨在以厦门特区为龙头，带动闽南三角地区、闽江口和湄洲湾地区的开放开发，并逐步形成海峡西岸经济繁荣带。这一战略不仅是对大念"山海经"发展战略的拓展和深化，而且突出福建对台这一最大优势，把发展战略与促进祖国统一有机结合起来，并得到党中央、国务院的积极肯定和支持。

（3）第三阶段：21 世纪初，完善定位阶段

伴随着祖国统一大业的部分实现和经济区域一体化、全球化的纵深发展，如何重新定位福建的发展成为迫切需要。时任福建省委代书记、省长的卢展工于 2004 年初召开的福建省十届人大二次会议上，所做的《政府工作报告》中提出了"建设对外开放、协调发展、全面繁荣的海峡西岸经济区"的战略构想。这一战略，本着"对外开放、协调发展、全面繁荣"的基本构想，把台湾海峡西岸以福建为主体的一大片区域纳入视野，着力于"延伸两翼，对接两洲"，着力于"整合优势，深化内涵"，着力于"互动联动，统筹协调"，科学地把握了当前的发展大势和福建的发展方位与路径，体现了与以往福建执政方略一脉相承又与时俱进。这一战略得到了党中央、国务院的大力支持。2006 年，"支持海峡西岸经济发展"被纳入"十一五"规划纲要，正式从区域发展战略升格为国家发展战略。

2009 年 5 月，国务院出台《关于支持福建省加快建设海峡西岸经济区的若干意见》，对进一步发挥福建省比较优势，加快建设海峡西岸经济区，促进福建省经济社会又好又快发展奠定了坚实的基础，海峡西岸经济区建设已形成了良好的发展态势。

二、海峡西岸经济区承接台湾产业转移的优势

1. 区位优势

海峡西岸经济区北承长三角、南接珠三角,东与台湾隔海相望,西倚赣、皖、湘广阔内陆腹地,毗邻港澳,具有连接两岸暨香港、澳门的区位优势。对海峡西岸经济区的主体福建来说,最重要的是其独特的对台区位优势。福建与台湾具有地缘相近、血缘相亲、文缘相承、商缘相连、法缘相通的"五缘"优势。地缘近,福建与台湾一衣带水;血缘亲,台湾80%的同胞祖籍在福建,两岸交流、交往十分密切;文缘深,台湾的语言、文化、风俗、习惯都与福建相近、相形;商缘广,改革开放以后,福建台资企业数量在全国排第三,商业往来非常频繁;法缘久,从历史看,经中央授权,台湾一直归福建省管辖。改革开放以来,福建不断加强与台湾的经贸文化交流与合作,设立了海沧、杏林、集美、马尾4个台商投资区,建立了漳州、福州2个闽台农业合作试验区,开通了福州、厦门港与高雄港的集装箱班轮试点直航。同时,开辟了一批沿海口岸与金、马、澎地区的海上客运直接往来和直接贸易货运直航。此外,福建还有35个台轮停靠点、27个对台贸易口岸,每年有40万台湾同胞来闽,长住的约有10万人。近年来,闽台人员往来更加密切,民间交往活跃,带动了学术、科技、教育、体育、青少年等各方面交流合作的发展。优越的区域距离优势加上海西经济区迅速崛起的一大批现代化物流企业,既为加工贸易的大进大出提供了配套服务,还大大降低了产品的流通成本。两岸实现"三通"后,这一优势地位对吸引台资的积极作用更加明显,对于毗邻台湾的海西地区来说,无论是缩短生产周期,降低投资成本,还是节约运输费用、保证出口品交货时间都具有其他省市无法比拟的区位优势。

2. 丰富的岸线港口资源

与其他地区相比,海西经济区最重要的优势之一是丰富的岸线港口资源。海西经济区岸线资源极其丰富,共有6 990公里海岸线与台湾相望。其中,福建海岸线的大陆线3 752公里,其中,海岛海岸线总长807公里,位居全国第一。海峡西岸沿海已形成功能较为全面的港口群,厦门港、福州港、湄洲湾港、汕头港、温州港已成为全国重要的主枢纽港,其中厦门港、福州港已进入全国十大港行列,加上海峡东岸的高雄、基隆、台中、花莲、苏澳等5大港口,海峡两岸汇集着中国沿海最密集的港口群。众多的天然良港是带动海峡西岸经济快速发展的强大引擎。

3. 较早的开发开放省份

海峡西岸与台湾经济具有很强的互补性,改革开放以来,双方投资与贸易已形成良性互动,台湾是海峡西岸第三大贸易伙伴和第一大进口来源地。海峡西岸设立了杏林、海沧、集美及马尾4个国家级台商投资区,建立了漳州和福州海峡两岸农业合作试验区,一批台湾大企业纷纷来闽投资。据统计,20世纪80年代至2004年4月,海峡西岸累计批准台资项目7 804个(不含第三地转投资的台资项目),合同台资141.4亿美元,实际到资100.7亿美元。台资成为海峡西岸第二大境外资金来源,且投资规模日益扩大,投资结构趋向合理,投资势头不断增强。

2008年厦门海沧保税港区、漳平(永福)国家级台湾农民创业园、福鼎沙埕对台渔工劳务点获准成立,厦门、福州机场成为两岸直航包机常态化航点,沿海8个港口成为首批两岸航运直航口岸,厦门、福州邮局成为两岸直接通邮封发局;率先在厦门开展暂住一年以上省外人员赴台旅游办证试点工作;台湾富邦银行入股厦门商业银行获银监会批准,成为首家投资大陆银行业的台湾银行,台湾人寿在厦门合资设立君龙人寿保险有限公司正式开业,成为第一家总部设在福建的两岸合资寿险公司;福建成为首批大陆记者赴台驻点省份;海峡论坛成为两岸政策发布的重要平台。

4. 产业布局比较合理

福建已经形成60个粗具规模的产业集群,超越八闽"半壁江山",成为经济社会发展的重要力量和创造社会财富的活水源头,区域内正沿"大项目—产业链—产业群—产业基地"的发展路径,如,泉州石化产业不断集聚,成为区域主导产业;厦门的石化、电子和机械三大产业集群也形成了一定优势;另外还有福州形成了"高技术企业群落"、厦门形成了"跨国公司群落"、泉州形成了"民营企业群落"、漳州形成了"台资农业群落"、晋江和石狮的服装纺织、晋江旅游运动鞋、南安石材、莆田鞋业、安溪铁观音、德化瓷器、福安电机、建瓯笋竹、仙游仿古家具等产业集群,如今在中国都是响当当的。其中,厦门"电子信息产业集群"、福安"电机产业集群"、泉州"箱包产业集群"、晋江"休闲运动鞋产业集群"、石狮"休闲运动服装产业集群"、南安"五金水暖器材产业集群"、德化"日用工艺陶瓷产业集群"等7个产业集群入选"中国百佳产业集群",合理的区域内产业集聚对有目的有序地吸引台资有良好的导向作用。

三、海峡西岸经济区承接台湾产业转移的劣势

1. 与周边省份的比较劣势逐渐凸显

首先,从利用合资来看,纵观海西经济区的主体福建省,长期以来充分利用其对台的独特区位优势和国家赋予的"特殊政策、灵活措施",在吸收利用台资方面一直处于大陆领先地位。然而随着大陆全方位对外开放格局的形成,福建在利用台资、对台经贸方面面临着大陆周边省份的强有力的博弈竞争,利用台资规模已经落到广东、江苏之后。从 2000 年开始,台商迁往长三角地区的投资大幅增加,尤其是上海、昆山、苏州、南京、宁波一带,已成为台商投资祖国大陆的群聚地。现阶段福建在引进台资方面的落后局面不仅体现在总量上,更体现在引进台资的结构中,电子电器产品制造业、化学制造业、塑胶制品制造业、基本金属制造业和服务业居前 5 名,其投资金额占投资总额的比重达到 85% 以上,其中科技含量高的电子电器产业投资比重连年递增,这些数据显示出了台商在大陆投资的科技含量逐年增加,但近几年福建省引进台资行业结构比例却未体现这种变化趋势。

其次,由于长三角和珠三角两大经济区对夹在中间的海西经济区仍处于极化效应大于扩散效应的阶段,不断吸收来自周边地区的生产要素、资本以及人力资源,使得海西经济区与南北两大增长极之间的差距越来越大。根据研究表明,GDP 总量对吸引投资具有显著作用,这就表明海西经济区在吸引台资方面仍无法与长三角和珠三角抗衡,台商对海西经济区的投资力度逐年降低。

另外,从教育发展水平来看,与周边几个省份相比福建省教育发展水平相对较低,尤其是具有研发能力的高等教育水平比较低,高校无论从数量上还是质量上均无法与周边省份抗衡,本专科毕业生基数过小,改变现状的能力有限。而周边江苏、浙江、广东等省份高校门类齐全与各级科研机构已形成了从基础研究、应用研究、开发研究到工程设计、试验与推广等配置合理的科研开发体系,研发成本比较低。为提高三资企业的人员素质和管理水平奠定了扎实的基础,更容易吸引外商对高技术项目的投资。

外商在综合考虑以上因素后,显然会更倾向于在福建周边的省份投资高技术项目,增强技术转移力度。同时,经过这些年的发展,江苏、浙江、广东的土地价格已经超过福建省,这必然增加了外商投资的成本,从而促使外商加大对高附加值产业的投资,进一步增加技术转移的力度。

2. 工业发展总体水平不高

虽然总体来看福建省的工业处于一个上升的阶段,但低附加值、低技术含量的产品过剩;高附加值、高技术含量的产品稀缺。高档耐用消费品中最终产品的生产能力强大,产品供过于求,而高档消费品的后向联系——中间产品、配套产品、一些重要的原材料生产能力和开发能力不足。

在出口商品结构中,资本技术密集型产品的附加值低、技术含量低。在工业制成品出口中,资本技术密集型产品,尤其机械设备、电器电子产品的出口都保持在一个相当高的增长率上,但是,这些所谓的资本技术密集型产品主要还是一些零部件的组装生产;是属于技术含量一般性工业制成品。福建省外贸对于高科技产业的依赖度不强,尤其是出口技术效益不高,对外贸易总体上处于一个持续发展后劲不足的阶段,技术含量偏低。

3. 高科技产业基础较差

福建省相当重视高科技产业的发展,近几年也取得相当大的成绩。电子及通信设备、电子计算机及办公设备、新材料等高新技术产业迅速成长,以及高新技术改造传统产业速度的加快,大大提高了产业技术的层次。孕育出一批知名的高新技术大企业,如戴尔计算机(中国)有限公司、福建捷联电子有限公司、厦门华侨电子企业有限公司、冠捷电子(福建)有限公司、华映光电股份有限公司、夏新电子有限公司和翔鹭石化企业(厦门)有限公司。

虽然福建省的高科技产业发展势头不错,但是也存在着相当多的问题,使得无法更好地吸引优质的、高技术的外商直接投资。一般来说,高科技产业的增加值率要高于非高科技产业,高科技产业的盈利要大于非高科技产业。但是在福建省,却出现相反的现象。福建省高科技产业的主要问题有以下几个方面:

(1)技术创新能力较差

当前福建省高新技术产业的发展模式在技术上表现出"拿来主义",没有很好地把技术引进与消化、吸收、创新结合起来,导致产业自主创新能力不强,核心零部件和元器件依靠进口。许多高新技术产品只能成为外商的"贴牌"产品,无法培育出像TCL、华为这类拥有自主知识产权的龙头大企业。在福建规模较大的高新技术产业企业中,专利基本上被外国公司所垄断,大部分产品是组装的。

(2)高新技术的研究与开发资金投入不足

尽管高新技术产业投入科技活动人员以及R&D经费支出也逐年增加,表明福建注重对自主创新的投入,但无论从R&D经费投入、专利申请数量,还是科技人才厚度来看,福建都低于其他沿海地区。同时由于缺乏科研资金,新产品开发缓慢,使得科技成果在商品化方面落后,专利积压严重,不少信息技术产品与国际差距有拉大的趋势。

(3)高新技术企业规模偏小。福建省高新技术产业单位的规模普遍不大。这一系列问题造成了福建省的整体技术创新能力不足,对高技术资本密集型的外商直接投资吸引力明显不如周边的各个省份,甚至开始出现了福建省的外资北上和南下。

4. 区域合作难度在加大

海峡西岸经济区合作跨越 4 个省 21 个设区市,涵盖 100 多个县市(区),受现行区域行政壁垒的限制,各地区均存在自己的局部利益,行政协调的难度相当大。特别是沿海地区产业投资环境大同小异,区域内产业竞争需要通过扩展战略向良性化转变。在现行体制下,地方政府"经济人"特征十分明显,为了短期政府目标,可能制造行政壁垒,干预生产要素的自由流动,进而造成重复建设和产业结构雷同,影响各地比较优势的发挥,破坏区域分工与协作。

5. 外商投资成本较高

首先,海西经济区交通基础设施落后是导致其封闭的主要原因之一。其中福建多山的地貌导致道路崎岖,地域封闭,信息不灵。公路运输能力仍有待加强。而铁路运输费时长、速度慢,港口吞吐量较少,严重弱化了福建省的产业辐射能力。而如浙南的温州、粤北的汕头,也存在缺少国际机场、航线少等问题,导致投资成本增加。其次,区域内资源匮乏。如温州的用水紧张,汕头的电价高于周边地区,特别是福建省在夏季用电高峰限电限时段的举措极大地妨碍了企业的正常生产运营。再次,区域内的科技与教育水平不发达,由于历史原因,国家对福建的教育和科技投入较少。福建的高等院校和科研院所的数量偏少,以致科研基础薄弱,教育发展水平不高,直接导致福建省的劳动力素质较低。而周边省份各级科研机构已形成研发体系。因此,福建省虽然具有承接产业转移的劳动力价格优势和土地资源优势,可降低制造业生产成本和提高市场竞争力,但当上述价格优势不足以弥补物流成本较高、劳动力生产效率低、规模经济下降所带来的成本上升时,仍会引起单位产品生产成本上升,降低制造业价格优势,从而阻碍产业的区际转移。最后,经营成本高。区域内如温州、汕头等地在水电价格、生产用地价格、劳动力价格等方面都超过其他地区,导致企业在该地区的投资设厂经营成本偏高。

6. 城市化水平偏低

区域内中心城市的竞争力越来越成为区域间经济实力比较的重要指标。海西经济区要做大做强,主要制约因素之一就是缺少具有较大的影响力和辐射力的中心城市。同时由于多山的地貌和城市化水平低,导致要形成联动的城市群有一定的困难,这种城市人口居住的不集中又直接降低了规模经济。处于区域内第一梯度的厦门、福州和泉州 3 个城市的总人口仅占海西经济区总人口的 15% 左右,完全不能达到大都市圈人口的要求,更远低于长三角、珠三角和京津冀三大经济圈。

第三节　海峡西岸经济区承接台湾产业转移的绩效分析

改革开放以来,福建借助地缘、人缘的优势成为台商投资大陆的桥头堡,台闽产业转移不仅为福建的经济发展提供了重要的资金支持,同时也促进了海峡西岸经济区对外贸易和产业结构的转型升级。

一、海峡西岸经济区承接台湾产业转移的发展演进

台湾对福建的产业转移是伴随台商在福建投资的逐步深入来实现的,因此我们以台商在闽的投资变化情况来作为分析闽台产业转移的主要依据。

20世纪80年代初期,台商对福建的投资以试探性为主,投资规模不大。80年代后期到90年代初期,两岸政策的放宽,掀起了一股台商投资的热潮。这期间,福建累计批准台资项目2 879个,台资合同金额39.93亿美元。1994年以来,受两岸政治关系、国内外吸引台资的激烈竞争以及福建自身投资环境的不足等因素的影响,来闽台资的项目和规模呈逐年下降趋势。1994—2005年间,福建共承接台资项目4 952个,合同金额30.24亿美元。这阶段,转移的典型企业主要有中华映管、冠捷电子、翔鹭化纤、东南汽车等。

2005年起,由于海峡西岸经济区战略构想的提出和实施、两岸政治关系的缓和及两岸"三通"的基本实现,台商在闽投资热情高涨,福建吸引台资、承接产业转移水平都提升到了更高的层次。从表5-3、图5-3可以看出,2005—2011年台湾对福建产业投资金额累计达41.83亿美元,占全国累计投资总额5.93%,居全国第五位。

表5-3　2005—2011年台湾对福建产业投资变化

年份	投资金额		
	大陆	福建	福建占全国比例(%)
2005	60.07	3.98	6.63
2006	76.42	5.20	6.80
2007	99.71	3.88	3.90
2008	106.91	8.09	7.56
2009	71.43	2.62	3.67

续表

年份	投资金额		
	大陆	福建	福建占全国比例(%)
2010	146.18	8.82	6.03
2011	143.77	9.23	6.42
累计	704.49	41.82	41.01

数据来源:台湾地区"经济部投资审议委员会":《华侨及外国人投资、对外投资、对中国大陆投资统计月报》。

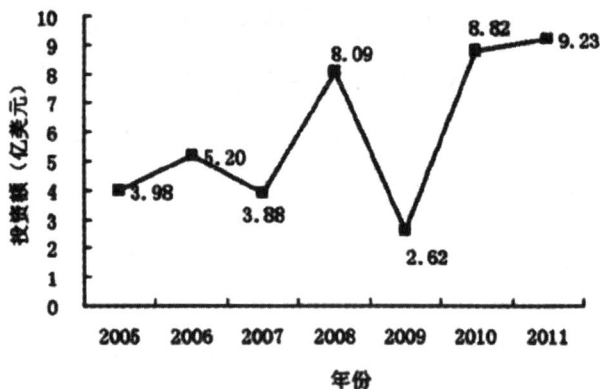

图5-3　2005—2011年台湾对福建产业投资变化趋势图

　　可以说,承接台湾产业转移一直是福建经济发展的一大优势。福建作为最早承接台湾产业转移的省份之一,经过不断发展和积累,产业转移规模和层次都在不断提高。截至2012年6月底,福建实际共有台资企业3 873家,主要集中在福州、厦门、泉州、漳州地区;累计投资总额97亿美元,注册资本近57亿美元,外方认缴近50亿美元。在三大产业中,福建最早承接的是台湾的第一产业——农业,但承接规模最大、成效最显著的是台湾第二产业中的制造业(产业分布详见图5-4),而最具承接潜力的则是台湾的第三产业。近年来,为进一步优化台商投资环境,服务闽台产业转移,推动对台各项交流与合作向宽领域、高层次、纵深化方向发展,福建出台了多项扶持政策。如:《福建省"十一五"闽台产业对接专项规划(2006—2010年)》,提出了5条推进闽台产业对接的对策措施,并确定了10个闽台产业对接的主要行业和方向重点。

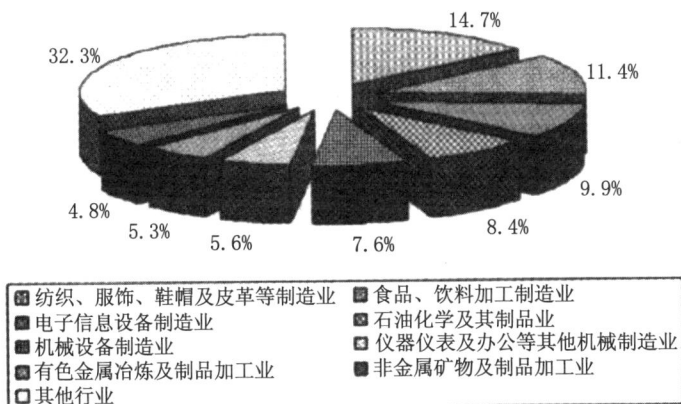

图5-4　福建承接台湾制造业投资分布图①

以台资为主的电子、石化、机械等行业占福建省规模以上工业总产值的50%以上，成为福建省的三大支柱产业，并不断彰显出产业链效应。电子行业已形成以冠捷（捷联）电子为龙头，华映光电，韩国 LG，日本 NEC、JVC 等为配套的显示器产业链。在平板显示器方面，冠捷电子成为全球最大的液晶显示器制造商，友达光电、华映光电、宸鸿科技等分别在大尺寸、中小屏、触摸屏模组等领域跻身全国前列。在发光二极管（LED）生产方面，目前福建拥有 8 个光电产业园，占全省光电产业产值 90% 以上，其中台湾明达、新晶元等的投资生产，对完善、壮大福建 LED 产业链发挥了重要作用。机械行业以东南汽车为龙头，台湾近 200 家协力厂商配套的机械装备产业链。形成了福州（青口）汽车及零部件、厦门大中型客车及零部件、厦门龙岩工程机械、福安电机电器、福州厦门南平输变电设备、龙岩环保机械产业等区域集群产业。石化行业的华阳电业、翔鹭化纤等龙头企业，一直跻身大陆外资企业 500 强。以海沧石化产业基地、湄洲湾北岸石化专区等为核心的包括石油加工、橡胶加工、合成材料、基础化学原料和专用化学品的石化产业聚集区正在不断壮大和完善中。

二、海峡西岸经济区承接台湾产业转移的特点

首先，三次产业中，福建主要承接第二产业的转移。20 世纪八九十年代，受投资环境下降、劳动力成本提高、土地租金上涨等因素影响，岛内众多企业

---

① 李师源：《台湾产业转移对福建产业结构变化影响的实证分析》，载《综合竞争力》2011 年第 1 期。

开始外移,福建就在台企外移的浪潮中利用廉价的劳动力和地租,大量承接劳动密集型产业或资源密集型产业,涉及电子、服装、鞋业、箱包、雨伞、玩具、工艺品、塑料制品、机械五金、建筑材料、竹木加工、体育用品、水产品养殖加工、农业种植加工等 20 多个行业,占福建承接台资项目的 80% 以上。随着产业承接的深入,承接项目的结构不断调整。目前,福建承接台湾的产业转移重点开始由劳动密集型转向资金、技术密集型的电子、机械、石化能源等产业,涌现出了例如中华映管、冠捷、东南汽车等科技水平较高的龙头企业。第三产业的承接也逐渐成为热点,例如旅游业、房地产业,金融行业在厦门试点后也将依次向福建其他地区展开布局。

其次,承接规模从小型化向大型化转变。从投资项目的平均资金来看,承接规模逐渐扩大。1983—1987 年间平均每个台商投资项目合同资金仅为 69 万元左右,2000 年每个项目平均约为 176 万元,而到了 2005 年则增加到约 800 万元。海西战略的提出,为承接台湾大型企业投资建立了良好的平台,平均每个项目合同资金达到约 2 000 万元,上百家大型台湾机械制造、电子装配、食品加工企业落户福建。如台湾水泥集团投资 3 000 万美元兴办福州台泥水泥有限公司和福州泥洋屿码头有限公司;台湾塑胶制品商业公会投资 3 000 万美元建立"台湾高科技塑胶工业园";天福茗茶斥资 1 亿美元建立融生产、加工、销售、教育为一体的天福茶园;世界第三、台湾第一大液晶显示器厂商友达企业独资设立的友达光电(厦门)有限公司正式落户厦门火炬(翔安)产业区,项目一期投资为 1.5 亿美元,总投资 5 亿美元。

再次,承接区域不平衡,承接项目区域特征明显。台商来闽投资,绝大多数集中在福、厦、漳、泉等沿海经济较发达、交通便捷的地区,并且相对集中于台商投资区及各类开发区。同时,台商投资区域分布上表现出明显特色,福州、厦门、泉州以承接工业项目为主,漳州主要承接农业综合开发和创汇农业,而内陆地区的三明、龙岩、南平则多集中于承接林产资源和矿产开发型项目。

最后,承接比例和速度下降。从 1993 年以后,福建吸引台资金额先后被广东、江苏超过,占全国的比重也从改革开放初期的 70% 逐年下降到目前的约 10%,目前只处于全国第三位。近年来,上海、山东、北京等地都在福建之后紧紧追赶,福建承接台资的势头不容乐观。虽然台湾对大陆投资金额逐年有所增加,但福建省从中承接的比例却呈逐年下降趋势。

三、台闽产业转移与福建对外贸易转型升级

1. 推动福建对外贸易发展

20 世纪 80 年代,台湾开始向大陆进行产业转移,闽东南地区承接了台湾纺织、制鞋等劳动密集型产业的转移,在一定程度上促进了福建省对外贸易发展,特别是强化了劳动密集型产品的出口,使全省贸易逆差状态明显改善,贸易赤字逐渐减少。90 年代以来,随着台闽产业转移的不断扩大和深入,福建省进出口贸易额保持平稳增长的发展势头。1990—1999 年累计进出口贸易额达 1 230.8 亿美元,比 80 年代增长了近 8.7 倍,1993 年进出口贸易总额首次突破 100 亿美元,1999 年达到 1 762 亿美元,比 1990 年增长了 306.1%。特别是整个 90 年代,福建省出口贸易增长速度远远大于进口贸易,对外贸易均处于顺差状态。

进入 21 世纪,台闽产业转移已由初期的加工、装配等劳动力密集型产业向石油化工、精密机械等资金密集型产业发展的领域发展,福建省对外贸易进入高速发展阶段。如图 5-5 所示,2000 年,福建省进出口贸易总量首次突破 200 亿美元,居全国第六位,随后 2002 年我国加入 WTO,福建省对外贸易总额几乎每年增长近 100 亿美元,连续超过 300 亿美元、400 亿美元、500 亿美元,2012 年全省进出口贸易总额接近 1600 亿美元。从出口贸易来看,2000 年以来,福建省出口贸易额一直保持高速增长的态势,2000—2012 年福建省出口贸易额一路攀升,2007 年突破 500 亿美元,2012 年接近 1 000 亿美元。

单位:万美元

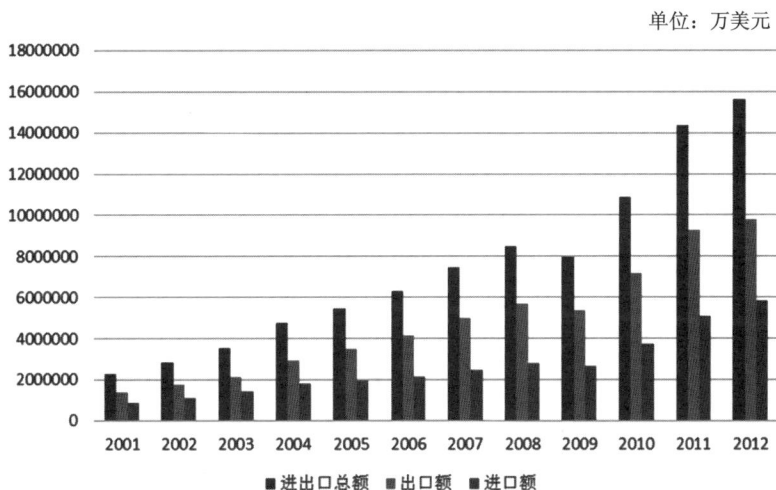

图 5-5　2001—2012 年福建省对外贸易情况

数据来源:根据《福建统计年鉴(2013)》整理而得。

台闽产业转移,使得福建省对外贸易规模有了长足的发展,但从中我们也发现了一些问题。从图5-6来看,福建省出口贸易额增长率基本上同全国变化趋势相同,但其中有两个时期,福建省出口贸易增速均大幅低于全国出口增速,这与台闽产业转移关系密切。其一是1997年亚洲金融危机,台闽产业转移步伐放缓,使得福建出口贸易增速也受到一定影响;其二是2002年至今,随着台商不断地从闽东南向珠三角、长三角和环渤海经济地带转移,福建省内产业发展趋向滞缓,出口贸易增速落后于全国平均水平。

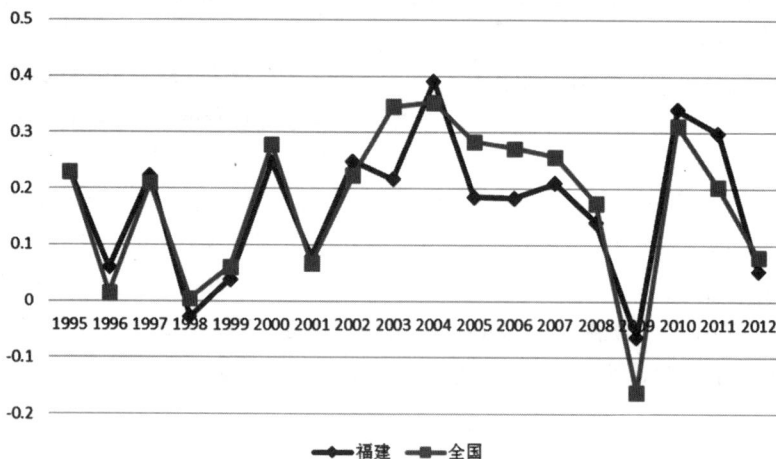

图5-6　1995—2012年全国及福建省出口贸易额增长率

数据来源:根据《中国对外经济贸易统计年鉴(2013)》和《福建统计年鉴(2013)》整理而得。

2. 促进福建贸易结构优化

台闽产业转移不仅使得福建省外贸规模不断壮大,而且贸易内部结构也有所优化和升级。首先,从工业制成品与初级产品的比例来看,如图5-7所示,在福建省出口贸易中,制成品比重不断增加,而进口贸易的制成品比重呈现先小幅上升后大幅度下降的态势,总体上出口贸易中制成品比重高于进口贸易,并且两者差距有不断加大的趋势。20世纪90年代末,福建省进口与出口贸易制成品与初级产品比例分别为6.43和7.24,随着闽台产业转移的制造业领域不断扩大,产品层次不断提升,福建省出口贸易结构不断优化升级,制成品比重逐年增加。

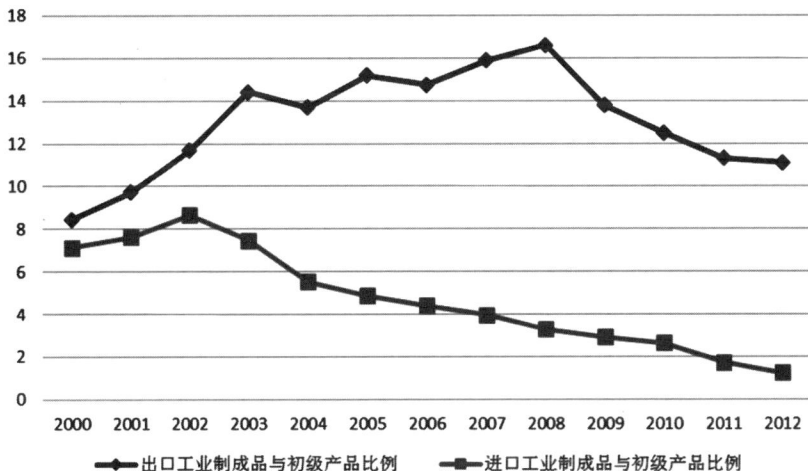

图 5-7　福建省进出口工业制成品与初级产品比例

数据来源:根据《福建统计年鉴》各年数据整理计算而得。

其次,从劳动密集型与资本、技术密集型产品的比例来看,如图 5-8 所示,福建省出口产品中劳动密集型产品比重大幅下降,资本、技术密集型产品比重上升,这与台闽产业转移的发展趋势相一致。从图 5-8 中可以看出,福建省出口贸易结构近几年有所提升,劳动密集型产品与资本密集型产品比例 2000—

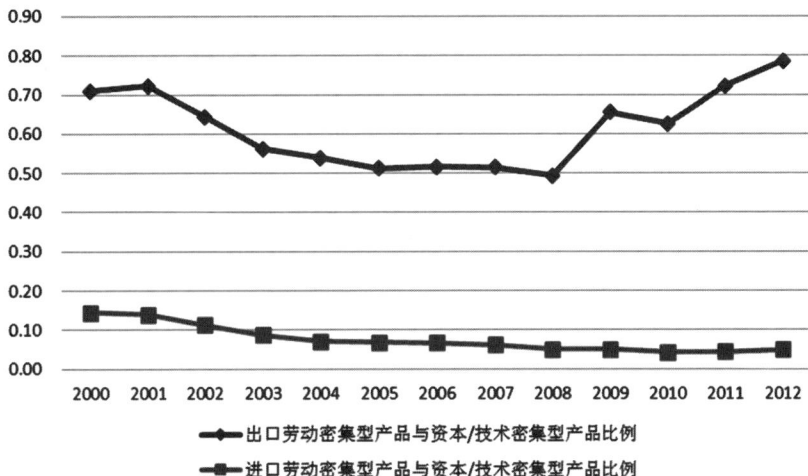

图 5-8　福建省进出口产品类型比例

数据来源:根据《福建统计年鉴》各年数据整理计算而得。

2008 年一直保持下降态势,2009 年后有所上升。从进口方面来看,福建省进口产品则以资本、技术密集型产品为主,1999—2012 年间变化不大,基本上保持相对稳定的状态。

最后,从加工贸易与一般贸易来看,如图 5-9 所示,从 20 世纪 90 年代中期开始,福建省一般贸易比重呈不断上升趋势,而加工贸易却呈现出相对下降的趋势。2000 年前,加工贸易占有绝对优势,是福建省的第一大贸易方式,而2000 年至今,一般贸易发展较为迅速,2007 年一般贸易占进出口贸易总额的51%,成为福建省第一大贸易方式。加工贸易与一般贸易的比重变化也在一定程度上反映了福建省在承接台湾产业转移以来,本土制造业也在不断模仿学习中发展壮大,除了通过来料加工、来件装配的加工贸易扩大产品出口外,福建省也开始立足品牌建设,加强自主品牌的生产和出口。

单位:万美元

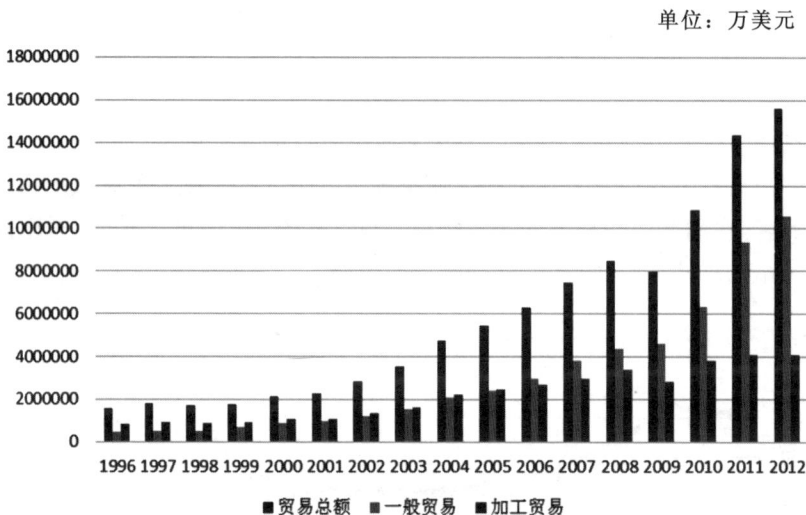

图 5-9 1996—2012 年福建省一般贸易与加工贸易

数据来源:根据《福建统计年鉴》各年数据整理计算而得。

3. 提升我省外贸竞争力

台闽制造业转移,不仅使得福建外贸规模不断壮大,贸易结构不断优化,而且在一定程度上促进了福建省贸易竞争力的提高。福建省工业制成品总体贸易竞争力指数如表 5-4 所示,已从 2000 年的 0.226 上升到 2012 年的0.472,除第 5 类工业品外,第 6 类、第 7 类和第 8 类工业品从总体上都具有较强的国际竞争力。第 5 类化学成品及有关产品虽从整体上不具有国际竞争力,但是

52章、54章、55章和56章产品已经具备相当的国际竞争力。在第6类按原料分类的制成品中,除61章和68章外,其他各章产品都具有较强的国际竞争力,特别是62章橡胶制品和65章纺纱、织物、制成品及有关产品,在台闽产业转移的进程中不断成长,由最初的缺乏国际竞争力的产品发展成具有较强国际竞争力的贸易商品。第7类机械及运输设备不但是未来台闽产业转移的主要方向,而且也是福建省战略性支柱产业,目前最具国际竞争力的是76章和78章产品,72章和73章产品不具备国际竞争力,仍需发展提高。第8类杂项制品是福建省的出口大项,也是福建最早承接台湾产业转移的制造业,其中81章到85章产品的国际竞争力均超过0.9,特别是鞋帽、服装产品,已经不仅仅局限于加工生产,福建省的晋江市已发展为品牌之都,产品热销海内外。

表5-4　2000—2012年福建省工业制品贸易竞争力指数①

	2000	2002	2004	2006	2008	2010	2012
工业制品	0.226	0.236	0.275	0.378	0.432	0.420	0.472
第5类化学成品及有关产品	−0.560	−0.555	−0.660	−0.413	−0.335	−0.393	−0.427
51章有机化学品	−0.692	−0.621	−0.828	−0.748	−0.710	−0.652	−0.735
52章无机化学品	0.573	0.535	0.584	0.808	0.899	0.897	0.886
53章染料、鞣料及着色料	−0.852	−0.934	−0.892	−0.794	−0.755	−0.581	−0.311
54章医药品	0.620	0.660	0.733	0.817	0.908	0.820	0.663
55章精油、香料及盥洗、光洁制品	0.612	0.573	0.727	0.762	0.753	0.688	0.764
56章制成废料	−0.923	−0.786	−0.523	0.771	0.999	1.000	1.000
57章初级形状的塑料	−0.966	−0.964	−0.948	−0.878	−0.786	−0.862	−0.829
58章非初级形状的塑料	−0.618	−0.632	−0.584	−0.201	−0.305	−0.504	−0.343
59章其他化学原料及产品	−0.287	−0.355	−0.466	−0.149	−0.187	−0.246	−0.460
第6类按原料分类的制成品	0.028	0.059	0.185	0.432	0.523	0.509	0.638
61章皮革、皮革制品及已鞣毛皮	−0.797	−0.769	−0.645	−0.603	−0.738	−0.656	−0.594
62章橡胶制品	0.501	0.526	0.583	0.565	0.635	0.437	0.398
63章软木及木制品(家具除外)	0.820	0.865	0.912	0.960	0.966	0.982	0.982
64章纸及纸板;纸浆、纸及纸板制品	−0.378	−0.338	−0.101	0.041	0.306	0.409	0.580
65章纺纱、织物、制成品及有关产品	−0.191	−0.188	0.040	0.346	0.579	0.598	0.720
66章非金属矿物制品	0.660	0.642	0.667	0.843	0.892	0.833	0.841
67章钢铁	−0.722	−0.823	−0.719	−0.116	0.038	−0.129	0.245

①　贸易竞争力指数(TC),是指一国进出口贸易的差额占进出口贸易总额的比重,其取值范围为(−1,1)。如果TC指数大于零,表明该类商品具有较强的国际竞争力,越接近于1,竞争力越强;TC指数小于零,则表明该类商品不具国际竞争力;指数为零,表明此类商品竞争力与国际水平相当。

续表

	2000	2002	2004	2006	2008	2010	2012
68 章有色金属	−0.688	−0.616	−0.369	−0.005	0.036	−0.117	0.077
69 章金属制品	0.412	0.564	0.593	0.671	0.641	0.723	0.781
第 7 类机械及运输设备	−0.044	0.039	0.200	0.294	0.389	0.315	0.301
71 章动力机械及设备	−0.396	−0.426	0.012	0.166	0.281	0.267	0.254
72 章特种工业专用机械	−0.882	−0.896	−0.791	−0.529	−0.190	−0.439	−0.294
73 章金工机械	−0.830	−0.807	−0.686	−0.588	−0.363	−0.579	−0.422
74 章通用工业机械设备及零件	−0.189	−0.169	0.114	0.305	0.229	0.275	0.445
75 章办公用机械及自动数据处理设备	0.457	0.470	0.582	0.622	0.509	0.159	0.280
76 章电信及声音的录制及重放装置设备	0.445	0.220	0.379	0.669	0.768	0.802	0.748
77 章电力机械、器具及其电气零件	−0.221	−0.224	−0.185	−0.083	0.071	0.077	0.022
78 章陆路车辆(包括气垫式)	0.229	0.324	0.367	0.641	0.763	0.587	0.783
79 章其他运输设备	−0.043	0.332	0.149	0.087	0.512	0.379	0.318
第 8 类杂项制品	0.845	0.748	0.646	0.638	0.618	0.634	0.746
81 章活动房屋、卫生、水道、供热及照明装置	0.880	0.809	0.944	0.930	0.922	0.947	0.979
82 章家具及其零件、褥垫及类似填充制品	0.934	0.979	0.974	0.972	0.935	0.979	0.915
83 章旅行用品、手提包及类似品	0.948	0.974	0.991	0.992	0.996	0.997	0.998
84 章服装及衣着附件	0.978	0.981	0.990	0.990	0.992	0.996	0.996
85 章鞋靴	0.929	0.942	0.944	0.968	0.979	0.985	0.990
87 章专业、科学及控制用仪器和装置	−0.164	−0.719	−0.806	−0.701	−0.377	−0.259	−0.144
88 章摄影器材、光学物品及钟表	0.556	0.597	0.580	0.557	0.292	0.170	0.232
89 章未列名杂项制品	0.837	0.851	0.871	0.892	0.895	0.890	0.916
第 9 类未分类的商品及交易品	−0.987	−0.928	−0.877	−0.854	−0.300	−0.334	−0.999

数据来源:根据《福建统计年鉴》各年数据整理计算而得。

四、台闽产业转移与福建产业结构优化升级

台闽产业转移不仅对福建省对外贸易转型起到了重要的促进作用,而且也是福建省产业结构升级的重要机遇和推动力量。台闽产业转移从最初的追求廉价劳动力和充裕资源到内外销市场导向和效率寻求;从传统的劳动密集型产业到资本、技术密集型产业;从台商独资办厂到两地合资经营及产业合作。福建省制造业不断发展强大,从"制造大省"向"制造强省"迈进,产业结构不断优化升级。

1. 加速福建三次产业构成优化

从三次产业结构的构成来看(如表5-5 所示),随着台闽产业转移发展,福建省三次产业结构日趋合理。首先,从产值上来看,三次产业间产值的比例由1978 年的 36∶42∶22 调整为 2012 年的 9∶52∶39。国内生产总值中,第一产业

的产值比重由 1978 年的 36.06% 降低为 2012 年的 9.02%;第二产业的产值
比重 1978 年为 42.47%,1990 年下降为 33.41%,但从 1995 年开始回升,到
2012 年上升到 51.71%;第三产业 1978 年的产值比重为 21.47%,随后除
2002 年有小幅下降外,其余所有年份比重均呈逐年增加的态势,2007—2012
年稳定在 40% 左右。其次,从就业人数来看,第一产业从业人员占全部劳动
人口的比重由 1978 年的 75.11% 逐年降低为 2012 年的 25%;第二产业的就
业比重由 1978 年的 13.44% 稳步上升为 2012 年的 38.8%;第三产业的就业
比重由 1978 年的 11.45% 上升到 2012 年的 36.2%。

表 5-5　1978 年以来我省主要年份三次产业的结构变化　　　　单位:%

年份	第一产业		第二产业		第三产业	
	产值比重	就业比重	产值比重	就业比重	产值比重	就业比重
1978	36.06	75.11	42.47	13.44	21.47	11.45
1990	28.15	58.36	33.41	20.55	38.45	21.09
1995	22.19	50.29	42.12	23.68	35.69	26.03
2000	17.02	46.77	43.26	24.52	39.73	28.71
2001	15.99	45.71	44.28	25.09	39.73	29.20
2002	14.88	44.75	45.59	26.06	39.53	29.19
2003	13.90	42.40	46.97	27.80	39.13	29.81
2004	13.65	40.18	48.07	29.41	38.28	30.40
2005	12.62	37.60	48.45	31.16	38.92	31.24
2006	11.42	35.20	48.72	33.18	39.86	31.62
2007	10.84	32.65	48.40	35.10	40.76	32.24
2008	10.70	31.15	49.14	35.57	40.16	33.28
2009	9.67	29.45	49.08	35.76	41.26	34.79
2010	9.25	28.40	51.05	36.62	39.70	34.98
2011	9.18	26.32	51.65	37.76	39.17	35.92
2012	9.02	25.00	51.71	38.80	39.27	36.20

数据来源:根据《福建统计年鉴》各年数据整理计算而得。

2. 加速福建重化工业发展

20 世纪 80 年代,随着台湾将纺织、服装等劳动密集型工业向福建省大批
转移,福建省制定了"轻型、外向、高新、跳跃"的发展战略,轻工业发展步伐不
断加快,以食品、纺织、造纸、塑料加工、皮革、缝纫、家用电器等骨干行业为主

的具有福建优势的产业有了进一步发展。20 世纪末,随着台闽产业转移向纵深方向发展,机械、石化、电子、冶金成为两地产业对接的主要领域,福建确立了加快重工业发展的指导思想,原材料工业及其他重工业生产能力大幅度增长,其中金属材料、化工原料和建筑材料得到长足发展。冶金工业的钢、钢材、生铁、锰、铝、钨等,化学工业的烧碱、纯碱、硫酸和甲醇,以及建材工业的水泥、平板玻璃和彩釉砖等重点产品产量迅速增加;装载机、叉车、发电设备、电机、轴承、高压开关、彩电、电子计算器、电子玩具、显像管、半导体器件、电子元件等机电产品,不论数量还是质量都有了迅速发展。从 1978 年至 2012 年,福建重工业发展速度加快,平均增速 22.0%,比轻工业增速高 2 个百分点。2012 年重工业占全部工业产值的 52.8%,比 1978 年上升了 11.3 个百分点,轻重工业的比例从 1978 年的 58.9:41.1 调整为 2012 年的 47.2:52.8,表明福建轻重工业格局已由改革开放之初的"轻高重低"转变为目前的"重高轻低",标志着福建工业经济增长已从轻工业拉动为主导转向以重工业拉动为主导,工业化进程进入到重化工业的新发展阶段。

3. 加速福建高新技术产业发展

近年来,福建在承接台湾制造业转移的过程中,实现科技的引进、消化、吸收和集成创新,促进成果转化,使福建省高新技术产业发展迅速,并呈现良好的发展态势,目前已初步形成以电子信息产业为主体、新材料、新能源与节能产业协同发展的格局。如表 5-6 所示,2011 年,全省高新技术产业产值达8 928.41 亿元,高新技术产业增加值达 2 326.34 亿元。2011 年,全省国家级高新技术产业开发区内的高新技术产业产值为 2 131.42 亿元,占全省高新技术产业产值的比重为 23.9%,增加值占 22.9%。

表 5-6 2011 年福建省高新技术产业开发区情况

分　　组	总产值(亿元)	构成(%)	增加值(亿元)	构成(%)
总　　计	8 928.41	100	2 326.34	100
A 国家级高新技术开发区	2 131.42	23.9	532.36	22.9
1. 福州市科技园区	511.64	5.7	132.42	5.7
2. 厦门市火炬开发区	1 403.18	15.7	339.82	14.6
3. 泉州高新技术产业开发区	216.61	2.4	60.12	2.6
B 省级高新技术开发区	378.43	4.2	102.08	4.4

数据来源:根据《2011 年度福建省高新技术产业发展情况统计公报》整理计算而得。

如表 5-7 所示,2011 年,从高新技术产业各行业产值来看,高新技术改造传统产业所占比重最大,为 59.7%,产值 5 333.44 亿元,比上年增长 28.3%;其次是电子及通信设备制造业,所占比重为 21.5%,产值 1 920.46 亿元;电子计算机及办公设备制造业,所占比重为 11.2%,产值 1 003.61 亿元。

表 5-7　福建省高新技术产业产值分行业情况

行　　业	2010		2011		2011 年比上年增长(%)
	产值(亿元)	比重(%)	产值(亿元)	比重(%)	
总　　计	7 073.6	100.0	8 928.42	100.0	26.2
医药制造业	144.54	2.0	191.90	2.2	32.8
航空航天器制造业	27.58	0.4	48.58	0.6	76.1
电子及通信设备制造业	1 438.33	20.3	1 920.46	21.5	33.5
电子计算机及办公设备制造业	982.01	13.9	1 003.61	11.2	2.2
医疗器械及仪器仪表制造业	76.62	1.1	120.00	1.3	56.6
信息化学品制造业	32.64	0.5	48.29	0.5	47.9
高新技术改造传统产业	4 157.04	58.8	5 333.44	59.7	28.3
非工业高新技术产业	214.84	3.0	262.14	3.0	22.0

数据来源:根据《2011 年度福建省高新技术产业发展情况统计公报》整理而得。

五、台闽产业转移的负面影响

1. 地域分布不平衡,不利于福建区域经济协调发展

从福建省台商投资的地区分布来看,多集中在人口密集、经济较发达、对外开放度高的闽东南地区,1979—2003 年福建 9 设区市利用台资情况如表 5-8 所示,厦门、福州、漳州和泉州 4 设区市汇聚的台资项目占全省 85.71%,吸引台资合同金额占全省 89.41%,实际到资占全省 90.23%。可见,厦门、福州、漳州和泉州是福建台商主要聚集地,是福建承接台湾转移的主要平台,莆田和南平则相对薄弱,三明、宁德和龙岩由于地处内陆山区,经济比较落后,难以吸引台商投资实现产业转移。

表 5-8　1979—2003 年福建省各设区市利用台资情况①

设区市	项目数(件)	合同金额(亿美元)	实际到资(亿美元)
福州	1 673	29.59	22.68
厦门	2 169	41.58	39.31
泉州	1 139	13.14	7.78
漳州	1 588	40.76	19.56
莆田	319	7.15	4.62
三明	184	0.97	0.64
南平	259	3.73	1.98
宁德	169	1.61	1.04
龙岩	165	1.00	1.40
全省	7 664	139.88	99.00

此外,如表 5-9 所示,从 2005 年福建省 9 设区市竞争力指数及排名可以看出,福建省区域经济呈现非协调发展态势,台资聚集的厦门、福州和泉州均位于社会发展、经济发展、经济水平、经济结构和基础设施排名的前三位,而其他 6 设区市则相对落后,可见,台闽产业转移的地区分布不平衡,将使福建省东西部差距进一步增大,不利于区域经济的协调发展。

表 5-9　2005 年福建省 9 设区市竞争力指数及排名②

设区市	社会发展	排名	经济发展	排名	经济水平	排名	经济结构	排名	基础设施	排名
厦门	100.00	1	93.00	1	99.55	1	99.45	1	85.50	1
福州	63.60	3	67.82	2	65.18	2	83.30	2	78.99	2
泉州	65.78	2	66.59	3	60.73	3	76.74	3	73.63	3
龙岩	60.95	4	66.27	4	52.32	6	62.49	9	56.41	9
莆田	56.38	8	65.05	5	51.55	8	71.96	4	64.20	4
三明	59.84	5	61.75	6	53.28	4	67.11	5	57.01	8
漳州	57.29	7	59.93	7	53.21	5	66.77	6	58.13	5
宁德	52.79	9	58.34	8	50.16	9	62.59	8	57.75	6
南平	59.45	6	53.21	9	52.03	7	63.32	7	57.13	7

---

①　林卿、郑胜利、黎元生:《两岸"三通"与闽台经贸合作》,中国经济出版社 2005 年版。

②　王秉安、罗海成:《福建全面发展竞争力报告》,社会科学文献出版社 2007 年版。

2. 技术溢出效应有限,不利于福建产业结构优化升级

林卿、郑胜利等①对福建省本地 147 家企业的问卷调查显示,有 56.46%的企业认为台商企业对当地企业生产力的影响程度为"一般",只有 29.2% 的企业认为"强"与"很强"。可见,台闽产业转移并没有产生明显的技术溢出效应,对福建省技术升级和产业结构调整所起作用极其有限。一般情况下,为避免核心技术的外溢和扩散,核心技术都是掌握在台方研发人员手中,技术创新与改造仅与台湾母公司发生纵向联系,而很少与当地企业发生横向联系。台商将核心技术以外的产品生产线直接移植到福建生产,或只将部分技术单项、分散地传授给当地技术工人,而这种技术也多为已经标准化的技术,事实上当地企业并没有真正从台资企业吸收先进的技术。可见,闽东南只是台商的生产加工场,而台闽间产业转移所带来的技术溢出尚未充分发挥,对福建省内资企业的技术溢出和带动效果十分有限。

从福建省高新技术产业产值注册类型构成来看(如表 5-10 所示),在从业人员、总产值、增加值、利税和出口五项指标中,港澳台商投资和外商投资企业在出口中所占的比重最大,远远超出了内资企业指标的比重,这说明福建省高新技术产业中的外商直接投资很大程度上是资源导向型的,只是利用福建省劳动力资源优势进行加工制造,最终将产成品出口,并没有产生明显的技术转移或技术溢出效果。因此,只有实施自主创新战略,加强对自主产权的品牌产品的研发、设计和生产,才能改变福建省制造业产品因缺乏核心技术而导致加工附加值较低的局面,加速福建省外贸转型和产业结构升级。

表 5-10　2008 年福建省高新技术产业产值注册类型构成情况

	内资企业	港澳台商投资企业	外商投资企业	总计
从业人员年平均人数(万人)	24.19	25.43	21.04	70.65
比重(%)	34.2	36.0	29.8	100.0
总产值(亿元)	1 170.79	1 516.4	1 769.33	4 456.52
比重(%)	26.3	34.0	39.7	100.0
增加值(亿元)	339.63	389.67	435.94	1165.24
比重(%)	29.1	33.4	37.4	100.0

① 林卿、郑胜利、黎元生:《两岸"三通"与闽台经贸合作》,中国经济出版社 2005 年版。

续表

	内资企业	港澳台商投资企业	外商投资企业	总计
利税(亿元)	159.09	133.28	117.81	410.18
比重(%)	38.8	32.5	28.7	100.0
出口(亿美元)	178.55	808.11	817.54	1804.2
比重(%)	9.9	44.8	45.3	100.0

数据来源:根据《2008年度福建省高新技术产业发展情况统计公报》整理而得。

3. 产业关联效应不显著,不利于福建产业集群化成长

台闽产业转移所带来的产业关联效应不显著主要有两方面原因。其一是源于转移方,福建台资企业多属于"两头在外",即从台湾或国外进口原料和设备,而生产的产品大部分用于出口,这样不利于带动上下游产业成长和发展,很难形成一体化产业链和产业集群。林卿、郑胜利等在对福建省66家台资企业的问卷调查中,有63.3%的企业是从台湾自带原材料和生产设备,有83%的企业产品销往国外或返销台湾。福建上下游产品制造企业由于自身实力不足和技术力量薄弱未能与之形成配套,两岸企业间没有形成密切的产品供需关系。其二是源于承接方,随着福建制造业逐步发展壮大,其产业集群已初步形成,但由于自身条件限制,仍然存在着产业关联效应不显著、产业转移的前向和后向产业关联效应差等问题,这导致产业转移过程中没能形成完整的产业链来带动上、中、下游产业发展,未能起到培育福建产业群体发展壮大的作用。

如表5-11所示,福建产业集群中由外资企业和本地龙头企业带动的较少,而大部分是建立在"三低"之上:一是廉价的劳动力成本;二是分工高度精细化达到规模经济后的低生产成本;三是以家族、血缘、地缘为纽带的低交易成本。可见,福建省现有的集群多以低成本为基础,而不是创新为基础的,个体、家庭企业小生产管理方式占有相当大的比重,专业化层次较低,缺乏公益性产品开发服务和信息服务以及其他配套服务,很难形成广泛的产业关联效应。因此,当前福建省应加快产业集群的升级,而升级的关键是让其形成嵌入性,能够嵌入到当地的社会网络中,培养产业关联效应,使福建省产业集群化成长。

表 5-11　福建产业集群类型

类　　　型	主要产业集群
外资企业转产带动型	福州马尾显示器、青口汽车
本地龙头企业带动型	南平电线电缆、沙县金沙园
家族式企业集聚型	福州长乐纺织、泉州晋江鞋业、石狮服装
资源依托型	安溪茶叶加工、福州罗源石材、泉州南安石材
传统技艺依托型	泉州惠安石雕、德化陶瓷
地理优势依托型	福安船舶修造业、厦门海沧石化、泉州泉港石化

此外,在台闽产业转移进程中,一些台资的投向偏离引资政策方向,诸如高污染、高耗资源的企业,如农药、油墨、染料、清洗剂,为当地环境污染治理增加负担,给福建省经济的长远发展带来了消极影响。

第四节　海峡西岸经济区承接台湾产业转移效应测评体系构建

海峡西岸经济区承接台湾产业转移的效应受多种因素的影响,其中一些影响因素往往具有不确定性和模糊性,采用传统评价方法很难对其进行正确评价,而模糊综合评价法能较好地处理多因素、模糊性以及主观判断等问题,本书根据海西承接台湾产业转移的特点,构建了产业转移效应的测评体系,运用模糊数学和模糊统计的方法建立海峡西岸承接台湾产业转移效应的模糊综合评价模型,以期获得较好的评价效果。

一、海峡西岸经济区承接台湾产业转移效应测评体系构建原则

对于两岸间产业转移测度这样一个复杂的系统来说,影响因素很多,关系错综复杂,需要选择多个指标、建立指标体系来描述,应遵循以下原则:

一是科学、合理的原则。指标体系应能真实、客观、全面地反映两岸间产业转移的现有情况和发展趋势,尽可能选择最能体现效果的指标。

二是系统性、可操作性原则。指标体系应当较为完整、全面地体现两岸间产业转移各个方面的情况,既有数量,又有质量;既有优势,又有劣势。尽量采用现有的科技和经济统计数据,数据易于通过统计资料整理、抽样调查或典型

调查获得,避免随意推断假设数据。

三是定量和定性相结合。评价指标体系建立过程中,所选指标尽可能采用可以量化的指标,辅之相对重要的定性指标共同构成整体的评价指标体系。

二、海峡西岸经济区承接台湾产业转移效应分析

在台湾产业向海峡西岸经济区转移的过程中,产业转移对海西区域发展的主要影响因素有要素注入、技术溢出、关联带动、结构优化和优势升级等方面。

1. 要素注入

要素注入是指产业可以获得的、能使其有效生产出对消费者有用产品(服务)的有形或无形的统一体,包括有形和无形。有形要素指自然资源、劳动力和资本等,无形要素指劳动者技能、知识和生产技术等。现代的要素投入除包括资本、劳动、土地之外,还应当包括技术、管理、知识、信息,而且决定经济增长的投入要素,主要已经不是资本、劳动和土地了,而是越来越依赖于知识、信息、技术和管理等要素。要素注入效应可从生产投入的"三要素"方面进行评价,如劳动对象方面的材料、能源,劳动手段方面的资本、机器设备、技术装备、信息,劳动者方面的知识水平、智力水平和管理水平。劳动对象、劳动手段和劳动者包含一定的科技含量,都将随着技术进步和知识、信息产业的发展,在质量和素质上发生变化。产业转移过程是综合性的,它在转移时,不仅伴随着大量的资本和技术的转移,也伴随着其他无形要素的进入,产业转移能使海峡西岸经济区迅速积累相对稀缺的生产要素,为海西经济的繁荣创造条件。

2. 技术溢出

技术溢出效应是指在产业转移过程中输出的先进技术被输入方消化吸收所导致的技术进步,以及技术转移过程所带动的输入方的经济增长。技术溢出通过两种途径产生效应:一是硬途径,即由于移入产业所包含的技术本身被移入区产业模仿、消化、吸收,导致移入区产业的技术进步;二是软途径,即具有先进技术的移入产业在对移入区相关产业产生前后波及作用的过程,并拉动后者的技术进步。

技术溢出效应可从技术进步和技术创新两个方面进行评价,其中技术进步指标可用技术进步速度和技术进步贡献率的大小来衡量,技术进步速度反映该产业在一定时期内进步的快慢,而技术进步贡献率则是该产业部门综合技术进步因素在总产出增长中的贡献份额,反映综合技术进步因素在该产业

发展中的作用。产业转移的技术创新可用科技活动主要指标增长率和科技成果增长率来衡量，而技术创新效果一般反映在技术水平及开发、创新、改造、引进能力的提高上，因此，可从这几个方面展开，如中高级技术人员指数、先进设备装备指数、技术开发费用指数、新产品产值指数、新工艺产值指数、技术改造投资指数、设备更新指数、技术引进投资指数、技术市场交易指数等。

3. 产业关联

产业关联是指产业之间存在的广泛、复杂和密切的联系，它有后向、前向和旁侧关联。产业关联带动作用实质是移入产业关联效应的发挥过程，包括：一是后向关联效应，即移入产业的发展会对各种要素产生新的投入要求，从而刺激相关投入品产业的发展。二是前向关联效应，即移入产业的活动能通过削减下游产业的投入成本而促进下游产业的发展，或客观上造成产业间结构失衡而使其某些瓶颈问题的解决有利可图，从而为新的工业活动的兴起创造基础，为更大范围的经济活动提供可能。三是旁侧关联效应，即移入产业的发展会引起它周围的一系列变化。总之，产业的关联带动作用是产业转移的重要功能，它将在很大程度上促进海西经济区的发展。

产业关联效应可分别用产业关联影响力系数和产业关联感应度系数两个指标来衡量产业的后向、前向和旁侧关联的广度和深度。产业关联影响力系数指某产业所用的由其他产业提供的中间产品占该产业总产值的比重，产业关联感应度系数指某产业向其他产业提供的中间产品占该产品总产值的比重。

4. 产业结构优化

产业转移会直接或间接地影响海西地区产业结构的变动。因为，台湾先进产业的移入会使海西地区产业结构中采用先进技术的部门在数量上和比例上增加，从而使海西经济区产业结构体现出高级化的趋势。同时，先进产业的移入，这种新技术的新的生产组织会作为"扩散源"，对原有相对处于较低层次各等级的产业升级转型，从而逐步提高整个产业整体的技术集约化程度，促进产业结构向着高级化方向演进。

产业结构优化效应主要指标有：三次产业结构比例指标，主要考评三大产业对 GDP 的贡献率和增长率；产业可持续发展指标，可以体现产业结构是否得到优化，反映指标可包括环保投资额平均增长率、产业能耗水平比率、环保产业机构和人员的增长率、"三废"治理率以及绿化面积数及增长率等；产业结构协调化指标，反映了产业结构各子系统能否相互融合、相互协调，提高产业结构优化的进度，反映指标可包括地区产值比重指标、人均产值密度指标、产量密度比例指标、产值密度变异系数、区域产业结构趋同性指标。

5. 产业升级

海西经济区产业结构的一个重要特征就是资源、劳动密集而技术层次低的传统产业比重大,先进产业比重小。先进产业的移入,带动资本、技术等稀缺要素的积累,为传统产业比较优势的升级创造了机会,这将有助于新的主导产业或支柱产业的形成,提升海西在区际分工中的地位。

产业升级涉及的评价范围较广,主要评价指标有工业结构中的霍夫曼比例和工业加工程度,前者反映工业内部产业结构演进的高度化程度,后者反映工业化中由原材料为重心转向以加工、组装为重心的演进程度;其他产业指标中的如基础产业超前系数、信息产业产值比重、智力技术密集型集约化程度和新兴产业产值比重等反映指标;产业开放性指标,区域产业的开放性是增强地区产业结构竞争能力和升级能力的必要条件,反映指标包括产业国内外市场份额指标、进出口总量指标、外贸依存度指标、产业区际商品率、参与国际分工程度、国际市场竞争力、国际合作程度、跨国经营效果。

三、海峡西岸经济区承接台湾产业转移效应评价指标体系构建

海西经济区承接台湾产业转移效应评价指标体系是由一级指标、二级指标和三级指标构成的层叠体系。三级指标层反映准则层的具体内容,由各单项指标组成;一级指标层由反映海西经济区承接台湾产业转移效应的五大重要部分组成,即要素注入指标、技术溢出指标、产业关联性、产业结构优化和产业升级指标。海西经济区承接台湾产业转移效应评价指标体系的构建如表5-12所示。

表 5-12　海西经济区承接台湾产业转移效应评价指标体系

一级指标	二级指标	三级指标
A 要素注入 (0.10)	劳动对象 A_1 (0.12)	材料配置系数 A_{11} (0.44)
		能源配置系数 A_{12} (0.56)
	劳动手段 A_2 (0.72)	资本技术构成系数 A_{21} (0.28)
		固定资产新度系数 A_{22} (0.17)
		技术装备系数 A_{23} (0.29)
		信息应用系数 A_{24} (0.26)
	劳动者 A_3 (0.16)	知识密集指数 A_{31} (0.47)
		人才密集指数 A_{32} (0.34)
		劳动力素质指数 A_{33} (0.19)

续表

一级指标	二级指标	三级指标
B 技术溢出 (0.15)	技术进步 B_1(0.44)	技术进步速度指数 B_{11}(0.46) 技术进步贡献率指数 B_{12}(0.54)
	技术创新 B_2(0.56)	科技活动主要指标增长率 B_{21}(0.36) 科技成果增长率 B_{22}(0.64)
C 产业关联性 (0.19)	前向关联 C_1(0.27)	产业关联影响力 C_{11}(0.55) 产业关联感应度 C_{12}(0.45)
	后向关联 C_2(0.34)	产业关联影响力 C_{21}(0.45) 产业关联感应度 C_{22}(0.55)
	旁侧关联 C_3(0.39)	产业关联影响力 C_{31}(0.5) 产业关联感应度 C_{32}(0.5)
D 产业结构优化 (0.30)	三次产业结构比例 D_1(0.46)	第一产业对 GDP 的贡献率和增长率 D_{11}(0.21) 第二产业对 GDP 的贡献率和增长率 D_{12}(0.36) 第三产业对 GDP 的贡献率和增长率 D_{13}(0.43)
	产业可持续发展 D_2(0.31)	环保投资额平均增长率 D_{21}(0.21) 产业能耗水平比率 D_{22}(0.30) 环保产业机构和人员的增长率 D_{23}(0.17) "三废"治理率 D_{24}(0.32)
	产业结构协调化 D_3(0.23)	地区产值比重 D_{31}(0.18) 人均产值密度 D_{32}(0.21) 产量密度比例 D_{33}(0.32) 区域产业结构趋同性 D_{34}(0.30)
E 产业升级 (0.26)	工业结构 E_1(0.23)	霍夫曼比例 E_{11}(0.46) 工业加工程度 E_{12}(0.54)
	其他产业 E_2(0.34)	基础产业超前系数 E_{21}(0.16) 信息产业产值比重 E_{22}(0.26) 智力技术密集型集约化程度 E_{23}(0.28) 新兴产业产值比重 E_{24}(0.30)
	产业开放性 E_4(0.43)	产业国内外市场份额指标 E_{31}(0.18) 外贸依存度指标 E_{32}(0.27) 参与国际分工程度 E_{33}(0.34) 跨国经营效果 E_{34}(0.21)

第五节 海峡西岸经济区承接台湾产业转移效应模糊评价

美国控制论专家艾登(Eden)于1965年创立了模糊综合评判法,即通过构造等级模糊子集把反映被评事物的模糊指标进行量化(即确定隶属度),然后利用模糊变换原理对各指标综合。海峡西岸承接台湾产业转移效应的评价具有模糊性是海西承接台湾产业转移效应模糊评价的理论依据,多级模糊综合评价的方法有两种,即一步法(一次性综合评价)和多步法(即逐层进行模糊评价)。由于海峡西岸承接台湾产业转移效应受多因素的影响,宜采用多层次的模糊评价法来评价。

一、建立因素集

通过以上评价体系的构建和筛选,把影响海峡西岸承接台湾产业转移效应的因素构成集合,称为因素集。用 U 表示 $U = \{u_1, u_2, \cdots, u_n\}$,其中 u_i 表示第 i 个影响因素,n 为影响因素的个数。这些因素,通常都具不同程度的模糊性。在此,可定义:

$U = \{u_1, u_2, u_3, u_4, u_5\}$ = {要素注入,技术溢出,产业关联性,产业结构优化,产业升级}

二、设立评价集

评价集是评价者对评价对象可能做出的各种总的评价结果组成的集合。用 V 表示:$V = \{V_1, V_2, \cdots, V_m\}$,其中 V_j 代表第 j 个评价结果,m 为总的评价结果数。对海峡西岸承接台湾产业转移效应评价时,等级集合可设为:$V = \{优, 良, 中, 差\}$。每一个等级可对应一个模糊子集。为了便于计算,将主观评价的语义学标度进行量化,并依次赋值为4、3、2及1,评价定量标准见表5-13。

表 5-13　评价定量分级标准

评价值	评语	定级
$X_i > 3.5$	优	E1
$2.5 < X_i \leqslant 3.5$	良	E2
$1.5 < X_i \leqslant 2.5$	中	E3
$X_i \leqslant 1.5$	差	E4

　　结合海西经济区实际情况,邀请产业相关部门、机构、企业及专家进行问卷调查,通过数据整理可得到评价指标分值如表 5-14 所示。

表 5-14　海峡西岸承接台湾产业转移效应评价指标分值

指标	优	良	中	差	指标	优	良	中	差
A11	0.20	0.25	0.45	0.10	D11	0.25	0.20	0.45	0.10
A12	0.15	0.30	0.25	0.30	D12	0.20	0.25	0.25	0.30
A21	0.35	0.30	0.25	0.10	D13	0.20	0.35	0.45	0.00
A22	0.25	0.20	0.40	0.15	D21	0.30	0.35	0.30	0.05
A23	0.30	0.35	0.20	0.15	D22	0.20	0.35	0.30	0.15
A24	0.40	0.35	0.20	0.05	D23	0.25	0.25	0.30	0.20
A31	0.30	0.45	0.25	0.00	D24	0.10	0.30	0.45	0.15
A32	0.35	0.40	0.15	0.10	D31	0.15	0.25	0.35	0.25
A33	0.25	0.30	0.35	0.10	D32	0.20	0.45	0.25	0.10
B11	0.30	0.40	0.15	0.15	D33	0.35	0.40	0.15	0.10
B12	0.40	0.40	0.15	0.05	D34	0.40	0.45	0.10	0.05
B21	0.35	0.35	0.20	0.10	E11	0.35	0.35	0.20	0.10
B22	0.25	0.30	0.25	0.20	E12	0.25	0.45	0.10	0.20
C11	0.20	0.20	0.35	0.25	E21	0.25	0.20	0.45	0.10
C12	0.35	0.30	0.25	0.10	E22	0.50	0.30	0.15	0.05
C21	0.40	0.35	0.20	0.05	E23	0.45	0.40	0.05	0.10
C22	0.30	0.35	0.25	0.10	E24	0.30	0.40	0.15	0.15
C31	0.25	0.30	0.20	0.25	E31	0.30	0.35	0.20	0.15
C32	0.35	0.40	0.20	0.05	E32	0.40	0.45	0.15	0.00
					E33	0.35	0.40	0.20	0.05
					E34	0.30	0.40	0.25	0.05

三、确立权重集

在影响海峡西岸承接台湾产业转移效应的诸多要素中，各个因素的重要程度各不相同，为了反映各因素的重要程度，对每个因素 u_i 应赋以一定的权重，建立起对应于 U 的权重集 $A:A = \{a_1, a_2, \cdots, a_n\}$；并满足 $\sum_{i=1}^{n} a_i = 1$。权向量 A 中的元素 a_i 本质上是因素 U_i 对模糊子集的隶属度。本书使用层次分析法来确定评价指标间的相对重要性次序，进而求出指标权重，如对于五个一级指标因子权重，首先构造判断矩阵 $S = (u_{ij})_{p \times p}$，即：

$$S = \begin{bmatrix} 1 & \dfrac{2}{3} & \dfrac{4}{5} & \dfrac{2}{9} & \dfrac{3}{9} \\[2mm] \dfrac{3}{2} & 1 & \dfrac{5}{6} & \dfrac{3}{7} & \dfrac{6}{9} \\[2mm] \dfrac{5}{4} & \dfrac{6}{5} & 1 & \dfrac{9}{10} & \dfrac{8}{9} \\[2mm] \dfrac{9}{2} & \dfrac{7}{3} & \dfrac{10}{9} & 1 & 1 \\[2mm] \dfrac{9}{3} & \dfrac{9}{6} & \dfrac{9}{8} & 1 & 1 \end{bmatrix}$$

利用 excel 工具求得一级指标因子的权重为 $A = (0.1, 0.15, 0.19, 0.3, 0.26)$，同理，可求得二级指标和三级指标因子的权重，其中，二级指标中要素注入的权重 $A_A = (0.12, 0.72, 0.16)$，技术溢出的权重 $A_B = (0.44, 0.56)$，产业关联的权重 $A_C = (0.27, 0.34, 0.39)$，产业结构优化的权重 $A_D = (0.46, 0.31, 0.23)$，产业升级的权重 $A_E = (0.23, 0.34, 0.43)$。三级指标因子的各权重，如表 5-3 所示。

四、模糊综合评价

根据以上步骤的评价集和权重集，将统计数据代入模型中，即：

$$A \cdot R = (a_1, a_2, \cdots, a_p) \begin{bmatrix} r_{11} & r_{12} & \cdots & r_{1m} \\ r_{21} & r_{22} & \cdots & r_{2m} \\ \cdots & \cdots & \cdots & \cdots \\ r_{p1} & r_{p2} & \cdots & r_{pm} \end{bmatrix} = (b_1, b_2 \cdots, b_m) = B$$

其中 b_1 是由 A 与 R 的第 j 列运算得到的，它表示被评事物从整体上看对 V_j 等级模糊子集的隶属程度。

利用 excel 工具计算各级模糊综合评价的向量并归一化后,一级综合模糊评判可得到:

$B_{A1} = A_{A1} \cdot R_{A1} = (0.17, 0.27, 0.38, 0.17)$

$B_{A2} = (0.33, 0.31, 0.25, 0.11), B_{A3} = (0.31, 0.40, 0.24, 0.05)$

$B_{B1} = (0.35, 0.40, 0.15, 0.10), B_{B2} = (0.29, 0.32, 0.23, 0.16)$

$B_{C1} = (0.27, 0.25, 0.30, 0.18), B_{C2} = (0.35, 0.35, 0.23, 0.08)$

$B_{C3} = (0.30, 0.35, 0.20, 0.15), B_{D1} = (0.21, 0.28, 0.38, 0.13)$

$B_{D2} = (0.20, 0.32, 0.35, 0.14), B_{D3} = (0.30, 0.40, 0.19, 0.11)$

$B_{E1} = (0.30, 0.40, 0.15, 0.15), B_{E2} = (0.39, 0.34, 0.17, 0.10)$

$B_{E3} = (0.34, 0.40, 0.20, 0.05)$

二级模糊综合评判可得到:

$B_A = (0.31, 0.32, 0.26, 0.11), B_B = (0.32, 0.35, 0.20, 0.13)$

$B_C = (0.31, 0.32, 0.24, 0.13), B_D = (0.23, 0.32, 0.32, 0.13)$

$B_E = (0.35, 0.38, 0.18, 0.09)$

三级模糊综合评判可得到最终总评判结果:

$B = A \cdot R = (0.29, 0.34, 0.24, 0.12)$

实际中最常用的方法是最大隶属度原则,但此方法的使用存在有效性问题,可能会得出不合理的评价结果。根据此问题提出加权平均原则求隶属等级的方法,对于采用加权平均原则对上述各级评价指标的评价结果进行分析。最后对总体的综合评判分值为:

$V = 4 \times 0.29 + 3 \times 0.34 + 2 \times 0.24 + 1 \times 0.12 = 2.78$

说明海峡西岸经济区承接台湾产业转移的效应为"良",属于 E2 级。

第六节　海峡西岸经济区承接台湾产业转移的对策建议

作为新崛起的区域经济板块,海峡西岸经济区在承接台湾产业转移的过程中,必须高度重视,做好发展规划,选取合适的对接模式,实现合理的资源配置、分工布局,才能因地制宜、各取所长,取得共赢。虽然海西经济区承接台湾产业转移的效应较好,但仍有不足之处,海西经济区与台湾产业的对接应注意以下几个方面的建议。

一、加强基础设施建设，为台商提供良好的投资环境

从提升城市功能的角度，首先要加强交通建设，积极规划建设京福、京沪等高速公路连接线，加快海西经济区高速公路网建设，提升道路通达能力。在开发区建设上，积极争取国家及省市各级政府的资金支持，适度超前进行道路、供地、通信、给水、排污等基础设施建设，不断增加招商引资吸引力。同时，鼓励民间资本和台商资金参与开发区基础设施建设，变单纯政府投资为多渠道、多元化投资。搞好开发区规划，整合资源，科学功能分区和产业布局，提高投资效率，高起点引进项目，使开发区成为台商投资的有效载体。

二、提高引资的技术含量，避免招商引资中恶性竞争

这几年，各省在吸引台资方面都相继出台了许多优惠政策，并突出自身的独特优势，力图实现与台湾产业对接。但很多城市的产业定位雷同，产业布局相似，导致各地在争引台资的过程中一窝蜂现象时常发生，福建省有各类台商投资区约 40 个，如漳州台湾农业创业园、厦门海沧台商投资区、福州马尾台商投资区。这些园区在初期规划时都有一定自身的特点，当面临激烈竞争时，引资中就出现产业定位雷同，产业布局相似的现象，对一些项目没有经过认真筛选。所以，必须要有明确的园区定位，打"特色牌"，并通过建立良好的引资机制给台资进入创造条件。

三、着重引入符合产业发展规划的龙头企业，延伸产业链

台商在选择驻地的时候，通常会考虑其企业上下游配套是否齐全，是否有方便其使用的产业链。在台商工业园区内引入新企业时，要考虑园区内现有的工业布局，在园区总体规划的导向下，着重引入龙头企业或与产业链配套的台资企业。在产业分工趋于深化，分工链条延长的工业化发展现阶段，要以现有的工业布局相关企业为龙头，借助于台资外力，打造和延长产业链，完成产业的转换升级，加快实现产业集群竞争力的提高。将地区拥有的资源优势和已有的生产要素有机结合，主动地向产业链配套的上下游产业靠拢，与之形成按专业化分工形成产业链。

四、努力提高服务意识，优化投资软环境

现有的政府政策效应在引资上的作用已经逐渐弱化。在这样的局面下，政府要抓住产业转移的时机，加大吸引台资的力度，促进海峡两岸经济发展，

仅从政策上想新招来引资的目的是无法达到的,所以,要努力提高服务意识。首先,在引资方式上,提高政府办事效率,不仅对一些重要的大型企业要保持良好的态度和效率,对中小型企业也要保持好的服务态度。因此,政府应全面、彻底地转型政府的职能,加强作为服务型政府的职责,让所有的台商都能在每一次的业务办理中感受到作为服务型政府给他们带来的便利。其次,政府部门要主动深入台资企业,倾听他们的声音,要定期召开台商座谈会,通报政府的新政策、解答台商的疑问,记录台商的需要。

五、大力宣传海峡西岸经济区的概念,加强"海西"品牌建设

很多台商对于海峡西岸经济区的概念和融入"海西"根本不知道或者知之甚少,大多只听说过"海西"的名字,当谈及"海西"具体的内容以及将带来的经济效应时都不甚明白。融入"海西"的实质是对企业增强投资的信心,因此要大力宣传海峡西岸经济区的概念,加强"海西"品牌建设。我们建议,政府应该像一个企业对于自己产品的宣传一样宣传海峡西岸经济区,加强宣传力度,不仅是名称的了解,更应该把"海西"所包含的实质内容宣传出去,让"海西"战略深入人心,使台资企业了解融入"海西"能够给他们带来的美好前景。

第六章   海峡两岸产业转移效应的评价

长期以来,海峡两岸产业转移的主要方式就是台湾对大陆的直接投资,呈现出单向化的特点。进入 21 世纪,两岸产业转移向多领域、高层次、大规模方向发展,为了应对日益严峻的国际市场竞争环境,两岸产业转移越来越呈现出双向互动的特点,尤其是"大三通"为两岸人流、物流、信息流、资金流成规模地双向流动提供了便捷通道。目前关于两岸产业转移的研究,大多以台湾对大陆的直接投资和两岸产业合作为对象,基本形成了两类观点:一是认为台湾对大陆的投资给台湾岛内带来了诸如"产业空心化"等负面影响,这种观点主要来自少数台湾学者;二是认为两岸产业合作对台湾和大陆的产业升级具有如"调整产业结构"、"改善投资环境"、"扩大就业"等正面影响,这种观点主要来自多数的台湾学者和大陆学者。那么,两岸产业转移这种市场行为的效果到底如何? 只有构建有效的指标体系,选择科学的评价方法,才能综合评价两岸产业转移的效应,对两岸产业转移和产业升级才有重要的指导意义。

第一节   海峡两岸产业转移的现状

在经济全球化的背景下,两岸由于地理相近、同文同种的产业发展因素,通过产业转移建立了彼此相互促进的经济发展模式。经过 20 多年的产业转移和产业合作,两岸产业贸易总量迅速增加,产业投资规模不断扩大,产业空间布局也发生显著变化。2008 年以来两岸关系发生积极变化,尤其是《海峡两岸经济合作框架协议》及后续协议的签署和实施,使两岸经贸关系逐渐步入正常化、制度化和机制化轨道,两岸经贸合作呈现出持续健康发展的良好态势。

一、两岸产业转移向"直接、双向"发展

自 1979 年元旦,大陆方面发表《告台湾同胞书》,首倡"三通"。2008 年 12 月 15 日,两岸空运直航、海运直航与直接通邮启动。2009 年,以大陆企业赴台投资正式启动和两岸正式开通空运定期航班为标志,两岸同胞期盼 30 年之久的直接、双向"三通"全面实现,两岸经济关系的发展取得了重大进展。

"间接中转"成为"直接通航",两岸往来更加便利。直接通航的实现大大降低了相关成本,使两岸同胞切实享受了方便和实惠。目前,海运方面,大陆和台湾分别开放了 72 个和 13 个港口。据大陆方面统计,2009 年至今,海上直航货运量达 2 亿吨,客运量达 526 万人次。空运方面,大陆和台湾分别开放了 41 个和 9 个直航航点,空运航班已达每周 558 班。

大陆企业赴台投资,"单向"通商变为"双向"通商。据大陆方面统计,2009 年 6 月至今,已有 126 家大陆企业赴台设立了公司或代表机构,投资金额达 3.16 亿美元,涵盖批发零售、物流、通信、餐饮、塑胶制品、旅游、金融等多个行业。如中国远洋运输集团、中钢集团、中国银行、交通银行、全聚德等大陆知名大企业都已入岛,这些企业不仅带来了资金,还促进了岛内就业。据台湾方面统计,赴台投资的大陆企业雇用岛内员工已达 5000 多人。

二、两岸经济合作框架协议推动产业转移

2008 年 6 月,海峡两岸关系协会和台湾海峡交流基金会恢复协商,并相继签署 16 项协议。特别是 2010 年 6 月两岸签署的《海峡两岸经济合作框架协议》,是继两岸实现直接、双向"三通"之后两岸关系发展进程中又一新的里程碑,标志着构建两岸关系和平发展框架在经济领域取得了重大进展。

为了使两岸同胞早日获得实实在在的利益,两岸各相关部门在 2011 年 1 月 1 日全面实施了《海峡两岸经济合作框架协议》"早期收获计划",实施效果概括起来有以下几个特点:

一是增长速度快。据大陆方面统计,2011 年"早期收获计划"大陆对台降税产品,一般贸易项下自台进口增长 30%,高于同口径下大陆整体进口增幅 7 个百分点,也远高于大陆自日本、美国、欧盟的进口增幅,全年税款优惠为 7.8 亿美元。2012 年 1 月 1 日以来,货物贸易"早期收获计划"实行了第二阶段降税,双方有 94.5% 以上的"早期收获计划"产品实现了零关税。2012 年上半年,大陆进口享受《海峡两岸经济合作框架协议》关税优惠的货物 39.1 亿美元,增长 98%,税款优惠 15.4 亿元人民币,增长 3.3 倍。

二是利用率更高。据大陆方面统计,在货物贸易领域,2011 年"早期收获计划"大陆对台降税产品,一般贸易项下自台进口 81.2 亿美元,其中享受关税优惠的货物 41.2 亿美元,利用率达 50.7%。2012 年上半年,大陆进口享受《海峡两岸经济合作框架协议》关税优惠的货物 39.1 亿美元,利用率高达 84%。截至 2012 年 6 月底,在服务贸易领域,台湾服务提供者依据"早期收获计划"进入大陆的利用率达 91%,大陆服务提供者依据"早期收获计划"进入台湾的利用率也达到 78%。

三是覆盖范围广。截至 2012 年 6 月底,在货物贸易领域,台湾签发《海峡两岸经济合作框架协议》原产地证书超过 6.7 万份,产品涵盖化工、机械、塑料制品、冶金、纺织、矿产、电子汽车、仪器仪表、医疗、农产品等 10 个行业,受益的除少数大企业外,还涉及很多中小企业。据大陆方面统计,在服务贸易领域,非金融领域有 135 家台湾企业获准设立独资或合资企业;金融领域惠及 19 家台湾金融机构。另有 8 家台湾会计师事务所获得有效期 1 年的"临时执业许可证",8 部台湾影片进入大陆,其中 6 部已公映。

三、产业转移促进两岸经贸合作稳步发展

2013 年,两岸继续积极落实海峡两岸经济合作框架协议,加速推动两岸经济合作。2013 年 1 月 1 日两岸"早期收获计划"全面实施,大陆对台湾 539 项和台湾对大陆 267 项产品全部降为零关税,这对提升厂商竞争力和促进两岸贸易发挥了明显作用。

两岸贸易不断扩大,贸易结构日益优化。2013 年 1—11 月,大陆与台湾贸易额为 1 807.1 亿美元,高于 2012 年全年两岸贸易额(如图 6-1 所示),同比上升 18.8%,高于大陆外贸总体增速 11.1 个百分点,占大陆对外贸易总额的 4.8%。其中,大陆对台湾出口 371.8 亿美元,上升 14.1%;自台湾进口为 1 435.3 亿美元,上升 20.1%。台湾是大陆第七大贸易伙伴和第五大进口来源地。大陆是台湾最大的贸易伙伴和贸易顺差来源地。从贸易方式上看,加工贸易的比重不断下降,一般贸易在对台出口中的比重由 2009 年的 42.9% 上升至 2011 年的 46.1%,同期自台进口中的比重由 26.7% 上升至 32.3%。过去台商以出口为主的生产经营模式,在世界需求结构变化的新形势下也开始调整为出口与内销并重的模式。

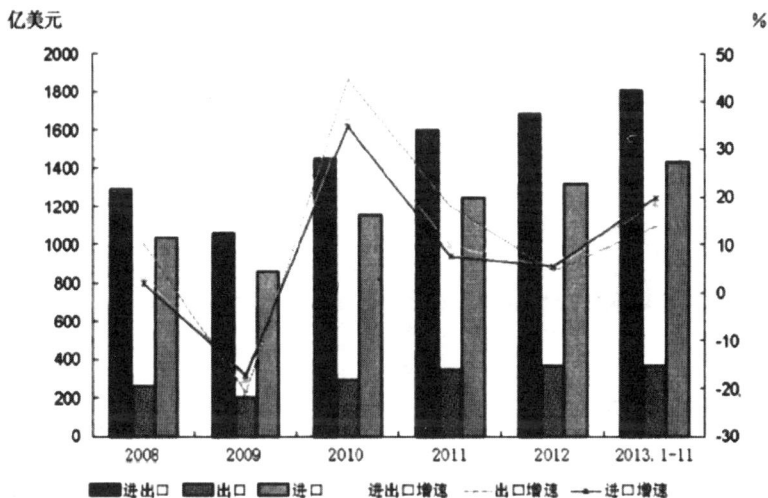

图 6-1 2008 年以来两岸贸易概况

数据来源:海关统计。

　　台商投资持续深化,投资结构日趋均衡。全球金融危机爆发以来,台湾对大陆投资增速起伏较大,但总体保持了稳步增长态势,得益于《海峡两岸投资保护和促进协议》的签署。2012 年台商对大陆投资回升到 28.5 亿美元的较高水平,如图 6-2 所示。截至 2013 年 10 月底,大陆累计批准台资项目89 641个,实际使用台资 588.1 亿美元。按实际使用外资统计,台资占大陆累计实际吸收境外投资总额的 4.3%。台湾"经济部"2009 年 6 月 30 日正式放开陆资企业赴台投资,并以"正面列表"的方式对大陆投资进行管控,对大陆企业市场开放度明显低于侨资与外资。但是,大陆对台投资仍然呈现出稳步发展的态势。台湾"经济部"投资审议委员会统计数据显示,截至 2013 年第三季度,大陆对台湾投资 8.3 亿美元。总体来看,大陆企业对台湾投资主要集中在服务业与高端制造业,占比达 61%,其中,对服务业投资占陆资投资比重的50%。《海峡两岸投资保护和促进协议》以及《海峡两岸服务贸易协议》等后续协议的签署,进一步从制度层面上保障了两岸双向投资的实现。大陆是台湾最大的投资目的地。过去台商投资主要集中在东部沿海,以制造业为主,近年来开始向中西部转移,以服务业为主。2011 年,广西、甘肃、贵州等地台资增速均超过 2 倍,台商投资服务业的比重较 2008 年增长了近 1 倍。

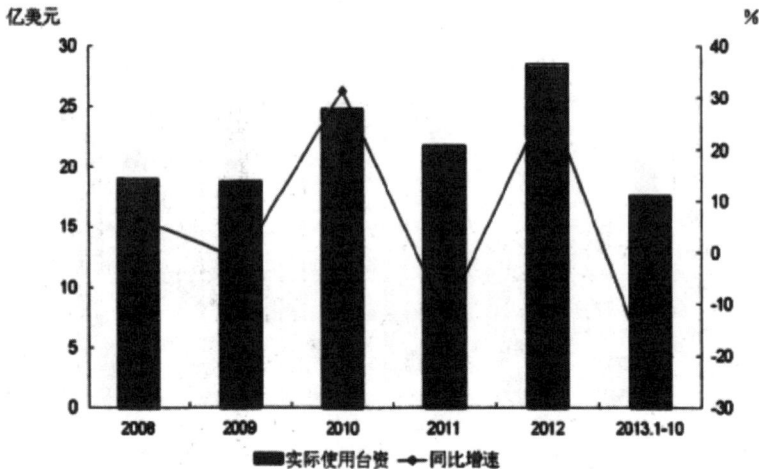

图 6-2　2008 年以来大陆实际利用台资情况

数据来源:商务部。

　　产业合作稳步推进,试点项目日渐成熟。2008 年以来,两岸分别在大陆和台湾共同举办了几十场产业搭桥活动,就 10 多个产业的合作进行深入的探讨。两岸经济合作委员会产业合作小组成功主办了首届两岸产业合作论坛,并举行了三次小组工作会议,确定 LED 照明、液晶面板、电动汽车、无线城市、冷链物流等为重点推动的试点项目,选定了试点城市,拟定了下一步的发展规划。

　　金融合作逐步突破,受益主体日益增多。2009 年两岸签署《两岸金融合作协议》及《金融监管合作谅解备忘录》(MOU)后,建立了金融监管合作机制,加快了两岸金融合作的进程。双方还扩大了新台币在大陆双向兑换和大陆银联卡在台使用的范围,并就建立两岸货币清算机制进行了积极的探索。在上述工作进展和《海峡两岸经济合作框架协议》"早期收获计划"的有力推动下,截至目前,大陆已批准 10 家台资银行设立大陆分行,9 家已经开业,其中 3 家可以经营对台资企业的人民币业务;2 家台湾保险公司获准设立子公司。13 家台资金融机构获得合格境外机构投资者资格(QFII)。大陆有 4 家银行获准在台设立分行或代表处。

第二节　海峡两岸产业转移的正负效应

从海峡两岸产业转移的发展现状来看,产业转移给产业发展与升级带来了一系列效应,主要包括正负效应两个方面。

一、产业结构调整及优化升级

就台湾产业转移来看,大大促进了台湾的经济转型与产业升级。第一,第三产业蓬勃发展,金融、保险等服务业日趋发达,伴随着产业转移,台湾的制造业在工商行业中的相对重要性不断下降,而越来越重要的服务业发挥了促进产业结构优化的作用。第二,技术密集型和资本密集型产业成长迅速,石化、电子和机械三大制造业是台湾的三大传统支柱产业,电机电子行业正是台湾对大陆投资的重点,这些技术密集型和资本密集型产业在台湾制造业产值所占的比重越来越大。第三,出口产品结构进一步优化,台湾对大陆的投资所产生的企业内贸易是台湾经济增长的新动力,随着两岸产业转移的进一步加深,台湾规避了在制造最终产品上的部分优势,借助大陆的低制造成本进行出口产品的组装加工,有利于台湾控制国际价值链中的高附加值环节。第四,对外经济循环结构转型加快,台湾过去的对外经济结构都是日本进口、岛内设计、大陆加工、欧美销售的四步循环,通过两岸产业转移,实现了日本进口、岛内设计、大陆加工销售的三步循环,并正在向台湾—大陆两步循环模式转型,大大提高了对外经济发展的速度。

对大陆而言,两岸产业转移在出口产品结构升级中发挥了重要作用,也是产业结构调整优化的重要力量。台湾先进产业的进入给大陆带来了先进技术和资本,使得采用高科技和大规模投资的项目增多,进而促进产业结构的优化。另外,台湾的先进管理与技术经验也为大陆的传统产业带来了先进生产组织方式,为传统产业的转型升级提供了示范。因此,在两岸产业转移的推动下,大陆地区三次产业构成不断优化,尤其是海峡西岸地区通过台湾产业转移加速向重化工业发展迈进,形成了具有区域特色的主导产业结构,促进高科技产业在大陆迅猛发展。目前,大陆的产业承接已经以内外销市场为导向,寻求效率的提高,资本、技术密集型产业发展取得了长足的进步,合资经营及产业合作成为大陆产业转移的新方向。同时,与台资企业的投资合作加快了大陆融入全球产业分工体系的步伐,两岸产业转移推动了大陆对外贸易的发展,促进了大陆贸易结构不断优化,提升了大陆外贸竞争力。

二、产业资源整合及市场扩张

台湾通过衰退性产业转移和扩张性产业转移,既实现了产业资源的整合,也实现了产业市场的扩张。台湾的自然资源和人力资源相对匮乏,提高资源利用效率成为经济发展的关键,必然需要将劳动密集型产业转型为资本和技术密集型产业,通过两岸制造业的转移,台湾的服务业有了很大的发展空间和资源。另外,劳动密集型产业的转移为高科技产业的发展留出了资本及人力资源,在电子信息产业等高科技产业内部,劳动密集型环节的转移为企业留出了研发和管理运营资源。通过把附加值低的边际产业转移出来,将台湾有限的资本、技术、人力资源集中到更有优势的高科技产业和服务业中,提高了有限资源的利用率。同时,台资产业在大陆的聚集为台资企业建立了庞大的扩张网络,提高了台资企业的经营效益,也为台湾持续、稳定的对外投资提供了保障。据统计,目前转移大陆的台资企业盈利覆盖面达七成以上,包括独资、合资、合作等普遍盈利。借助大陆作为生产基地,台湾的许多大企业大集团,如明基、顶新、富士康等都在全球市场竞争中取得了很好的成就,大陆市场为台资企业的市场扩张提供了广阔的空间。

大陆在两岸产业转移中也提高了资源利用率,获得了技术创新,拉动了区域经济的增长。在两岸产业转移中,大陆吸引了台商部分资金,引进了高新科技,积累了相对稀缺的产业要素资源,并使相对丰富的自然资源、劳动力资源得到充分利用。特别是劳动密集型产业的转移,大大促进了大陆的劳动力就业。富士康自1988年投资大陆,带动了大量的区域劳动力就业,目前在大陆已拥有120余万名员工。同时,台湾企业在大陆的投资过程中,还带来了很大的技术溢出效应,一方面通过技术合作增强了大陆企业的创新能力;另一方面通过对生产要素、组织方式的重新组合,为大陆产业建立了新的技术创新体系。

三、两岸产业转移的负效应

岛内学者对两岸产业转移最担心的影响就是"产业空洞化",有些学者指出台湾转移大陆的企业中有很多是传统优势产业,如机械、电子产业,其原因主要是台湾土地、劳动力等资源的匮乏,而引进的服务业虽然附加值较高,但应警惕由此带来的产业空洞化问题。而大陆在产业转移中也带来了一些负效应,如产业结构的依赖性加大,一旦台湾的经济出问题,大陆的产业也会受影响;最大的负效应就是环境污染,一些地区承接的产业都是资源依赖型的,相关企业大量排放污水废气,面临的环境压力不断增加。另外,由于一些地区盲目引进项目,忽视了产业关联问题,造成了产业过度分散,不利于产业集群化发展。

第三节　海峡两岸产业转移效应评价指标体系设计

根据海峡两岸产业转移效应分析,两岸产业转移的正负效应主要来源于资本、劳动力、技术以及政策四个因素,分别带来了产业关联发展、劳动力资源整合、产业结构优化、环境效益变化效应。依据这四个效应构建两岸产业转移效应评价指标体系如表 6-1 所示。

一、产业关联发展指标

产业关联发展,是指两岸产业转移中大量资本的投入不仅促进转移产业的发展,而且带动相关产业的联动发展。两岸转移产业可以通过消减下游产业的成本,促进下游产业的发展,或者可以在空间上平衡产业结构,带动相关产业的开展。同时,两岸转移产业也可以为其他相关产业的市场扩张创造条件,成为其他产业的市场基础。产业关联发展效应可以通过贸易总额、转移企业增加数、转移产业产值指标来反映。

表 6-1　两岸产业转移效应评价指标体系

一级指标	二级指标	指标解释	指标来源
产业关联发展 C_1	对外贸易总额 C_{11}	反映两岸产业转移促进两岸对外贸易发展程度	资本因素
	转移企业增加数 C_{12}	反映两岸产业转移带来的相关企业数量增加	
	转移产业产值 C_{13}	反映两岸产业转移带动相关产业发展的关系	
劳动力整合 C_2	增加就业人数 C_{21}	反映两岸产业转移吸纳或整合的从业人员数量	劳动力因素
	就业人员学历结构 C_{22}	反映两岸产业转移吸纳或整合的从业人员质量	

续表

一级指标	二级指标	指标解释	指标来源
产业结构优化 C_3	三次产业结构比 C_{31}	反映两岸产业转移优化产业结构的合理性	技术因素
	高新技术产业产值占比 C_{32}	反映两岸产业转移带来的技术溢出效应	
	霍夫曼系数① C_{33}	反映两岸产业转移促进工业结构演进的高度化	
环境效益变化 C_4	单位产值能耗 C_{41}	反映两岸产业转移带来的资源耗费程度	政策因素
	单位 GDP 二氧化碳排放量 C_{42}	反映两岸产业转移带来的环境污染程度	
	产业区道路网密度 C_{43}	反映两岸产业转移对交通基础设施的改善	

二、劳动力资源整合指标

劳动力资源整合,是指两岸产业转移给台湾带来的劳动力资源利用率增长,给大陆带来的劳动力就业机会增加。当然,产业转移的劳动力资源整合效应具有两面性,对于大陆来说,大量台资企业的投资可以扩大就业,提高劳动力资源的利用率,但是,对于台湾某些传统产业来说,可能造成就业机会的减少。劳动力整合效应可以通过转移产业增加就业人数、转移产业就业人员学历结构指标来反映。

三、产业结构优化指标

产业结构优化,是指两岸产业结构合理化和高级化的发展过程,通过两岸在资源要素上的互补转移,使得两岸产业的供给结构、需求结构以及国际贸易结构不断优化。在当前市场条件下,两岸资本、技术、劳动力等生产要素在国民经济各产业中的合理配置,政府、企业、家庭、个人所能承担的对各产业产品和服务的需求比例调整,以及两岸国民经济各产业产品和服务的进出口比例优化都是产业结构优化的效应表现。

---

① 霍夫曼系数,是指一国工业化进展中,消费品部门与资本部门的净产值之比,随着工业品的升级,其比率是逐步下降的。1931 年德国经济学家霍夫曼在《工业化的阶段和类型》中提出。

四、环境效益变化指标

环境效益变化,是指两岸产业转移给两岸地区软硬环境的改变效应。台湾可以通过迁出资源依赖型、环境污染型产业改善岛内的自然环境与市场环境;大陆由于过度依赖劳动密集型产业或资源依赖型产业,而破坏了生存环境,浪费了自然资源。但是另一方面,大陆也可以通过产业经济发展,获得更多的资金投入环境改善的基础设施建设中去。

第四节　海峡两岸产业转移效应评价方法选择

一、评价方法选择依据

两岸产业转移效应评价指标体系是多指标综合评价,这类多指标评价决策问题采用的方法大多是层次分析法(AHP)。但是,综合分析产业转移理论,两岸产业转移效应评价指标体系的每一级评价指标之间都不是相互独立的,都存在一定的依存关系。例如,对于大陆而言,改善环境效益,将对地区产业转移起到很好的促进作用,也会带来产业结构的优化;产业转移带来地区经济的增长,政府会有更多的资金投入到环境保护中去,通过建设城市基础设施,改善生活条件,对留住劳动力资源起到一定的促进作用。因此,产业关联发展、劳动力资源整合、产业结构优化、环境效益变化效应的各级指标之间都是相互关联影响的,指标之间的关系形成了复杂的网络结构。解决这种内部独立的递阶层次结构问题,不能用层次分析法赋权。在层次分析法的基础上提出的网络分析法可以解决上述问题,网络分析法把系统分为控制层与网络层两个部分,控制层包括问题目标与决策准则,网络层由受控制层支配的元素组成,元素之间是相互影响的,形成网络结构。因此,本书选用网络分析法对两岸产业转移效应评价指标体系进行赋权,进而进行综合评价。

二、评价方法原理分析

网络分析法是在层次分析法的基础上发展而来的一种决策方法,最早由美国匹兹堡大学的 Saaty 于 1996 年提出。层次分析法只考虑各因素或层次之间的相互影响,描述了一个内部独立的递阶层次结构;而网络分析法不仅考虑了因素或层次之间的影响,也考虑了指标之间的相互影响及反馈,描述了一个指标之间相互影响的非独立递阶层次结构。ANP 在确定指标权重时比 AHP 要复杂得多。网络 ANP 的元素分为控制层和网络层,控制层元素为 $P_s(s = 1,2,\cdots,m)$,网络层的元素组为 $C_1,C_2,\cdots,C_n,C_n$ 的元素为 $C_{i1},C_{i2},\cdots,C_{in}$。控制层中的每个元素权重都可以由 AHP 方法确定,网络层中的元素是网状结构,首先要构建元素与元素之间的判断矩阵,即对每组元素相对于控制层 $P_s(s = 1,2,\cdots,m)$ 准则和 $C_{jl}(j = 1,2\cdots,N;l = 1,2,\cdots,j)$ 的重要程度进行比较,用得出的特征值来反映其他元素对于其影响。根据一致性检验,如果上述特征向量满足相容性条件,就是网络层各元素的权重。同样的方法,可以得到其他元素的权重,这些权重向量构成矩阵 W_{ij},其列向量即为元素 $C_{i1},C_{i2},\cdots,C_{in}$ 对 C_j 中元素的重要程度。所有网络层元素的重要权重组合就是控制层 $P_s(s = 1,2,\cdots,m)$ 准则下的超矩阵。为了反映元素之间的依存关系,还要对超矩阵作稳定处理,即对加权矩阵取幂,可得到极限超矩阵。将超矩阵中各列元素进行正规化,乘以加权矩阵得到加权超矩阵,就是网络系统各元素的权重。ANP 评价方法的求解相当繁杂,可以利用专用的计算机软件计算,如 Super Decision 软件。最后,通过计算 $Z = WR$ 就可以得出综合指数,计算的综合指数在 0 ~1 的范围内,对综合指数进行归档分类,就可以通过等级判断评价两岸产业转移的效应。

三、评价方法操作步骤

ANP 的应用越来越受到重视,尤其是随着超级决策软件(Super Decision)的开发,ANP 的应用更加广泛。与 AHP 相比较而言,ANP 在综合评价决策等问题的应用中具有更大的实用性和准确性。ANP 方法的具体计算步骤如下:

1. 构造 ANP 网络结构

ANP 网络结构包括控制层和网络层两部分。控制层是指所要评价目标的初步分解因素,控制层的构造需要对评价目标的实际情况进行宏观的把握和系统分析。网络层是指评价因素所选取的评价指标之间的关系,网络层的构造需要对控制层进行再分解,并深入分析指标体系之间的影响关系。

2. 确定控制层的因素权重

与 AHP 方法原理大致相同,ANP 控制层因素的比较需要构建判断矩阵,通过比较因素之间的相对重要性来确定因素层对评价总目标的权重大小。一般来说,判断矩阵的构造有两种方法:一是在因素间相互独立的情况下,比较两个因素相对于给定准则的重要性,这是一种直接优势度;二是间接优势度,给定一个准则和第三个因素,比较两个因素相对于第三个因素的重要性。

对于海峡两岸产业转移效应评价因素之间的比较,采用 1~9 标度标准(1 = 同等重要,3 = 稍微重要,5 = 明显重要,7 = 非常重要,9 = 绝对重要,2、4、6、8 = 上述对应程度的中间值),通过两两比较确定相对重要程度。两两比较通过咨询专家进行评价完成,专家对控制层的各因素重要程度做出评价,并通过一致性检验,即可确定控制层的因素权重。若元素指标 C_i 与 C_j 元素指标的相对重要程度为 W_{ij},则元素指标 C_j 与元素指标 C_i 的相对重要程度为 $W_{ij} = 1/W_{ij}$。运用特征根法求出各判断矩阵的特征向量,将各特征向量组成控制层因素间的权重矩阵。

3. 计算超矩阵

控制层的因素权重确定之后,可以通过构建超矩阵和加权超矩阵来确定网络层指标权重。设控制层因素为 $P_s(s = 1,2,\cdots,m)$,网络层的元素组为 C_1,$C_2,\cdots,C_N,C_N$ 的元素为 $C_{i1},C_{i2},\cdots,C_{in}$,构建超矩阵是反映网络层元素指标之间的相对重要程度。采用类似控制层因素权重判断矩阵的计算,构造网络层每个元素组下的元素指标权矩阵,形成超矩阵,其中这个超矩阵内是块矩阵。

4. 计算加权超矩阵

构建加权超矩阵是反映网络层元素组之间的影响度和反馈作用。超矩阵中的块矩阵是列归一化的,但是超矩阵本身还没有列归一化,构造加权超矩阵就是对超矩阵进行列归一化。将控制层的因素权重矩阵中的元素与超矩阵中的块矩阵相乘,构成加权超矩阵。这样,加权超矩阵的任一列均是归一化的,其列和为 1。

5. 求解指标权重

对加权超矩阵根据所属类型进行求解,可求得极限超矩阵,最终可得到控制层和网络层各因素指标的权重。

第五节　基于 ANP 的两岸产业转移效应评价模型构建

一、评价指标体系构建

为了便于数据处理,对已建立的海峡两岸产业转移效应评价指标体系进行微调,主要以"台企大专以上学历人员占比"反映"转移产业就业人员学历结构"指标,以"三产增加值占 GDP 比重"反映"三次产业结构比"指标,以"重工业产值占工业比重"反映"霍夫曼系数"指标,以"转移产业区交通设施投资额"反映"产业区道路网密度"指标,构建新的两岸产业转移效应评价指标体系如表 6-2 所示。

表 6-2 两岸产业转移效应评价指标类型及权重

一级指标	权重	二级指标	指标类型	局部权重	全局权重
产业关联发展 C_1	0.293 2	对台贸易总额 C_{11}	极大型	0.308 0	0.090 3
		台资企业增加数 C_{12}	极大型	0.288 0	0.084 4
		转移产业产值 C_{13}	极大型	0.404 0	0.118 5
劳动力整合 C_2	0.181 3	台企增加就业人数 C_{21}	极大型	0.706 1	0.128 0
		台企大专以上学历人员占比 C_{22}	极大型	0.293 9	0.053 3
产业结构优化 C_3	0.334 0	三产增加值占 GDP 比重 C_{31}	极大型	0.342 5	0.114 4
		高新技术产业产值占比 C_{32}	极大型	0.477 5	0.159 5
		重工业产值占工业比重 C_{33}	极大型	0.180 0	0.060 1
环境效益变化 C_4	0.191 5	转移产业单位产值能耗 C_{41}	极小型	0.429 0	0.082 2
		单位 GDP 二氧化碳排放量 C_{42}	极小型	0.151 5	0.029 0
		转移产业区交通设施投资额 C_{43}	极大型	0.419 5	0.080 3

二、网络层次评价模型构建

根据两岸产业转移效应评价指标体系内容,构建两岸产业转移效应网络层次评价模型,如图 6-3 所示。在评价模型中,评价因素与指标分为控制层和网络层。控制层的目标是海峡两岸产业转移效应评价,评价的准则包括经济、社会、环境三个方面。网络层根据三个准则分为产业关联发展、劳动力整合、产业结构优化、环境效益变化 4 个评价因素集,即评价一级指标($C_1 - C_4$);每个评价因素集分别由相应的具体指标(二级指标)来反映,共包括 11 个二级指标。不同评价因素集以及同一因素集的相应指标之间都是相互影响的,主要是产业关联发展 C_1 内部的各具体指标之间相互影响;劳动力整合 C_2 和产业结构优化 C_3 受产业关联发展 C_1 影响;劳动力整合 C_2 和环境效益变化 C_4 受产业结构优化 C_3 影响;劳动力整合 C_2 和环境效益变化 C_4 之间相互影响;环境效益变化 C_4 内部的各具体指标之间相互影响。

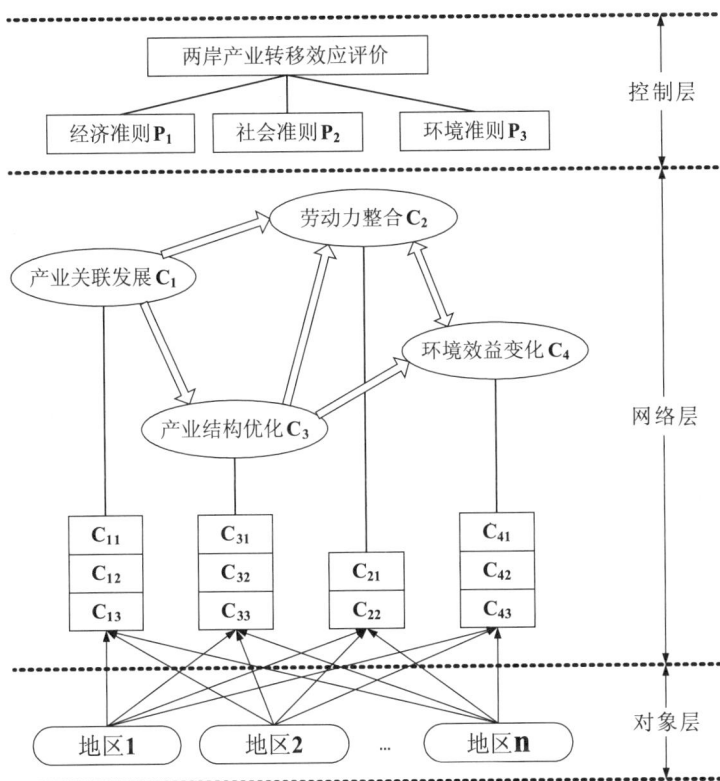

图6-3　海峡两岸产业转移效应网络层次评价模型

（1）$C_1 \rightarrow C_2$：两岸产业转移的效应首先表现为产业关联发展，产业关联发展带来了转入区产业、产值、企业数量的增加，这直接使得转入区劳动力的需求上升，表现为转入区企业吸纳就业人数的增加。同时产业转出区的产业层次提升，使得企业对劳动力素质的要求提高，劳动力不得不提高自身的文化素质水平，提高大专以上学历人数在劳动力总人数中的占比，这是产业关联发展对劳动力整合的直接影响。

（2）$C_1 \rightarrow C_3$：根据构建的海峡两岸产业转移效应的指标体系，经济效应表现为产业关联发展和产业结构优化两个方面，这两个方面存在直接的联系。产业关联发展的结果不仅能扩大规模、增加产值，而且能延伸产业链条，促使产业结构优化。通过关联发展，带动当地服务业等第三产业的发展，提高第三产业增加值在当地 GDP 中的比重。同时，引进台湾产业转出区的高新技术产业，可以提高高新技术产业产值在工业总产值中的比重。

（3）$C_1 \leftrightarrows C_1$：两岸产业转移中的关联发展效应包括对台贸易总额、台企增加数、转移产业产值，3个指标之间存在必然的联系。例如，产业的转移带来台湾企业的增加，台湾企业的增加带来当地产业产值的增加，使得对台贸易额也会扩大。而对台贸易额、转移产业产值又是吸引台湾企业投资建厂的重要因素。

（4）$C_3 \rightarrow C_2$：产业结构优化作为两岸产业转移经济效应的重要因素，也会直接影响社会效应，尤其表现为对劳动力资源的整合。台资企业本身对劳动力素质就比较重视，转移产业对当地劳动力素质的要求也会随之提高。同时，产业结构的优化，例如高新技术产业的发展，使得地区产业从劳动密集型向技术密集型方向转变，对当地劳动力市场的直接影响就是就业需求人数的减少和就业人员素质水平的提高。

（5）$C_3 \rightarrow C_4$：根据构建的海峡两岸产业转移效应的指标体系，环境效益变化效应包括生态环境与产业投资环境的改善。承接台湾产业转移，调整优化产业结构，不仅能淘汰落后产能，倒逼重污染、高耗能的产业企业退出市场，也能提高转入区的基础设施服务能力，尤其可以加快地区交通基础设施的改善。海峡两岸产业结构的优化能够对地区生态环境、投资环境的改善带来直接的影响。

（6）$C_2 \leftrightarrows C_4$：两岸产业转移的社会效应与环境效应是相互影响的。劳动力素质的改善可以引起企业、政府对生态环境的重视，从产业和企业可持续发展的角度制定发展策略，加快基础设施的建设。而生态环境和投资环境的改善能够形成人才聚集的优良环境，加快高科技人才、高素质人才的聚集，使劳动力整合效应得到凸显。

（7）$C_4 \leftrightarrows C_4$：生态环境与投资环境的改善存在直接的联系。相对于内陆企业而言，台湾企业比较注重企业发展中的生态环境改善，把生态环境的改善纳入投资环境的评价中。从这个意义上说，生态环境与投资环境之间是互补互通的，只有改善生态环境，才能吸引更多的投资，而改善基础设施等投资环境，也能优化产业环境，吸引高端产业转移，带来生态环境的改善。

三、网络层次评价模型求解

构建两岸产业转移效应评价模型后，可以按照ANP的原理对网络层次评价模型进行求解，从而对海峡两岸产业转移的效应进行综合评价。

首先，构造两岸产业转移效应因素与指标之间的两两比较矩阵。采用德尔菲法，邀请厦门大学、福建江夏学院、省委党校、福建行政学院等科研机构的专家,比较产业关联发展、劳动力整合、产业结构优化、环境效益变化效应因素集相对于两岸产业转移效应这个评价目标的重要性,以及效应因素集中的具体指标相对于控制层准则的重要性。同时,对于产业关联发展和环境效益变化两个效应因素集中的指标,也要进行成对的比较。采用1~9标度标准对因素与指标之间的重要性进行比较,构建比较矩阵。

　　然后,通过计算比较矩阵的特征值,就可以确定因素与指标的局部权重。设 A 为产业转移效应评价比较矩阵,W 为特征向量,且 $AW = \lambda_{max} W$,其中,λ_{max} 是 A 的最大特征值。W 中的元素 $w_i = \sum_{i=1}^{I} (a_{ij} / \sum_{j=1}^{J} a_{ij})/J$,其中,$w_i$ 是产业转移效应因素 i 的权重,I 是因素的行数,J 是因素的列数。

　　最后,确定产业转移效应评价模型中因素集及指标的全局权重。将计算所得的局部权重组合成超矩阵,超矩阵由多个矩阵块组成,每个矩阵块反映了因素集之间的关系。这样在超矩阵中,若不同效应因素集及不同效应因素集中的具体指标之间相互影响,则对应的超矩阵元素就是非零的数字。由于因素集及具体指标之间都存在相互的影响关系,超矩阵中列向量的和大于1。因此,需要对超矩阵进行列归一化,通过乘以加权矩阵得到加权超矩阵,同时还要对加权超矩阵取幂,使因素集及具体指标的权重值收敛,这样可得到极限超矩阵,对所有列进行正规化,就可以得到产业转移所有效应因素集之间的权重值以及所有指标的最终权重值。使用 Super Decision 软件计算各指标权重,结果如表6-2所示。

第六节　海峡两岸产业转移效应评价实证研究

　　根据当前两岸产业转移的发展态势,在珠三角、海峡西岸、长三角、渤海湾以及中部地区5个台商投资比较集中的内陆区域各选取1个代表省市:广东省、福建省、江苏省、山东省、重庆市,作为两岸产业转移效应评价的研究对象,对构建的两岸产业转移效应网络层次评价模型进行实证研究。

一、数据收集与处理

　　根据两岸产业转移效应网络层次评价模型,选择2011年度5省市承接台湾产业转移相关数据进行分析。原始数据主要来源于2012年5省市统计年鉴及相关统计网站,效应评价所需要的数据是由原始数据计算得到的。由于各省市对有些指标的统计口径不统一,致使某些指标的样本数据并不完整,但是考虑到评价指标之间不完全独立,个别缺失或不完整指标采用专家咨询确定。

两岸产业转移效应评价指标体系的指标有极大型指标和极小型指标,极大型指标取值越大越好,极小型指标取值越小越好,如表6-3所示。为保持可比性和进行最终的综合汇总,必须对各指标值进行无量纲化处理。

(1)对于极小型指标 C_{ik},令 $C_{ik}^* = \dfrac{\max C_{ik} - C_{ik}}{\max C_{ik} - \min C_{ik}}$

(2)对于极大型指标 C_{ik},令 $C_{ik}^* = \dfrac{C_{ik} - \min C_{ik}}{\max C_{ik} - \min C_{ik}}$

其中,i 为评价指标的个数,k 为评价对象的个数。

然后根据各个指标的权重得出各省市承接台湾产业转移效应评价的综合得分,综合得分的大小反映了各省市承接台湾产业转移效应的优劣,结果如表6-3所示。

表6-3 各省市2011年承接台湾产业转移效应评价得分及排名

省市	综合		产业关联发展		劳动力整合		产业结构优化		环境效益变化	
	得分	排名	得分	排名	得分	排名	得分	排名	得分	排名
广东	0.937 4	1	0.261 1	2	0.170 6	2	0.314 2	2	0.191 5	1
福建	0.448 2	3	0.089 2	3	0.107 1	3	0.138 6	3	0.113 3	2
江苏	0.880 3	2	0.270 6	1	0.181 3	1	0.323 7	1	0.104 7	3
山东	0.249 7	4	0.075 6	4	0.020 5	5	0.060 2	5	0.093 4	4
重庆	0.110 8	5	0.000 0	5	0.021 3	4	0.073 4	4	0.016 1	5

二、实证结果分析

(1)从一级指标的权重分布来看,如表6-2所示,权重最大的是产业结构优化 $C_3 = 0.334\ 0$,其次是产业关联发展 $C_1 = 0.293\ 2$,环境效益变化 C_4 和劳动力整合 C_2 的权重比较少,但环境效益变化比劳动力整合要重要。这说明两岸产业转移效应的主要因素是产业优化和产业发展,而生态环境、人才整合也是不可忽视的辅助指标,尤其是投资环境的优化在两岸产业转移中也需要纳入考虑范畴。

（2）在具体的二级指标中，如表6-2所示，高新技术产业产值占比C_{32}是最重要的，权重达到0.159 5；其次还有三产增加值占GDP比重C_{31}、台企增加就业人数C_{21}、转移产业产值C_{13}指标权重也在0.1以上。这说明台湾和内地产业转移要注重高新技术产业的合作，同时也要关注服务业发展、解决就业人数等实际指标的评价。

（3）从大陆5省市2011年承接台湾产业转移效应的评价结果来看，如表6-3所示，两岸产业转移效应不平衡，珠三角、长三角明显优于其他地区。福建在承接台湾产业转移上具有独特的区位优势，但与广东、江苏相比，产业转移效应明显不足。福建虽然在环境效益上优于江苏，劳动力整合方面与广东、江苏的差距也不大，但在产业结构优化和产业关联发展方面落后很多，甚至被山东逼近。因此，福建当前承接台湾产业转移的重点应放在优化产业结构、延伸产业链条上，要坚持同等优先、适当放宽的原则，支持闽台产业深度对接，尤其是在科技、现代服务业等方面鼓励企业在产品研发、营销等多方面深入合作。

第七章 海峡两岸产业转移效应的提升与政策启示

第一节 国内外产业转移效应提升的经验借鉴

一、东亚产业转移经验

1. 东亚产业转移发展历程

东亚产业转移的发展经历了三次较为明显的阶段。

第一阶段,20 世纪 60 年代。由于日本国内的劳动力成本的上升和国际贸易摩擦的加剧,作为主要出口的劳动密集型的轻纺工业逐渐丧失了原有的比较优势。这时的日本在经过了技术和资金方面的积累,集中力量发展钢铁、化工、汽车和机械等资本密集型出口导向工业,同时把劳动密集型的轻纺工业逐渐转移到发展中国家或地区。在这个时候,新型工业国家抓住时机,采取出口导向型经济发展战略,凭借其优越的地理位置和相对廉价的劳动力成本,吸收来自日本的产业转移,大力发展轻纺等劳动密集型产业。同一时期,东盟四国也开始效仿日本和新型工业国家,对国内产业结构进行调整,积极推进进口替代型工业战略,也就是在这 10 年中,日本成功地实现了国内产业结构调整,创造了日本经济奇迹,而新型工业国家也顺利地实现了经济腾飞。

第二阶段,20 世纪 70 年代。由于 1973—1975 年世界性石油危机和经济危机,使得日本刚建立起来的重化工业备受打击,继续发展将不再具有比较优势。这时日本开始转向发展技术密集型产业,而把高耗能、高污染的资本密集的重化工业以及其他劳动密集型产业继续向东亚其他国家和地区转移。而新型工业国家也开始调整自身产业结构,一方面大力承接日本转移来的资本密集型产业;另一方面开始将失去比较优势的劳动密集型产业转移到东盟国家。这个时期,东盟四国顺利承接日本及发达国家的工业转移,并将其迅速复制成面向出口的主导工业。

第三阶段,20 世纪 80 年代。这个时期,由于发达资本主义国家普遍出现贸易保护主义倾向,加之日本对美国的贸易顺差不断增加,之后日元大幅升值,日本进入了对外投资大爆发时代。一方面,日本开发和普及创造性技术与知识密集型产业,与美国在高技术产业领域争夺"制高点";另一方面,进一步将部分附加值较高的轻纺工业、汽车、电子等技术标准化的资本密集型和部分技术密集型产业转移到新型工业国家和东盟四国。对东盟四国的产业转移主要以利用当地廉价劳动力和丰富的自然资源优势进行加工、生产,产品再返销国内或直接向第三国出口为目的,而直接出口至第三国的做法对减少日本与第三国之间的贸易摩擦也起到了一定的积极作用。在这个阶段,由丁日元升值,提高了韩国和台湾的竞争力,他们大量增加对美国和日本的出口,然而贸易顺差的急剧增加使美国政府要求他们像日本一样进行货币重估及进一步开放市场,促使新型工业国家复制了日本的资本扩张过程,向东盟进行产业转移。新型工业国家在向外转移产业的同时,也积极调整发展策略,提高了对技术的重视程度,韩国提出"科技立国",台湾强调"科技升级",新加坡提出"第二次工业革命",香港则标榜"工业多元化"。东盟四国在接受产业转移的过程中,积极发展劳动密集型产业以及与此相关的资本和标准化技术密集型产业。

2. 东亚经验对两岸产业转移的启示

首先,政府政策的引导作用明显。在东亚模式中,政府的产业政策导向对经济有着直接或间接的影响力,特别是在经济起飞和发展阶段,在这一过程中,政府理性地进行制度创新和制度供给,在产权、决策和经济运行等方面形成一整套有助于经济增长的组织及规则,并有效地予以实施,从而推动经济增长和实现工业化。

其次,东亚模式不仅是发生于处于不同梯度的国家,同时遵循着一定的路径。简言之,二战后东亚区域产业转移主要对其表现为纺织、钢铁、机械、电子等产业沿着日本—新型工业国家—东盟四国—中国的路径逐级转移。这种路径的划分是根据各个国家和地区所处的工业化及社会发展阶段不同而确定的。

再次,东亚模式是新型的后发现代化模式。所谓后发现代化模式,是指后发国面临落后的情况下,如何发挥"落后者的优势"来克服"落后者的劣势"的过程。东亚的"强政府"在经济发展第一的明确目标下,对经济发展实行了有力的组织和领导,积极参与国际分工及地区内梯度结构的形成以及经济合作的加强,成功使东亚发挥了后发优势。东亚经济起飞和现代化的成功经验为发展中国家如何适时地把握发展机会,尽快推进现代化提供了有益的启示。

二、粤港产业转移经验

1. 粤港产业转移发展历程

20 世纪 80 年代开始,香港在中国内地的改革开放中扮演了不可替代的重要角色,成为引领中国内地经济走向世界和世界经济进入中国内地的桥梁。广东特别是珠江三角洲凭借改革开放先行一步的制度创新优势、毗邻香港的地缘优势和社会文化相通的人文优势,开启了与香港的经济合作过程,形成了在制造业领域以优势互补为基础的"前店后厂"式跨境一体化生产与服务的综合性经济体系。这种合作模型的形成,导致两地之间商品、资金、人员和信息等生产要素的大量流动和日益紧密的经贸关系,成为粤港区域经济一体化发展的雏形和基础。

粤港模式的形成,经历了两个阶段:第一阶段,20 世纪 70 年代末改革开放至 21 世纪初中国加入 WTO,在这一时间段,中国选择了符合自身国情的渐进式、逐步开放的改革路径,其中最早开放的是直接投资市场。在大力引进海外直接投资的同时,为了保护国内市场以及本土工业的发展,对一些技术含量较低、劳动密集型产业的产品的内销市场实现了比较严格的限制。正是这种限制导致了粤港之间"前店后厂"的产业分工模式的这样一种投资与贸易的制度安排。这种产业分工模式实际上是一种投入和产出"两头在外"的、"大进大出"的直接投资和贸易模式。也正是这种投资和贸易相互补充和相互促进,导致了粤港之间贸易量的高速增长。粤港模式是香港的体制、资金、技术和它掌握的国际市场与内地的珠三角地区的劳动力、土地等资源优势的互补,在中国内地市场局部开放条件下相结合的产物。第二阶段,中国市场全面开放阶段。由于珠三角地区经过近 20 年的高速发展,基本实现了从传统农业经济向现代工业经济的转变,进入了工业化的后期阶段,导致了 CEPA 的产生,两地建立起开放和统一的市场,实现商品贸易与服务贸易的自由化和投资便利化,成为新时期粤港合作的主要内容。

2. 粤港经验对两岸产业转移的启示

首先,广东借助其与香港地理位置毗邻的区位优势,以及香港产业结构调整的机遇,掀起了一阵通过承接产业转移发展的浪潮。两地在产业上处于不同的梯度,又拥有相通的语言和相似的文化,给这种产业承接创造了优越的条件。同时在这种承接和发展的过程中,由于两地人员、资本的自由流动,使珠三角地区承接了来自香港的技术、知识和人力资源的外溢,创造了一定的间接经济效益,不仅促进了其基础设施的建设,同时加速了该地区人们社会观念的转变。

其次,香港的直接投资对广东和珠三角地区的崛起起到了重要作用。香港资本在初期流入广东和珠三角的直接投资中起到了示范和带动作用,在第一阶段的"前店后厂"加工贸易模式中,香港的制造业有超过80%的工厂或加工工序转移到广东,其中转移到珠三角地区的大约占94%,这一历史性的迁移加速了珠三角地区加工工业的发展。

再次,如果说粤港模式的第一阶段是基于比较优势的基础发展起来的,即香港借助其特殊的地理位置转型发展服务业,而珠三角在拥有土地和劳动力双重优势的基础上发展制造业,那么其第二阶段即是在"统一市场"这样一个共同目标下完成的。"共同市场"是区域一体化的高级阶段,是两个区域在机制和体制上的经贸合作,而就是这种"自觉合作"指引着两地走向共赢。

粤港模式是在一个特殊的历史背景下,形成的毗邻的两个处于不同梯度的区域,通过直接投资和贸易进行的成功的产业转移模型,这种区域合作模式为区域统一市场的形成奠定了基础,并对两岸产业转移的发展具有很强的借鉴意义。

第二节　海峡西岸经济区承接台湾产业转移发展模式选择

在两岸产业转移中,海峡西岸经济区的发展具有重要的作用。建设海峡西岸经济区,就是顺应国际经济潮流、不断加强区域间的相互沟通与相互协调,以便与海峡东岸的台湾建立起一种新型互利的经济协作关系,从而在21世纪的亚太经济发展格局中确立有利的地位。作为新崛起的区域经济板块,海峡西岸经济区在承接台湾产业转移的过程中,必须高度重视,做好发展规划,选取合适的对接模式,实现合理的资源配置、分工布局,才能因地制宜、各取所长,取得共赢。以东亚模式和粤港模式作为借鉴,海西经济区与台湾产业的对接,应呈现出由浅而深,互补、互动的新发展模式。

一、政策引导向市场化过渡模式

在政府与市场关系方面,采取由政府政策引导向市场化过渡模式。实践证明,发展相对落后的地区要克服其后发的劣势,政府在其中扮演了关键角色。特别是海西经济区还属于发展的起步阶段,政府的产业政策,对吸引外商,尤其是台商的直接投资具有引导性作用。

首先,政府与市场机制要形成有效互补。后发展地区在经济起飞和发展的初期,都面临着落后、残缺的市场和薄弱的工业基础,积极培育市场机制和实现赶超战略目标便是政府的双重任务,而市场机制的培育需要一个过程,为推动经济增长和实现工业化,必须采取政府部分地替代市场机制,通过经济、法律及行政等制度的安排,主动去调节经济。在不同时期,通过财税和金融的直接倾斜政策,与企业合作,迅速地培育起一批主导性产业部门和相应的企业组织,让其承担起政府规划的经济增长和工业化重任。其次,要坚定不移地实施对外开放的战略。海西经济区在南北两大增长极的极化作用下,面临着资本、资源的缺乏等问题,而且经济腹地狭小。因此必须实施对外开放,既要充分利用外商(特别是台商)的资金和技术,又要以外向型出口导向的增长战略为基点。在政府的主导下,通过各个时期的产业政策倾斜,实现由轻工、重化工到机械电子及信息技术的出口目标,缩短其工业化进程,迅速增强了区域竞争力。最后,积极推进市场化改革。采用政府替代市场和出口导向的战略,最终必须逐步完善市场机制,才能迈向日益国际化的区域市场和国际市场。为此,当经济增长到一定阶段,要弱化政府替代的职能,使政府的经济职能逐步过渡到宏观管理上,积极培育市场机制,促进海西经济区经济的市场化和区域一体化。

二、战略定位分梯度模式

在区域战略定位方面,采取区域内分梯度模式。海西经济区内的产业结构存在分工不明确以及产业结构雷同的现象,这样的区域内无效竞争将影响到区域内的经济整合,因此要赋予区域内分工以新的内容,将区域内资源进行合理配置,加强合作。

海西经济区已表现出以下格局:厦门、福州为经济中心城市,处于区域内第一梯度,依托经济特区、经济技术开发区、台商投资区,具有对台海运、空运便捷的优势;泉州、漳州、莆田、汕头、温州、金华等东南沿海开放城市为第二梯度,由于经济发展起步较早,开放程度较高并已初具产业集聚规模;周边的龙岩、三明、南平、宁德、赣州、潮州等为第三梯度；处于省际交接和山区的衢州、丽水、上饶、鹰潭、抚州、揭阳、梅州等为第四梯度。

如何正确处理区域内中心城市和中小城市之间的关系，关系到海西经济区的建设速度。如果没有中心城市的辐射带动作用，区域一体化与经济整合便无从谈起，而如果没有中小城市作为区域腹地的承接，中心城市推动产业梯度转移升级的努力也很难见效。因此各个梯度(城市)应找准自己的位置，通过互补和合作共同实现联动发展。

首先，选择福州、厦门作为海西经济区的中心城市，借助其经济发展快、科技产业发展基础好、科技人力资源充足等优势，侧重于承接技术密集型和知识密集型产业，重点发展高科技产业群；其次，东南沿海开放区城市泉州、漳州、莆田、汕头、温州、金华，由于具有一定的科技产业发展基础但人才比较缺乏，侧重于承接技术密集型和资金密集型的产业，可以利用与珠三角、长三角接壤的区位优势重点发展民营经济产业群；再次，周边地区龙岩、三明、南平、宁德、赣州、潮州科技产业基础薄弱，但资源丰富、劳动力成本低，可侧重于发展劳动密集型产业和资源密集型产业，做大做强基础性产业，如：赣州市是江西面积最大的市，稀土、钨等矿产资源和农副产品资源丰富，发展新材料、食品、生物制药工业潜力巨大；最后，地处省际交界和山区的衢州、丽水、上饶、鹰潭、抚州、揭阳、梅州属于待开发区域，科技教育基础差，但资源丰富、生态容量大，可承接资源密集型产业，如：丽水是浙江最大的市，其发展科技农业的条件得天独厚。海西经济区各个梯度的城市以及发展的侧重如表7-1所示。

表7-1　海西经济区内各城市的梯度分布以及承接台湾产业转移的侧重点

发展梯度	城市	产业承接侧重点
第一梯度	福州、厦门	技术密集型、知识密集型
第二梯度	泉州、漳州、莆田、汕头、温州、金华	资金密集型、技术密集型
第三梯度	龙岩、三明、南平、宁德、赣州、潮州	劳动密集型、资源密集型
第四梯度	衢州、丽水、上饶、鹰潭、抚州、揭阳、梅州	资源密集型

三、产业对接"差异化"模式

在产业对接方面，采取"差异化"模式。根据产业生命周期理论，可将台湾产业分为三个类型，即成长期、成熟期和衰退期。面对处于不同生命周期的台湾产业，海西经济区应当采取不同的承接模式。

（1）对于台湾处于成长期,而海西刚脱离萌芽阶段的产业,如高科技产业,可采取资源整合模式。两岸可通过高科技成果交流、土地出让、劳力输出、发行股票(债券),以及相互提供原材料和零组件、相互开放市场等方式,整合两岸的生产要素;利用台湾现有研发及资金优势与海西充沛的人力资源,共同与全球高科技产业垂直、水平分工挂钩,在产业的全球供应链中抢占关键位置。同时,整合台湾的研发基地、运筹中心和海西的制造中心,生产高附加值的产品,以大陆庞大的内需市场作为发展自有品牌产品的基地,提升两岸的科技水平和实力,进而进行全球布局。

（2）对于台湾处于成熟期,而海西处于成长期的产业,如电子信息、机械等产业,可采取良性竞争模式。根据各自的需求和条件,两岸可因地制宜合作开发,互相激发创意,联合协办企业,合股经营、相互投资,组成互惠互利、优化组合的科技产业同盟,改进自身缺陷,增强企业竞争力。同时加强人才的双向流动,促进信息、技术、资金的分配,联手出击,开拓国际市场。

（3）对于台湾处于衰退期,而海西处于成熟期的产业,如石化和家电等产业,可采取合作生产模式。合作生产是指技术领先方以技术作为出资形式投入一个现有的企业进行生产,现有企业对合作生产的产品实行独立核算,技术提供方按合同规定的比例获得相应收入的产业化模式。两岸在产业创新发展过程中,可以彼此优势采取互惠方式发展伙伴关系:产品互相找原始设备制造商(OEM)代工、互相采购零件、互相交叉投资,共享优势互补,减少资源浪费,减轻研发及运营成本,以期快速抢占市场,利用资源整合营造双赢的奇迹,共同完成产业的商品化、技术化和国际化。

第三节　海峡西岸经济区承接台湾产业转移效应的提升对策

从前面的理论研究和实证分析可以看到,海西经济区承接台湾的产业转移符合经济发展的客观规律,随着规模不断扩大,台湾投资企业已成为海西经济发展的重要推动力,但同时也暴露出一系列问题和隐患。主要体现在:产业发展软环境改善不够、产业配套能力较差、承接产业转移的载体功能有限、产业工人特别是高级技工供应困难;在承接产业转移过程中重产业承接和资金引进,轻技术学习和自主创新;在承接产业转移的同时一定程度上造成了环境污染。针对这一现象,区域内各级政府和企业有必要做出相应的转变和采取相应的措施,抓住机遇,迎接挑战,提高海西经济区产业竞争力。

一、加强政府政策扶持,促进产业转型升级

首先,表现在政府政策先行、做好规划。海西经济区发展的目标是两岸统一市场。通过小步快走,早达目标,制定一些切实可行的产业对接政策。其次,用好用足中央赋予福建的对台先行先试政策。建设海峡西岸经济区符合两岸人民的根本利益。要以中央对台工作总体方针政策为指导,在两岸综合性经济合作框架下,按照建立两岸人民交流合作先行区的要求,允许在对台经贸、航运、旅游、邮政、文化、教育等方面交流与合作中,采取更加灵活开放的政策,先行先试,取得经验。再次,加大中央的资金和项目支持。适当降低中央投资项目地方投资比例,支持发展特色产业和重大项目建设,积极争取中央对海峡西岸经济区的基础设施建设给予专项补助。对具有全国或区际意义、有助于形成海峡西岸经济区整体竞争力的项目,在项目布点与审批、土地利用等方面给予重点支持。最后,在财政、税收上给予大力支持,可以参照法国的研究开发税收的做法,即凡研究开发经费的年增长率超过 50% 的企业均可享受此种优惠,一并给予一定的额度。这可以大大激发中小企业对研究开发的投资积极性。同时也可以参考新加坡制定的优惠税务政策,对带来"先进工艺"的高技术外国公司投资设厂,可享有减免盈利的 33% 的税收,期限为 5 年至 10 年;从事研究与开发工作的公司享受其研究与开发开支 50% 的政府津贴,研究与开发开支享受双倍的税务扣除等。

二、完善配套产业链,加速两岸产业对接

台商在选择投资地的时候,通常会考虑其企业上下游配套是否齐全,是否有方便其使用的产业链。珠三角的东莞在 5 公里之内企业都能找到相配套的服务,海西经济区投资环境最欠缺的一环就是配套环境。海西经济区分布着近百个(其中福建有 60 个)产业集群,规模较大的产业集群有 20 多个。这些产业集群的主要问题是专业分工水平较低、产业链不长、规模较小、企业间的联系还不够紧密。福建目前采用的一个重要招商政策是"以商引商",通过吸引龙头企业进驻福建,带动上下游配套的中小型企业来闽。目前在这方面的工作已经取得一定的成效,如厦门的翔鹭石化,漳州的灿坤,福州的东南汽车、金龙客车等大企业都带动养活了一大批与之相关的配套中小型企业;华映光电不仅带来了坚宏、顺明、允友等台资企业前来配套,更吸引了韩国 LG 麦可

龙公司、日本 JVC 公司福嘉电子公司、日本 NEC 公司等多家跨国公司落户福建,带动了福建一条产业链发展。在这条产业链中,内资企业基本没有参与,对内资企业的技术转移也就显得非常弱。为了改变这一现象,应该从战略的高度,通过产业界与政府部门的密切合作,在使外商通过同国内企业协作获取明显的低成本、高效益的利益的前提下,积极培育与外资相关产业的发展,加大其与国内企业的协作。首先政府对那些引进技术水平高、在国内找不到合格配套产品的外商企业,掌握它们在海外的配套企业情况,有针对性地开展引资活动,鼓励外商投资企业的海外配套企业到我省投资。其次通过对外资企业产品出口中的国产投入部分给予退税等优惠待遇,使国内配套率高的企业享受到实惠,同时也增加了对外商投资企业的海外配套企业的吸引力。再次,政府加强宏观信息沟通与引导工作,加强管理部门的协调,对主要外商投资企业,建立可能与之形成配套关系的内资企业的资料库,鼓励外资企业提供图纸、培训和其他技术支援,并及时在网上发布,以帮助本国企业提高配套供应能力;对国内配套企业所需的试制费、设备添置费等提供信贷优惠等来提高各产业的配套能力,拉紧、拉长产业链条,占据附加值更高的生产环节,实现产业结构的高级化。

三、加快城市化建设步伐,增强中心城市的辐射作用

城市化与工业化相辅相成。随着工业化水平的提高,城市越来越成为区域经济的中心,城市经济越来越居于区域经济的主导地位。海西经济区近年来城市体系在逐步完善,形成以福州、厦门为海西经济区核心,以温州、赣州、汕头分别为浙南、赣东南、粤东等次区域的中心,以小城市及建制镇为基础的城镇体系总框架。在人口集聚、空间布局上为城市快速发展奠定了良好的基础。按"轴线理论"发展,以福州、厦门、泉州、温州、汕头等区位较好的城市为核心的城市群,形成城市轴线,吸引人口、资金、产业向轴线两侧集聚,产生新的增长点。加快建设南平、三明、漳州、莆田、龙岩、宁德、梅州、赣州等区域中心城市的辐射作用,协调发展中小城市,逐步形成以福州为中心的城市经济圈、厦漳泉汕城市经济圈和温州为中心的城市经济圈,以这三大城市经济圈为主体的海峡西岸城市群。应重点培植福厦铁路沿线区域优先成为交通中心、物流中心和要素市场中心,成为承接产业转移最活跃的区域。同时该区域具有技术、人才和市场资源优势,可以积极引导在全国市场进行战略布局的台商大型高技术企业投资。

福州、厦门、泉州三市的国内生产总值分列福建省的第一、二、三位,三者

合计占全省的3/4,其辐射力、影响力、带动力无可置疑。温州在浙江经济中占有重要地位,与闽东北的产业关联度大。汕头与福建的漳州、厦门等地经济往来密切。赣州处于长珠闽三大台商聚集地的接合部。从产业集中度说,福建省电子信息、机械装备、石油化工三大主导产业在三大中心城市各有侧重,三者之和均超过全省产值的65%;从产业布局来说,福州、厦门、泉州、温州和汕头等城市沿海岸线展开,处于城市辐射有效半径的临界点上,五大中心城市可以联动发展。五大中心城市各有特色:一是各市发挥作用的角度不同。其中福州是福建省的政治、经济、文化中心,要充分发挥省会中心城市的重心和辐射带动作用,成为带动全省经济发展的重要增长极;厦门要充分发挥经济特区先行先试的龙头和示范作用,推进综合配套改革试验,着力构建海峡西岸现代服务业、科技创新中心和国际航运中心,对台高新技术产业合作基地,现代化港口风景旅游城市,成为海峡西岸经济区建设的排头兵;泉州要充分发挥创业型城市的支撑和带动作用,突出城市拓展、要素集聚、实力提升,着力构建海峡西岸现代化工贸港口城市和文化旅游强市,临港重化工业和先进制造业基地,对台产业合作基地和产业创新基地。二是各市域的区位优势明显,均拥有各自的出海口和深水良港。一旦五大城市联盟形成,劳动力和资本等生产要素充分流动起来,行政区域名存实亡甚至被冲破。三是各市域的产业发展各有侧重。福州把电子信息、机械工业、轻工业、纺织、化工列为重点产业;厦门要建设科技研发、对台工作"两个基地",旅游会展、金融贸易、航运物流、文化教育"四个中心";泉州和温州依托传统产业和民营经济优势发展。这些不同的发展思路与举措,有利于各市域之间的产业融合互补。

四、加快现代化基础设施建设,强化发展保障

基础设施是推进经济社会协调发展的基本条件,是一个国家(或地区)综合实力和现代化程度的重要标志。福建省委制定的《海峡西岸经济区建设纲要》明确指出,构建现代化的基础设施支撑体系是建设海西经济区的主要任务之一。虽然近年来海西经济区基础设施发展迅速,但还是与台商的期望值有一定的差距。

海西经济区区域经济发展要着重于网络模式建设,进而构造现代区域空间结构,造就能适应商品、资金、技术、信息、劳动力等生产要素自由流动的网络系统,降低物流成本,首先要加快交通网建设,这也是四省联动机制建设的基本要求,将福建与周边省份涵盖在这个大交通网中,扩大经济腹地。沿海通道是海峡西岸经济区的命脉所在,要在三纵四横高速公路、沿海高速铁路和机

场港口加速建设的基础上形成 3 小时经济圈,同时加快省道和农村路网的建设,迅速提高区域经济的内部凝聚力和外部扩张力,走上一条"海西物流"与"中国物流"相融的道路,从而使海西经济区成为台湾科技产业与资本的主要登陆点、主要大通道、主要转迁站。对台湾厂商来说,所谓"条条大道通大陆",起点应该是海西经济区。一方面要完善路网布局,实现交通运输一体化,降低转移企业的物流成本。加快建设海西经济区水、陆、空立体交通体系建设,全面打通海西各市域连接周边的高速公路、增加互联的高速通道,完善区域综合交通运输网络体系。在港口建设方面,应根据经济发展趋势做好长期规划,以避免日后物流瓶颈的影响。另一方面,要加快发展现代物流业。以厦门、福州物流中心总体规划为契机,加速构建海西经济区现代物流业的基本框架,积极推进物流业对外开放,引进国际知名的物流业巨头和外国资本加速提升海西经济区现代物流业的水平。

五、加强人力资源培育,增强自主创新能力

台湾产业外移越来越以高科技产业为主,其对人才的需要越来越迫切。海西经济区的科技人力资源问题始终是台资科技企业最关注的问题之一,所以也是要着力改善的"硬环境"。改善海西科技人才环境要重点抓好以下工作:

(1)发挥海西经济区高等院校的作用,产学研政金相结合加快科技产业人才培养。鼓励台企和大专院校"校企合作",如:借鉴翔鹭集团的经验,与海西经济区的院校建立合作交流关系。通过校企联合,鼓励企业设立大学生实践基地,将企业培训与学生实践有机结合起来,培养学生提前和企业的文化融为一体。

(2)联合培育和灵活使用人才资源。为增强海西经济区的科技人才力量,可与大陆和台湾知名高校合作建立研发基地,如台湾现在对中国科技大学、中国科学院光声所、清华大学有关光声的科研成果十分感兴趣,海西经济区可与这些单位联合构建合作平台,以弥补科技产业技术力量不足,增强招商引力。

(3)加强人力资源的开发和引进。海西经济区与长三角、珠三角相比较,高等院校和科研机构较少,科技制造业的专门人才匮乏。因此有必要大力引进适用的科技人才,推广开放式、委托式研发,鼓励通过候鸟式、客座、项目使用制等多种形式吸引优秀人才,鼓励和支持科技人员以自有专利和专有技术入股。重视海西经济区对台湾科技人才的引进式交流,如:和台商联合办学,通过两岸的教育、科技人才交流促进两地更长远的科技合作;聘请已离任的台湾科学园区管委会官员、大企业家或技术权威来参与管理科技园区。

（4）落实有关的人才鼓励政策。对企业引进和培养高级技工、高级管理和技术人才的有关鼓励政策。劳动部门牵头组织招募劳动力工作,协调解决台资企业用工问题。

（5）办好各类技工培训基地、职业技术院校。大力加强对当地富余劳动力的培训,实现技术培训与职业教育的紧密结合,为台企进入提供素质高的劳动力。大力推进就业技能培训工程,针对台湾科技企业用工特点,"订单式"培训各类专业技能型人才,并培育劳动力市场,大力发展劳动力市场中介组织。

六、统筹区域内协调发展,促进区域内联动合作机制

建立协调区域内各市、县合作和联动机制。海峡西岸经济区涉及四个省,要照顾到各方面利益,协调好各方关系,内部建立起相互尊重、谅解、互利、和谐的合作机制。首先要充分挖掘西岸经济带的优势和潜力(包括政策层面),吸引东岸的投资积极性,在四个省有关地区形成共识的基础上提出创建总目标和政策措施等"设想"(例如重大产业方面及"金融"方面的合作),争取得到中央和国务院的支持,再以一个"窗口"对台展开工作。要建立闽粤浙赣四省城市的跨省联动机制,使沿海城市与其他城市形成互补,组成网络发展模式;依托经济区域,打破行政区划藩篱。海西经济区发展城市群、都市带,要有一套统一的发展战略和对策,对于一些重大的跨省、市的区域建设项目必须打破"各自为政"的行政区域障碍,减少重复生产、重复建设以及互相牵制所造成的资源浪费和效率低下。应加强区域整体协调机制,树立起大区域、大经济、大市场、大流通的观念,充分发挥市场的基础作用,建立一套协调配合、相辅相成的职能机构、运行程序和科学决策体系。

加强海峡西岸经济区与长三角、珠三角的经济联系与合作,促进优势互补、良性互动、协调发展,进一步完善沿海地区经济布局。发挥闽浙赣、闽粤赣等跨省区域协作组织的作用,加强福建与浙江的温州、丽水、衢州,广东的汕头、梅州、潮州、揭阳,江西的上饶、鹰潭、抚州、赣州等地区的合作,建立更加紧密的区域合作机制。加强重大项目建设的协调,推进跨省铁路、高速公路、港口等重大基础设施项目统筹规划布局和协同建设,畅通海峡西岸经济区港口与腹地的通道。加强电子、机械、旅游、物流等产业的对接,推动产业集群发展和合理布局,形成产业对接走廊。加强市场开发,建设区域共同市场,促进人流、物流、资金流、信息流的无障碍流动。统筹协调区域内对台交流合作的功能分工，提升海峡西岸经济区与台湾地区的对接能力。

七、构建两岸交流平台，提升产业对接服务环境

进一步整合福建省已有的技术市场、工程技术研究中心、生产力促进中心、创业服务中心以及科技信息服务机构等，形成网络化、社会化的产业服务支撑体系。建设覆盖全省的高科技信息网络系统，大力开发本地信息资源，为产业创新提供政策法律、行业动态、创新成果、产品营销等信息数据库服务，促进福建与国内外的科技信息互联互通。鼓励高新技术产业各主要行业组建、完善行业协会组织，充分发挥协会的协调、协作、自律、桥梁纽带作用。强化高新技术园区孵化器功能，支持高等院校和大型企业集团创办企业孵化中心，逐步形成覆盖全省、功能互补、资源共享的多层次高科技企业孵化网络，以此来降低成本，提高福建省高科技产业的收益能力。

要在"引得来，留得住，办得好"上下功夫，讲究服务质量、提高办事效率，及时帮助企业解决困难。把引进台湾高新技术产业和企业作为海西经济区与台湾经贸合作的重中之重，作为海西经济区对外开放和经济建设的一件大事来抓，在项目推介、赴台经贸考察、配套奖金安排、土地征用、税收优惠和项目申报审批等方面切实给予照顾。海西经济区的各级部门要牢固树立"亲商、富商、安商"服务理念，大力推广昆山市的成功做法，"硬件不足软件补"、"政策不足服务补"，加强服务型政府建设，通过优质的服务来改善投资环境。如福建省各级审判机关于 2010 年先行先试的"涉台案件审判庭"，在涉台案件审判中开创了中国大陆先河，健全完善了涉台案件审判制度，推进涉台审判专门化、规范化。另外，在政府、企业作息时间并轨，深化审批制度改革，改善通关环境，加速法制环境建设等方面也需要进一步加强改革与创新。

第八章　总结与展望

　　本书通过对海峡两岸产业转移效应评价的理论和实证研究,主要得出以下结论:

　　(1)产业转移与产业结构调整之间存在着明显的互动关系。首先,产品生命周期的进化、区域要素条件的变动,都会使企业的区位选择发生变化,在比较利益驱使下,同属于某一产业或几个产业的多数企业会存在寻求空间转换的共同意愿和行为,通过区际直接投资实现产业的区际转移,从而引起区域产业结构的调整。其次,根据产业结构理论,区域产业结构的演进与调整的实质即是生产要素(包括自然资源、资本和劳动力等)在不同部门、不同区域之间重新配置与组合的过程,而生产要素在不同区域之间的流动最终会导致区域间的产业规模的对比变化和产业区域的转移。

　　(2)区域产业结构调整对区域产业转移的影响机理主要在于生产要素在不同区域之间的流动会引起区域间的产业规模的对比变化,最终导致产业区域的转移。具体来看,影响产业区域转移的基本要素可以分为收入要素和成本要素两个方面。其中,成本要素可以细分为劳动力、资本、技术等生产成本要素和区位、制度、基础设施、集聚效益等交易成本要素。而区域间不同要素条件的变化,将会引起区域产业供给和需求的变化,从而改变区域产业收益最大化的均衡条件,最终导致产业的区域转移。

　　(3)产业转移效应就是产业转移对国家(地区)发展的影响,既包括产业转移的正面效应,也包括产业转移的负面效应;既有对转入区的效应,也有对移出区的效应。对于转出区来讲,积极影响有:能够规避集群的结构性风险,促进集群的产业升级,延长夕阳产业的寿命,为本地创造利润;消极的方面是直接影响到当地的 GDP 水平,随着产业的外行,当地的 GDP 会出现短期的下降趋势。对于转入区来讲,积极的影响有:要素注入效应、增加投资需求、增加就业、技术溢出效应、产业关联效应、产业结构优化升级效应;消极影响是:首先产业转移可能出现非集群化现象,其次是环境污染问题,最后是产业结构失衡。

（4）产业转移无论对移出地还是承接地而言均能促进社会和经济发展。从动态来看，随着经济的发展，转出地和承接地各自的需求结构、要素禀赋比率、要素价格都发生了相应的变化，不同产业的要素配置结构不同，这些不同共同组成了产业空间转移的推动因素。然而，产业的空间转移还存在着阻力，主要包括转出地和承接地之间由于发达水平不同，而存在着管理水平和管理经验方面的差别。只有在推力大于阻力时，产业才能从发达地区向欠发达地区转移。

（5）从实证方面来看，两岸产业转移效应不平衡，珠三角、长三角明显优于其他地区。福建在承接台湾产业转移上具有独特的区位优势，但与广东、江苏相比，产业转移效应明显不足。福建虽然在环境效益上优于江苏，劳动力整合方面与广东、江苏的差距也不大，但在产业结构优化和产业关联发展方面落后很多，甚至被山东逼近。因此，福建当前承接台湾产业转移的重点应放在优化产业结构、延伸产业链条上，要坚持同等优先、适当放宽的原则，支持闽台产业深度对接，尤其是在科技、现代服务业等方面鼓励企业在产品研发、营销等多方面深入合作。

（6）海西经济区承接台湾的产业转移符合经济发展的客观规律，随着规模不断扩大，台湾投资企业已成为海峡西岸经济区发展的重要推动力，但同时也暴露出一系列问题和隐患。主要体现在：产业发展软环境改善不够、产业配套能力较差、承接产业转移的载体功能有限、产业工人特别是高级技工供应困难；在承接产业转移过程中重产业承接和资金引进，轻技术学习和自主创新；在承接产业转移的同时，一定程度上造成了环境污染。

本书在对产业转移机理和政策分析的基础上，初步提出了一些尚不成熟的产业转移评价的体系与政策框架，目前这些体系和政策框架还存在着许多毛病和缺陷，有待商榷和进一步完善。在效应评价体系方面，许多指标可以进行量化和计量分析；政策研究方面，本书缺乏对政策的理论研究，如果在比较国内外产业转移效应和政策的基础上，进行各个指标的深入研究就会更有意义，但是本书并没有在这方面深入下去，希望在以后的研究工作中进一步补充和不断完善。今后将再进一步研究海峡两岸产业转移的协调发展政策创新研究。将从产业分工、科技合作、人才交流、环保协作等方面总结海峡两岸已经做出的努力和积累的经验，并结合以上分析和当前海峡两岸协调发展中存在的问题，为内陆制定和实施对台产业转移、科技合作、人才交流、环保法治协作等发展政策，推动两岸产业转型升级与协调发展提供对策建议。一是运用系统综合协调测度方法对海峡两岸区域发展协调度进行科学测度，以期能为海峡两岸协调发展提出基于产业转移的新政策；二是从产业分工、科技合作、人才交流、环保协作等方面为政府提供基于产业转移的海峡两岸协调发展政策创新的机理。今后重点在政策研究外可以从以下几个方面深入研究下去：产业转移效应评价标准的建立、我国对国外产业转移政策的成功借鉴机制、产业转移政策和地方经济战略的整合机制研究。

参考文献

[1] [日]小岛清. 对外贸易论[M]. 天津：南开大学出版，1991：448 – 449.

[2] Angelos A. Antzoulatos, Nicholas Apergis, Chris Tsoumas. Financial Structure and Industrial Structure [J]. Bulletin of Economic Research, 2011, 63 (2)：109 – 139.

[3] Azadegan Arash, Stephan M. Wagner. Industrial upgrading, exploitative innovations and explorative innovations [J]. International Journal of Production Economics, 2011, 130(1)：54 – 65.

[4] Business Studies. 1988, spring：2 – 3 I. R.. Vernon. International investment and international trade in the product cycle[J]. Quarterly Journal of Economics 1966 80(2)：190 – 207.

[5] Dongchu Cui, Yue Yu, Zhijie Song. Spatial Evolution of Industrial Structure in Hebei Province [J]. Research Journal of Applied Sciences, Engineering and Technology, 2013, 5(6)：2142 – 2146.

[6] Dunning J. H. The Paradigm of International production [J]. Journal of International Business Studies, 1988, spring：2 – 31.

[7] Elena Sochirca, Óscar Afonso, Pedro Mazeda Gil. Technological – knowledge bias and the industrial structure under costly investment and complementarities [J]. Economic Modelling, 2013, 32：440 – 451.

[8] Enrico Pennings, Leo Sleuwaegen. International relocation：firm and industry determinants [J]. Economics Letters, 2000(5)：179 – 186.

[9] Gary Gereffi. Development Models and Industrial Upgrading in China and Mexico [J]. European Sociological Review, 2009, 25(1)：37 – 51.

[10] Joshua Drucker, Edward Feser. Regional industrial structure and agglomeration economies：An analysis of productivity in three manufacturing indus-

tries [J]. Regional Science and Urban Economics, 2012, 42(1 −2): 1 −14.

[11] Joshua Drucker. Regional Industrial Structure Concentration in the U-nited States: Trends and Implications [J]. Economic Geography, 2011, 87(4): 421 −452.

[12] JY Lin, CC Lee. Industrial structure and innovation: comparison of in-novative performance between South Korea and Taiwan using patent data derived from NBER [J]. International Journal of Technology Management, 2010, 49(1 − 3): 174 −195.

[13] Li Fen − Hong. Improved Principal Component Analysis and its Appli-cation in the Evaluation of the Industrial Structure [J]. Research Journal of Ap-plied Sciences, Engineering and Technology, 2013, 6(2): 289 −292.

[14] Loren Brandt, Eric Thun. The Fight for the Middle: Upgrading, Com-petition, and Industrial Development in China [J]. World Development,2010, 38 (11): 1555 −1574.

[15] Nichola J. Lowe. Challenging tradition: unlocking new paths to region-al industrial upgrading [J]. Environment and Planning. part A, 2009, 41(1): 128 −145.

[16] Pavlinek Petr, Domanski Boleslaw, Guzik Robert. Industrial Upgrading Through Foreign Direct Investment in Central European Automotive Manufacturing [J]. European Urban and Regional Studies, 2009, 16(1): 43 −63.

[17] R. Feenstra. Integration of Trade and Disintegration of Production in the Global Economy [J]. Journal of Economic Perspectives, 1998(48).

[18] Saaty T L. Decision Making with Dependence and Feedback [M]. Pittsburgh, PA: RWS Publication, 1996.

[19] TESFAMARIAM D, Lindberg B. Aggregate analysis of manufacturing systems using system dynamics and ANP [J]. Computers and Industrial Engineer-ing. 2005:98 −117.

[20] THOMAS L. Decision Making with the Analytic Network Process [M]. German: Springer, 2006: 98 −123.

[21] Van Marrewijk, Charles. From Agglomeration to Innovation: Upgrading Industrial Clusters in Emerging Economies [J]. Review of Regional Studies, 2012, 42(3): 271 −273.

[22] W. Arthur Lewis. The Evolution of the International Economic Order

[M]. Princeton University Press, 1978.

[23] Xiaoyan Zhou, Jie Zhang, Junpeng Li. Industrial structural transformation and carbon dioxide emissions in China [J]. Energy Policy, 2013, 57: 43 – 51.

[24] Xuebing Dong, Shunfeng Song, Hui Zhu. Industrial structure and economic fluctuation – Evidence from China [J]. Social Science Journal, 2011, 48 (3): 468 – 477.

[25] Xulei Chi. A Reference on the Experience of Industrial Upgrading of Processing Trade [J]. International Business & Management, 2012,5(2):155 – 158.

[26] 蔡承彬、蔡雪雄. 台湾产业及其总部企业转移现状与趋势研究[J]. 亚太经济,2010 (4).

[27] 曹荣庆. 浅谈区域产业转移和结构优化的模式[J]. 中州学刊,2001 (6):111 – 113.

[28] 陈刚、陈红儿. 区际产业转移理论探微[J]. 贵州社会科学,2001 (4):2 – 6.

[29] 陈刚、张解放. 区际产业转移的效应分析及相应政策建议[J]. 华东经济管理,2001(15):24 – 26.

[30] 陈刚. 接受产业转移,促进经济发展——对欠发达地区经济发展战略的一点思考[J]. 思考与运用,2005(11):29 – 31.

[31] 陈广汉. 粤港澳经济关系走向研究[M]. 广东人民出版社,2006 (1):61 – 71.

[32] 陈红儿. 区际产业转移的内涵、机制、效应[J]. 内蒙古社会科学,2002(1):16 – 18.

[33] 陈计旺. 区际产业转移与要素流动的比较研究[J]. 生产力研究,1999(3):64 – 67.

[34] 陈建军、叶炜宇. 关于向浙江省内经济欠发达地区进行产业转移的研究[J]. 商业经济与管理,2002(4):28 – 31.

[35] 陈建军. 产业区域转移与东扩西进战略——理论和实证分析[M]. 北京:中华书局,2002.

[36] 陈琦. 竞争优势下国际产业转移动因分析[J]. 商业时代,2010 (16): 125 – 126.

[37] 陈蕊. 区域产业梯度转移调控研究[D]. 合肥工业大学博士论

文,2008.

[38]陈斯.全球化视角下台湾产业承接与产业转移问题研究[D].暨南大学硕士学位论文,2011.

[39]陈新.价值链视角下闽台产业协作格局的重新审视[J].中共福建省委党校学报,2006(10):44-47.

[40]陈勇.FDI路径下的国际产业转移与中国的产业承接[M].辽宁:东北财经大学出版社,2007.

[41]戴宏伟.中国制造业参与国际产业转移面临的新问题及对策分析[J].中央财经大学学报,2007(7):69-74.

[42]戴晓芙、郭定平.东亚发展模式与区域合作[M].上海:复旦大学出版社,2005(7):24-40.

[43]单玉丽、陈萍.加快闽台产业合作 推进福建产业集群化发展[J].福建论坛,2004(7):1-4.

[44]单玉丽.台湾对外投资的区域选择及行业构成[J].亚太经济,2009(4).

[45]丁刚.国际产业转移对中国能源消耗的影响[J].宏观经济研究,2007(8):33-37.

[46]段小梅.台商投资大陆的区域特征及未来走向[J].亚太经济,2006(3):72-75.

[47]冯雷.海峡两岸经济合作模式研究[M].北京:社会科学文献出版社,2009(6):15-20.

[48]福建省财政厅课题组.加快福建重点产业优化升级的财政政策建议[J].中国财政,2012(12):48-51.

[49]郝洁.产业转移承接地效应的理论分析[J].中国流通经济,2013(1):60-67.

[50]何立胜、汪桂霞.产业转移、产业承接、产业升级[J].当代经济,2006(6):6-8.

[51]胡俊文.国际产业转移的理论依据及变化趋势——对国际产业转移过程中比较优势动态变化规律的探讨[J].国际经贸探讨,2004(3):5-19.

[52]黄德春.台商在祖国大陆投资的区位比较研究[J].软科学,2002(6):14-18.

[53]黄海标、李军.产业结构优化升级评价指标体系构建[J].商业时代,2008(3):81-82.

［54］黄梅波、庄宗明. 海峡两岸的产业合作［M］. 北京：人民出版社,2007.

［55］黄梅波. 两岸经贸关系回顾与展望［M］. 北京：人民出版社,2007.

［56］贾广森. 产业转移效应评价及其区域政策取向［D］. 浙江师范大学硕士学位论文,2010.

［57］李非、李继翔. 台商投资中国大陆区位选择的实证研究［J］. 厦门大学学报（哲学社会科学版）,2004(6).

［58］李非、熊俊莉. 闽台制造业对接研究［J］. 福建金融,2007(4).

［59］李非. 当前台湾产业转移的特点与对大陆投资趋势［J］. 两岸关系,2005(9):25 – 28.

［60］李非. 海峡两岸经济关系通论［M］. 鹭江出版社,2008.

［61］李松志、杨杰. 国内产业转移研究综述［J］. 商业研究,2008(2):22 – 25.

［62］李文溥. 自主创新能力与泛珠三角地区产业转移问题探讨［J］. 东南学术,2007(5):98 – 101.

［63］李宪建. 当前两岸产业转移的态势探析［J］. 经济与社会发展,2010(12):26 – 28.

［64］李应博、刘震涛. 国际产业转移背景下两岸产业协调发展：现况、机制与对策［J］. 国际经济评论,2011(3):148 – 160.

［65］林坚. 海峡西岸经济区承接台湾科技产业研究［D］. 厦门大学博士学位论文,2009.

［66］林青、陈湛匀. 我国以 FDI 形式承接国际服务产业转移的福利效应测度研究［J］. 国际贸易问题,2008(1):60 – 66.

［67］刘方原. 基于承接台湾产业转移的海峡西岸经济区发展模式研究［D］. 天津财经大学硕士学位论文,2010.

［68］刘力、张健. 珠三角企业迁移调查与区域产业转移效应分析［J］. 国际经贸探索,2008,24(10):74 – 79.

［69］刘玫. 区际产业转移的最佳路径选择研究［J］. 经济与管理研究,2011(10):118 – 122.

［70］刘南昌. 强国产业论——产业政策若干理论问题研究［M］. 北京：经济科学出版社,2006(12):158 – 159.

［71］刘睿、余建星. 基于 ANP 的超级决策软件介绍及其应用［J］. 系统工程理论与实践,2003(8):141 – 143.

［72］刘严毅.后金融危机时代海峡两岸产业转移的新动向［J］.海峡科技与产业,2011(11):54－56.

［73］刘著、任曙明.跨国公司国际产业转移的演变机制研究［J］.经济与管理,2005(10):16－18.

［74］卢根鑫.国际产业转移理论［M］.上海:上海人民出版社,1997.

［75］卢根鑫.试论国际产业转移的经济动因及其效应［J］.学术季刊,1994(4):33－42.

［76］马静芳、熊曦.承接产业转移与欠发达区域经济发展研究［J］.当代经济,2007(12):108－109.

［77］蒙丹.以集群转移的模式促进东部劳动密集型产业的转移［J］.商场现代化,2007(6):258－259.

［78］潘伟志.产业转移内涵、机制探析［J］.生产力研究,2004(10):119－120.

［79］潘悦.国际产业转移的新浪潮与东亚发展中国家(地区)面临的挑战［J］.当代亚太,2006(6):37－61.

［80］任太增.比较优势理论与梯度产业转移［J］.当代经济研究,2001(11):47－50.

［81］施品卉.直接外人投资与技术外溢效果:台湾制造业实证分析［J］.中兴大学,2009.

［82］石奇、张继良.区际产业工业化的转移与欠发达地区协调性［J］.产业经济研究,2003(11):38－44.

［83］宋群.承接国际产业转移的利弊分析［J］.国际贸易,2005(8):17－20.

［84］孙福东、魏凤荣.应用 Excel 巧解模糊综合评价法［J］,知识丛林,2011(23):172－173.

［85］孙群燕、李婉丹.广东省区际产业转移效应分析［J］.南方经济,2011(12):70－78.

［86］孙玉娟、高秀春、王金增.基于产业转移效应下的产业竞争力分析［J］.唐山师范学院学报,2007(7):101－103.

［87］陶诚等.安徽省承接东部沿海产业转移效应分析及相关建议［J］.区域经济,2009(1):30－33.

［88］田侃、蓝庆新.国际制造业转移与中国制造业的发展［J］.商场现代化,2007(3):262－263.

［89］涂晓今.微观财政政策促进福建重点产业优化升级的思考［J］.福建论坛（人文社会科学版）,2012（5）：153－156.

［90］王国中、杜云鹏.国际产业转移与我国外贸商品结构关系的实证分析［J］.经济问题,2007（3）:45－47.

［91］王莲芬.网络分析法（ANP）的理论与算法［J］.系统工程理论与实践,2001（3）:44－50.

［92］魏后凯.产业转移的发展趋势及其对竞争力的影响［J］.福建论坛（经济社会版）,2003（4）:11－15.

［93］魏晓洁、石碧华.国际产业转移和我国区际产业转移研究综述［J］.生产力研究,2011（2）：193－195.

［94］吴汉贤、邝国良.广东产业转移动因及效应研究［J］.科技管理研究,2010（15）：68－71.

［95］吴尤可.从产业集群到创新集群——福建产业升级研究［J］.科技管理研究,2013（12）：7－12.

［96］严薇、赵宏宇、夏恩君.国际产业转移效应影响因素分析及理论模型构建［J］.商业时代,2009（30）：99－100.

［97］杨卫丽.国际产业转移与环渤海地区产业结构优化［D］.天津财经大学硕士学位论文,2009.

［98］姚瑜澄、郭或.“后雁行模式”下的中、日、东盟三边关系探析［J］.云南财贸学院学报（社会科学版）,2008,23（2）:19－22.

［99］余慧倩.论国际产业转移机制［J］.江汉论坛,2007（10）：43－46.

［100］俞国琴.国内外产业转移理论回顾与评述［J］.长江论坛,2007（5）:1－5.

［101］臧旭恒、何青松.试论产业集群租金与产业集群演进［J］.中国工业经济,2007（3）.

［102］曾璐.国际制造业转移与中国可持续发展研究［J］.经济前沿,2006（10）：26－31.

［103］张纯记.我国区际产业转移的制约因素与对策［J］.经济纵横,2012（1）：76－79.

［104］张丹丹.海峡两岸产业转移的实证研究［D］.厦门大学硕士学位论文,2009.

［105］张健.泛珠区域产业转移的结构效应与环境效应分析［D］.广东外语外贸大学硕士论文,2009.

［106］张明志、郑秀莲.国际产业转移与海峡西岸经济区产业升级问题研究——基于国际外包的分析视角［J］.福建论坛（人文社会科学版）,2008（2）: 106 - 109.

［107］张少军、李东方.全球价值链模式的产业转移:商务成本与学习曲线的视角［J］.经济评论,2009（2）:65 - 72.

［108］张自如、胡晖.国际产业转移的演变及其对世界经济的影响［J］.生产力研究,2007（13）:92 - 94.

［109］赵楠.国际产业转移的技术路径、投资方式与我国外包基地建设［J］.国际贸易问题,2007（10）:92 - 95.

［110］赵张耀、汪斌.网络型国际产业转移模式研究［J］.中国工业经济,2005（10）:12 - 19.

［111］周继红、李建.论国际产业转移与我国新型工业化［J］.特区经济,2003（6）: 39 - 41.

［112］周明华.国际产业转移理论综述［J］.企业家天地,2008（12）:19 - 20.

［113］周微、罗巍、石晓利.产业转移中发达地区与欠发达地区的博弈分析［J］.特区经济,2007（5）:258 - 259.

［114］朱华友、孟云利、刘海燕.集群视角下的产业转移的路径、动因及其区域效应［J］.社会科学家,2008（7）:43 - 46.

［115］庄宗明、黄梅波.两岸经贸合作研究［M］.北京:人民出版社,2007.

后　记

从 2011 年教育部人文社科研究基金项目"海峡两岸产业转移效应的评价与产业优化研究"(项目编号 11YJA790002)立项至今,历时 3 年,课题组成员在海峡两岸产业转移的效应评价与优化方面进行了较深入的研究,在《福建论坛》2012 年第 7 期、《东南学术》2012 年第 4 期和 2013 年第 3 期,以及其他刊物上发表了多篇学术论文,在此基础上撰写了这本著作。经过努力,本书力争在以下两个方面进行创新:一是根据海峡两岸产业现状,探索区域产业转移的供求机理、区域产业升级的动力机理及其转移与升级的外部推动机理,从而寻找海峡两岸产业转移效应的主要影响因子,试图构建海峡两岸产业转移效应的评价指标体系与评价模型点,这也是本书研究的重点所在;二是运用海峡两岸产业转移效应评价模型对海峡西岸经济区承接台湾产业转移效应进行实证分析,探求海峡西岸经济区产业承接力和台湾产业结构调整的关键点,根据海峡两岸的经济发展状况,提出富有针对性、创新性的优化发展战略措施,促进海峡西岸经济区产业加速转型升级,这也是本书研究的难点所在。

全书大纲编写、文稿统筹由福建江夏学院安增军教授负责,各章节文稿撰写由福建江夏学院杨敏等老师负责,其中,第一章、第二章、第三章、第五章的第一、二、三节、第六章、第七章、第八章由杨敏老师撰写,第四章的第一、二、三节由福建江夏学院许剑老师撰写,第四章的第四节由福建江夏学院汪瑞老师撰写,第四章的第五节、第五章的第四、五、六节由福建江夏学院曾倩琳老师撰写,第四章的第六节由福建江夏学院周容霞老师撰写。在研究过程中得到了福建海西公共政策研究中心的关心和资助,在本书出版中又得到了福建江夏学院的资助和厦门大学出版社编辑的帮助,在此表示诚挚的谢意! 在本书写作过程中还得到张艳玲老师和研究生林珊珊的协助,文中的许多观点是在大家讨论研究基础上形成的,在此一并表示感谢!

希望本书的出版,能为海峡两岸的产业转移与发展贡献绵薄之力。因水平有限,本书中难免存在错误和不足之处,敬请读者批评指正!

著　者
2014 年 5 月 1 日于福州旗山

图书在版编目(CIP)数据

海峡两岸产业转移效应的评价与产业优化研究/安增军,杨敏著. —厦门：
厦门大学出版社,2014.9
ISBN 978-7-5615-5233-9

Ⅰ.①海…　Ⅱ.①安…②杨…　Ⅲ.①海峡两岸-产业转移-研究②海峡两
岸-产业-最佳化-研究　Ⅳ.①F127

中国版本图书馆 CIP 数据核字(2014)第 218775 号

厦门大学出版社出版发行

(地址:厦门市软件园二期望海路 39 号　邮编:361008)

http://www.xmupress.com

xmup @ xmupress.com

厦门集大印刷厂印刷

2014 年 9 月第 1 版　2014 年 9 月第 1 次印刷

开本:720×970　1/16　印张:13　插页:1

字数:250 千字

定价:38.00 元

如有印装质量问题请寄本社营销中心调换